叶珵家教思想研究

癸卯冬王岚於金陵

线装書局

　　张大春，江苏省响水中学党委书记、校长、高级教师，江苏省教育家型校长和江苏省"333"高层次人才培养对象，江苏省优秀青年教师，盐城市名校长和教科研先进个人，盐城市名校长工作室主持人，盐城市高中数学学科带头人，响水县高中教育联盟领衔人，课改领导小组组长，盐城市数学学会常务理事。长期从事中学基础教育教学管理工作，在课程建设、学校文化建设、师资队伍建设和课堂教学改革等领域有系统的理论研究和丰富的实践探索。先后发表12篇教育管理和教学研究论文，主持和核心参与研究《深度学习视域下高中生多元学习活动的案例研究》等8项省、市级教育科学规划课题，主编出版了《项目赋能，向高品质课改深度前行》《叶珍家教思想研究》等专著。

叶珠家教思想研究

主编：张大春

图书在版编目（CIP）数据

叶珍家教思想研究 / 张大春主编 . -- 北京 ：线装
书局，2024. 5. -- ISBN 978-7-5120-6172-9

Ⅰ. G78

中国国家版本馆 CIP 数据核字第 2024JU9654 号

叶珍家教思想研究
YEZHEN JIAJIAO SIXIANG YANJIU

主　　编：张大春
责任编辑：崔　巍
出版发行：线装书局
　　　　　地　址：北京市丰台区方庄日月天地大厦 B 座 17 层（100078）
　　　　　电　话：010-58077126（发行部）010-58076938（总编室）
　　　　　网　址：www.zgxzsj.com
经　　销：新华书店
印　　制：三河市中晟雅豪印务有限公司
开　　本：787mm×1092mm 1/16
印　　张：15
字　　数：160 千字
版　　次：2024 年 5 月第 1 版第 1 次印刷

定　　价：98.00 元

线装书局官方微信

　　人类接受教育大致有四个渠道。第一是来自家庭的教育。第二是来自学校的教育。第三是来自社会的教育（现实生活）。第四是来自大自然的教育。其中来自家庭的教育，时间最早，作用最大，持续时间最长，是一个人在成长过程中不可逃避和或缺的。从这个意义上说家庭教育是教育人的起点和基点。

　　良好的家庭教育既是培养高素质人才的必要条件，同时又是优化孩子心灵的催化剂。父母和孩子都应该明白家庭教育的重要性，这十分有利于孩子的成长。准确地说，家庭教育是学校教育最好的补充，是整个教育工作不可缺少的一部分，没有家庭教育的支持和配合，学校是不可能单独把孩子教育成才的。

　　全天下的父母谁不希望自己的孩子出类拔萃呢？谁不希望自己的孩子早成栋梁呢？但很多父母并不真正知道怎样做才能使孩子成才，而孩子自己在这方面更是没有自我意识。有的家庭认为给孩子吃饱穿暖就是尽了家长的责任，教育孩子完全是学校的事情；有的家长奉行"树大自然直"的信条，对孩子放任自流，不管不问；有的家长则一味要求孩子学习、学习、再学习，自己却从不看书学习。这些都是我们现实生活中常见的现象。针对这些问题，大多数父母都会希望共同掌握一些基本的教育原则和教育方法，走出家庭教育的一些"误区"，使孩子有更大的进步。

　　《叶珍家教思想研究》这本由朱文泉与家人共同写的回忆母亲的书，给我们呈现了中国人教育孩子的传统方式，所有看完这本书的读者，都会在书中找到自己的答案。

　　叶珍女士虽然不识字，但她教育孩子的方法，却暗合家庭教育思想，许多地方不仅继承了中国传统的家庭教育风格，而且有许多做法是对传统和当下流行家庭教育理念的超越。我有感于此，就组织一个研究和写作团队，由杨帆主任牵头，挖掘整合书中的家庭教育思想，使之理论化和学术化，用了半年时间写出了这本书。这本书既是一本理论专著，又是一篇教研兴校的工作总结。

　　党的十八大以来，以习近平同志为核心的党中央高度重视家教家风建设。党和政府一直倡导培育良好的家教家风，非常重视传承振兴家风。"传承好家风"是新时代社会建设的一个重要工作，既是一种历史传统，又是一个时代命题。我们出版这本理论书籍，正是呼应时代发展主题的举措。

　　由于时间紧迫，水平有限，书中难免存在这样那样的错误，敬请读者指正。

张大春

2023年10月28日

目录

序   1

第一章　控制与成长   001

    ——叶珍家庭教育思想研究之控制篇

第二章　母亲诸心理要素对子女成长的影响   017

    ——叶珍家庭教育思想研究之心理篇一

第三章　原生家庭的教育力量起源   035

    ——叶珍家庭教育思想研究之心理篇二

第四章　从心灵读懂孩子的情绪   051

    ——叶珍家庭教育思想研究之情绪篇

第五章　父母的道德品质对孩子的影响   103

    ——叶珍家庭教育思想研究之道德篇

第六章　父母的行为对孩子的影响   145

    ——叶珍家庭教育思想研究之行动篇

第七章　清音渺渺慈母意　春风化雨巧育人   185

    ——叶珍家庭教育思想研究之语言篇

后记   227

第一章　控制与成长

——叶珍家庭教育思想研究之控制篇

　　家庭是儿童社会化的一个至关重要的因素，它对个体社会化的影响将持续一生。其影响主要表现在形成未来的个体生活习惯、态度和行为方式等方面。家庭之所以在个体社会中发挥如此大的作用，其主要原因在于：个体在这里承受了最初的影响——家庭中以抚养为纽带的亲子关系使父母在促使个体社会化过程中产生一种权威性的影响。

一、相关的理论溯源

　　英国最早的经验主义者之一、哲学家洛克提出了著名的理论——"白板说"："我们的全部知识是建立在经验上的；知识归根到底都是导源于经验的。"也就是说，人的心灵最初如同一张洁白无瑕的纸张（白板），上面没有任何的记号和痕迹，一切的观念和知识都是来自后天的经验，该理论的提出在教育学和心理学领域均产生了深远的影响。无独有偶，美国著名行为主义心理学家华生也放言："给我一打健全的婴儿，我可以运用特殊的方法，把他们加以任意的改造，或者使他们成为医生、律师、艺术家，或者使他们成为乞丐和盗贼。"

这两位学者的主要理论均强调了后天环境以及教育在个体基础知识和基本技能的获得、个性的培养与养成、价值观的塑造等方面具有不可替代的重要作用，认为这些外界因素对于个体产生的影响可能甚至远远超过了先天遗传素质在个体发展过程中所起的作用。以现在研究者的眼光来看，环境决定论的观点无疑是比较片面的，因为它忽略了包括基因、神经系统等在内的先天遗传因素对个体所造成的难以忽视的影响，当代研究者们也大都赞同单一的因素其实难以全面、准确地预测个体某种行为的观点，也更倾向于从多因素交互作用的角度综合考虑生理因素以及后天环境对个体各种行为的影响。但不可否认的是，后天教育在个体的成长成才、实现自我价值道路上的作用是毋庸置疑的。

古人在教育实践过程中早早地便发现了这一点，并以故事、俗语等形式将其进行记录，使其中蕴含的教育理念得以广泛地推广。其中，孟母三迁就是最经典的教育故事，更有诸多如"出淤泥而不染，濯清涟而不妖""近朱者赤，近墨者黑""歹竹出好笋"等津津乐道的成语俗话，这些劝诫之言时刻提醒着后世子孙，先天因素其实只是提供了个体未来发展的种种可能性，只有通过后天环境的作用各种可能性才能够转变为现实，因此养育者和教育者必须重视后天环境教育，尽力营造良好的家庭、学校、社会氛围，为每个个体未来的发展奠定良好的基础，否则即便天分很高如方仲永，若没有得到及时恰当的教育，最终也只能"泯然众人矣"。

常言道，父母是孩子的第一任老师，父母管教儿女的方式（父母教养方式）、父母自身的一言一行均会在潜移默化中影响子女的言谈举止、道德品质乃至三观的建立，来自父母的影响是巨大的，甚至会延续到下一代子女身上。"原生家庭"成为当代社会的热门话题正是因为越来越多的人意识到自己身上的各种特点其实都是家庭留下的烙印。

中国传统社会文化倡导的是"男主外，女主内"，男性负责在外打拼事业养家糊口，女性负责操持家务和养育子女，这种思想也影响了祖祖辈辈的中国人，因此母亲在家庭中往往承担着更多教育子女的责任。此外，女性身上更为明显的细腻、敏感与温柔的特质也使得子女在情感上天然地更加亲近母亲，毛主席曾言，"妇女能顶半边天"，但在子女教养的问题上，妇女顶起的可能是大半边天。

出生在响水农村的朱文泉上将在《叶珍家教思想研究》一书中深情地回忆自己与叶珍相处的点滴细节，感念慈母对自己孜孜不倦的教诲，通过朱文泉上将以及兄弟姐妹、子孙后代描述的桩桩件件往事，以小见大。我们可以看出，母亲对子女的教养方式以及自身的榜样力量是子女甚至是子孙后代一生受用不尽的财富。尽管叶珍女士——作为母亲，她的文化水平并不高，但她在教育子女、处事待人等方面的言谈举止却和心理学领域以及教育领域所倡导的一些理论不谋而合，笔者也将主要从父母控制以及榜样作用两个方面细品叶珍这位伟大的母亲在教育子女上的艺术。

二、父母的控制对子女的影响

父母控制作为父母教养方式中的核心成分，对儿童的成长及发展，乃至未来的心理健康水平均会产生影响。

学者冯琳琳认为，父母控制具体是指父母在教导、养育子女的过程中出现的较为稳定的行为模式，目前一般认为父母控制是由行为控制和心理控制两部分组成。其中，行为控制是父母通过询问、观察等方式了解和管理儿童在物质世界中的活动和行为，并且为儿童提供必要的指导；心理控制则是指父母通过激发儿童的内疚感、收回对儿童的爱、以绝对权威限制儿童的自我表达等方式来侵入儿童的心理世界和自我意识，从而控制儿童的想法，操纵儿童的情感与行为。

众多的研究结果表明，对儿童实施两种不同类型的控制可能会对儿童产生不同的结果。心理学家 Barber（1994）认为，心理控制会入侵儿童的自我意识，因而对儿童的发展不利，相反，行为控制能够为儿童提供必要的指导并且约束外在的问题行为，使儿童的行为符合社会规范因而对儿童的发展有利。美国的心理学家 Wang（2007）的研究结果也显示，父母心理控制水平可以显著地预测儿童的情感功能抑制程度，而行为控制则会给儿童的发展带来有益的影响，如学业成绩的提高和少年犯罪率的下降，使儿童的发展符合社会预期。也就是说，父母的心理控制水平越高，儿童越有可能出现内化问题，而行为控制水平则可以负向预测外在的问题行为，因为它能够对儿童外在行为进行约束和规范，使儿童不断内化社会规则，从而使儿童表现出符合社会要求的各种行为，这有助于儿童自控能力的培养以及儿童的自我效能感的提高，进而促进儿童社会适应能力的发展（夏敏，2016）。相反，如果儿童长期处于受到父母心理控制的教养环境中，无法自由地表达自己看法，儿童就会显著降低与父母沟通的意愿，自身也会长期地处于消极的情绪体验之中，时刻承受着巨大的精神压力，内心冲突剧烈，儿童已建立的安全感受到破坏，可能导致儿童难以重新获得安全感，儿童面临着安全感危机。

人本主义心理学家马斯洛提出了著名的需求理论，认为每个人都有生理需要、安全需要、归属与爱的需要、尊重的需要和自我实现的需要，这些需要根据重要性由低到高组成需要金字塔，而安全需要作为基本需要之一，在得不到满足的情况下会导致个体产生紧张和焦虑的情绪，社会适应性技能无法得到发展，自我修复能力也会受到不利的影响，在这种情况下个体便难以充分实现自我的价值。也就是说，如果父母在教养过程中采取不当的控制方式，儿童未来的发展很有可能会受到一定程度的限制，自我决定理论也对这一现象做出了解释。

自我决定理论提出个体有三种基本需求：自主性需求、能力需求、关系需求，当需求没有得到满足的时候个体便无法表现出适应行为。夏敏也提出，父母心理和行为控制会影响儿童的两大发展任务——自主性和自控能力。其中心理控制会入侵儿童的心理世界，操纵儿童的情感与行为，控制儿童的想法，破坏儿童的自主性发展，使儿童觉得自己对周围的环境无能为力，自主性需求得不到满足；此外，心理控制的其中一种方式就是向儿童表达身为父母的自己对他没有达到自己期望的失望情绪，从而引发儿童内疚感，长期处于消极情绪下的儿童会对自己的能力产生质疑，能力需求也无法得到及时的满足。

根据埃里克森在1950年提出的人生发展八阶段理论，每个阶段的儿童都面临着不同的危机，在各个阶段都有相应的发展任务，儿童需要顺利度过危机才能迎来转机，如果在早期阶段儿童能够得到照顾者良好的照料，各种生理和心理需要得到及时的满足，他就能够信任与期待周围的环境，形成最初的安全感。但是，心理控制水平较高的父母满足儿童需求的及时性和反应性均较低，这就导致父母与子女之间无法形成安全的依恋关系，难以满足儿童的关系需求。高心理控制的父母在儿童寻求指导的时候会要求儿童独立或者设置严格的限制，一旦不符合要求就通过激发儿童的内疚感来惩罚儿童（Soenens & Vansteenkiste，2010），儿童无法成功地接近依恋对象并获得相应的帮助，难以获得安全感也无法顺利地度过危机阶段，人际功能受到影响。与此同时，儿童为了加强与父母之间的联系，不得不使自己的行为符合父母的期待，此时自主需求与关系需求对立，儿童被迫面临两难的选择。

因此，越来越多的教育者提倡新型的教养方式，尤其强调尊重子女独立性，"控制"一词似乎被蒙上了贬义的色彩。但实际上，"控制""管教"并非贬义词，父母控制理论提醒我们，控制的重点在于如何能够在尊重儿童的自尊与心理自主性的情况下有效地帮助子女纠正某些错误，养成良好的行为习惯，使其终身受益无穷。也就是说，必要的行为控制是子女树立规则意识、形成正确三观的必要条件，而过度的心理控制则会使儿童难以满足自主性需求、能力需求以及关系需求，在需求得不到满足的情况下会出现较高的焦虑水平。但是，心理和行为控制之间并非此消彼长的关系，尤其是在中国的"孝顺"文化背景下，这两种控制可能是作为一个整体共同对儿童的内外行为产生影响的，因为心理控制不仅仅是父母对儿童心理世界施加压力，同时也表达了父母对子女行为的要求和期望。而且，在中国传统文化里，父母的管教与控制往往代表着对子女的关心与爱，父母和子女在这种文化的影响下可能难以区分这两种控制方式，因此两种控制可能会同时对子女产生作用。所以，如何才能够在这两种控制方式中找到平衡点，如何能够使子女在感觉被父母尊重的同时也能够有效地养成良好的行为习惯，怎样才能够在合适的时机选择恰当的控制方式不仅是一门学问，更是一门艺术，如何才能够找到这些问题的答案，我们或许能够从叶珍身上得到一定的启发。

纵观《叶珍家教思想研究》全书，叶珍女士在子女犯错误的时候并不会采取爱的撤回（只有表现得好，妈妈才会爱你）、激发内疚感（我辛苦工作都是为了你）等心理控制的方式，即通过告知儿童他的行为将会带来某种不好的后果，如失去父母的爱、被抛弃等，诱发儿童担心、焦虑、害怕等消极情绪从而减少子女的错误行为；而是循循善诱，先引导子女承认自己的错误，然后再告知他们为人处世的道理，不仅润物细无声地纠正了子女某些不当的行为，而且在思想层面帮助子女树立了正确的道德观和是非观，使子女自然而然地养成了良好的行为习惯，也培养了子女的自律品质，使其能够时刻监督自己的言行举止，从"他律"达到更高层次的"自律"，道德认知、道德情感、道德意志、道德行为也达到了和谐统一。

例如，在《砸饼坨》一文中，幼年时期的朱文泉上将与邻居花小哥打赌，因为自身的贪玩与不服输，在砸饼坨游戏中将家里珍贵的口粮（地瓜干）输了许多给对方，叶珍在发觉此事后并未采取打骂这种粗暴的教育方式，也没有责怪他的贪玩给家里造成的损失，而是将其叫到箩筐前询问，在朱文泉上将因为不敢说实话也不想撒谎而不吭声的情况下也没有动怒，而是缓和语气，耐心地询问："乖，你在家看家，也很听话。地瓜干少了事不大，你给妈说实话就行。"在朱文泉将整件事情的来龙去脉解释清楚后，叶珍又说道："你是好孩子，其实你不说妈也能猜到八九分，前几天妈就发现了，妈没说。花小哥没得吃，给他一点也没啥，但是要跟妈妈讲，事虽小，勿擅为。开头就讲是诚实，现在讲也是诚实，诚实是人生的路单。""地瓜干可以有坑，品行不能有坑。"在儿子犯错的时候，叶珍母亲并未纵容或者选择忽略——简单地一带而过，而是及时地指出行为的不当之处，并且对朱文泉上将提出了具体的期望与要求，那就是"品行不能有坑"，此为行为控制。但她并没有选择通过诉说家中的艰辛从而诱发愧疚心理或者通过恐吓式教育来惩罚幼时朱文泉无心犯下的错误，避免了心理控制对年幼的儿童可能造成的心理压力。

叶珍母亲的教诲似春风拂面，通过几句朴素的话语将"诚实"这个重要的品质播种在一个六七岁儿童的心中，最终长成了一株参天大树牢牢地根植于朱文泉上将心中，使他在花花世界、风风雨雨之中能够时刻保持清廉的工作作风，不因外界诱惑失去本性，这就是父母控制的艺术，是所有教育者需要不断学习与钻研的一门艺术。在《雷池》一文中记录了因为饥饿三个少女想偷吃存放在自家的种子粮的故事，叶珍母亲发现后立即严厉地制止，但随后又出声安慰："乖乖，妈知道你们饿，这荒年哪家不挨饿？忍一忍。""如果粮食少了，那社员们会怎样看我们？以后不准了，能做到吗？"寥寥几句话，却让几个孩子宁可到水缸舀水喝也没再打过粮囤的主意，"管教"与"关爱"相结合，才是控制的"度"。

三、父母给子女以示范的影响

除了对子女必要的管教，即行为控制外，所谓父母是孩子的第一任老师，这句话实际上也强调了父母在子女成长过程中所起的示范作用。古往今来的教育者都极其重视示范对受教育者的影响。例如《孟子·滕文公上》说："上有好者，下必有甚焉者矣。"著名教育家叶圣陶也曾说："率先垂范是教师言传身教的无声号令。"

在家庭教育的过程中，孩子往往是听父母所言，观父母所行，仿父母言行。每一个孩子都具有模仿的天性，父母是孩子进入这个世界后最早接触的人，是子女最直接的模仿对象，再加上孩子对于父母有一种与生俱来的崇拜性与依赖性，所以父母本身的示范作用就是一种教育影响因素，他们的思想品德和行为习惯对孩子起着潜移默化的影响作用。孩子其实是父母的一面镜子，他的很多行为都是通过观察父母而获得的。因此，家长不仅要重视对孩子的说理教育，更要重视以身作则。正所谓"言传不如身教"，"言传"实际上就是对子女思想与行为的管教，这可以通过父母控制实现，而"身教"其实就是指儿童通过观察父母的言谈举止而完成的观察学习。

观察学习最早是由班杜拉（1973）提出的，该理论突破了传统行为主义只重视行为结果却忽略人的主观能动性的局限性，而是综合考虑了认知因素对人行为的影响，建立起以交互决定论为基础的社会学习理论。观察学习是指人们只需要观察别人（尤其是榜样）的具体行为就能学会该种行为。班杜拉认为一切社会性行为的获得都是通过观察模仿身边重要他人的行为而逐渐掌握的，所以个体只需要通过观察别人的示范行为及其行为结果便可自然而然地获得该种示范行为，而并非像行为主义强调的那样个体只有亲自尝试，并且不断地通过尝试—错误的过程才能逐渐掌握某种行为。整个观察学习的过程包括注意过程、保持过程、动作再现和动机过程，其中注意和保持过程是根据信息加工理论提出来的，而动作再现和动机过程仍然参考的是行为主义的观点。

观察者是有选择性地进行观察与学习，而并非将自己观察到的所有行为都纳入自己的行为模式之中，具体榜样的选择也受到榜样特征的影响。中国青少年研究中心在全国小学三年级至高中三年级学生中开展的有关"示范"的调研结果显示，少年儿童心目中排名前10位的示范性人物分别为父母、老师、运动员、同学朋友等同龄人、英雄或功勋人物、科学家、歌手、演员、文学家艺术家思想家、政治军事人物。由此可见，在儿童进行观察学习的过程中，父母是少年儿童重点模仿的对象。

大教育家福禄贝尔曾说："国民的命运，与其说是操纵在掌权者手中，倒不如说是握在母亲的手中。"也就是说，父母双方中的母亲往往是子女主要的抚养者，也是子女情感上主要的依恋对象，作为子女的重要他人的母亲便顺理成章地成了子女模仿学习的主要对象。所谓"示范作用"，则是指在日常生活中有意识地建构自身在孩子心目中的"人格形象"，使自己能够成为有助于子女健康成长的"参照坐标"，以自身的行为作为教育子女的重要依据。

在《叶珍家教思想研究》这本回忆录里，叶珍母亲一个人挑起整个家庭的重担，同时承担着妻子、母亲、先进分子等多重角色，生活条件虽然艰苦，但她在教育子女的过程中，从来不会因为子女的抱怨或者现实境况的窘迫而怨天尤人，而是保持情绪的稳定性，不让情绪与情绪对话，在种种困境面前选择冷静地面对，以身作则，在潜移默化中不但培养了子女的情绪调节能力，也培养了子女吃苦耐劳、豁达乐观的胸怀。

Gross在1998年将情绪调节定义为个体管理自己所拥有的情绪类型、情绪产生的时间，以及如何体验和如何表达情绪的过程，也就是试图引发、改变或保持情绪状态的目标导向过程。个体在进行情绪管理的时候一般会采取前因聚焦策略（具体包括情境选择、情境调整、注意分配、认知重评这五种策略），以及在情绪反应倾向已经产生之后干扰情绪行为的反应聚焦策略，即反应抑制。研究者通常将注意力更多地集中在认知重评策略和表达抑制策略，并且经过一系列的研究后发现，数据结果普遍支持通过改变对情绪事件的理解和认识来调节情绪反应的认知重评策略是一种适应性的情绪调节策略，而表达抑制策略是抑制个体情绪体验的不良适应性情绪调节策略。也就是说，相比于表达抑制，认知重评是一种更为积极的情绪调节策略，能够有效避免个体在遭遇负面事件后长期陷在思维与情绪的困境中，这种策略的重点在于鼓励个体以更加积极的心态去面对和解决当前遇到的问题。Morris、Silk、Steinberg、Myers和Robinson在2007年提出情绪调节的三元模型（Tripartite Model），家庭环境通过观察学习、与情绪社会化相关的父母教养方式、家庭氛围这三种重要的方式影响儿童情绪调节能力的发展，良好的家庭氛围有利于儿童使用适应性的情绪调节策略，提高儿童情绪调节的能力。当儿童处于某种新的情境或面临新的事件时，他们会通过观察父母的各种反应从而学习如何在压力情境下进行情绪调节。也就是说，儿童主要通过社会参照来学习如何进行情绪调节，主要的学习对象就是父母和其他家庭成员。所谓社会参照（Social referencing），就是指个体在处理自己不确定的情况时依据的是他人的情绪反应。通过社会参照，父母可以指导孩子如何对日常事件及不同情绪做出适当反应。此外，儿童也会模仿母亲的情绪调节策略。例如，研究结果表明，如果母亲患抑郁症且不能有效调节情绪，她的孩子所拥有的情绪调节策略同样有限，与父母正常的孩子相比，他们使用情绪调节策略的有效性较差。这意味着，在早期的成长过程中，儿童会在日常生活中观察与学习父母调节情绪的方式，母亲的情绪稳定性以及情绪调节策略也会影响到子女在今后对自己情绪的管理与问题解决的态度，正如 Frick 和 Morris（2004）指出的那样，父母在家庭中表现出什么样的不良的情绪调节行为，儿童便可能学习和模仿相应行为。而叶珍这位伟大母亲自身便具有高超的情绪调节策略，这不仅使自己能够长期处于一个比较稳定平静的情绪状态中，也给周围的亲人、朋友带来了极其有利的影响。

20世纪80年代中期，叶珍丈夫为解决生活费来源的问题，七拼八凑、节衣缩食地攒了120元（相当于现在的10多万元）打算前往盐城买台缝纫机回来做点鞋垫贴补家用，这笔巨款却被小偷在公交车上全都摸走了，叶珍丈夫因此陷入愤怒与自责的情绪。叶珍在得知后并未责怪与抱怨，而是劝慰道："人非圣贤，这事不怪你，只能怪那没良心的小偷。现在再懊悔，钱也回不来了。不就百十块钱吗？钱是人苦的，别跟自己过不去。""财去人安乐，开心健康最重要。"这番劝告不仅打开了丈夫的心结，使其慢慢地摆脱自责的情绪，也给周围人树立了良好的榜样，及时摆脱了精神内耗，而且让丈夫能够以一个更加积极的角度看待当前的事件，"过去的事儿就让他过去吧，如果把身体气坏了，岂不是让孩子们担心？"其实，消极情绪往往会导致个体的认知变得狭隘，使自己的注意力集中在当前的负性事件中，而叶珍却能够成功地摆脱这种限制，选择采取一种更加积极有效的情绪调节策略，赋予当前事件一个更加合理的解释，最后顺利使自己的情绪回归平静的状态。

在"文化大革命期"间，平日因为遭到严厉批评而对自己丈夫有不满情绪的小青年抓住一句无心之言在生产队的房间里挂满大字报，叶珍的丈夫不免陷入沮丧的情绪之中，叶珍劝道："允许你批评别人，就不允许别人批评你呀？有就改，没有，左耳听右耳出，没必要较真。""只要你把生产抓好，粮食丰收，他们就没话可说。"这番开解，也展现了叶珍始终稳定的情绪状态，而这种稳定的情绪也给周围人带来了良好的示范作用，对周围的亲人、子女的影响也是深远的。研究表明，父母积极的情绪表达与儿童的积极情绪性、情绪理解以及情绪调节存在相关性，来自情绪积极表达家庭的儿童往往也会被老师评定为情绪调节能力更高，因为子女在耳濡目染中已经掌握了恰当的情绪调节策略，在面临突发事件时能够快速地进行自我调适，使自己回归平静。叶珍子女在母亲的影响下，面对种种生活的困境都能够迅速调整好自己的情绪，咬咬牙继续坚持，直到最后成功地克服困难，取得或大或小的成功。比如在《刨山芋》和《女人也顶半边天》中，身为二女的朱文芳不可避免地要承担众多繁重的家庭农活，小小的年纪再加上辛苦的劳动，朱文芳也会同母亲抱怨自己的辛苦，叶珍就会调节她的情绪，告诉她"女人也能顶半边天""蚂蚁还能搬动泰山呢，我们发扬愚公精神吧"。这些小事体现了叶珍始终稳定的情绪状态，也可以看出作为母亲的叶珍不仅为女儿提供了一个具体的情绪调节策略，也为女儿在情绪管理方面树立了良好的榜样。朱文芳也在叶珍的教导下快速地摆脱抱怨的情绪，将注意力集中在手头的活上，全神贯注地干完各种农活。

除了在情绪管理方面为子女树立了良好的榜样，叶珍也以自己的实际行动指导子女掌握生存与生活的基本技能，学习各种礼仪，将各种规则内化为自己的行为准则，使子女在无意识、不自觉的情况下受到示范行为的影响和熏陶，在潜移默化中学会做人做事的道理。尤其对于年纪小的儿童来说，他们的抽象思维能力并不完善，也不具备完善的生活技能，此时观察学习更有助于其获得与养成某种行为，而父母的身教便能够为孩子提供学习的样本，让学习真实且快速地发生。孙敬修老前辈曾语重心长地对家长们说："孩子们的眼睛是照相机，脑子是录音机，你们的一言一行都刻在他们的心上，要做好榜样啊！"汉刘向所著的《列女传》记载：孟子问其母曰："东家杀豚，何为？"母曰："欲啖汝。"其母自悔，乃买东家豚肉以食之。孟子看到邻居杀猪便不解地问母亲："邻家杀猪干什么？"孟母当时随口应道："给你吃！"刚说完话，她就后悔自己失言，为了不失信于儿子，尽管家中十分困难，孟母还是拿钱到东边邻居家买了一块猪肉给儿子吃。孟母十分重视对孟子的言传身教，她认为对孩子说假话等于在教他欺骗和说谎，无法有效地对子女进行品德教育，如果长期哄骗孩子甚至会失去孩子对自己的信任，因此，家长只有言出必行才能为子女树立榜样，所以孟母在日常生活中便十分注意自己的各种行为。孔子也说过："其身正，不令而行；其身不正，虽令不从。"这就要求父母在教育的过程中不断加强自身修养，提升人格魅力，将言传与身教相结合，以身作则，言行一致，言而有信，在子女面前充分发挥榜样的示范作用，潜移默化地熏陶子女的品格，这样才能帮助孩子养成良好的习惯。这点在叶珍教育子女的过程中也展现得淋漓尽致，她从自身做起，严格要求自己，以身作则地培养孩子养成动手劳动的生活习惯，学会合作、学会分享的人际交往习惯，充分地发挥了榜样的积极力量。

《亦刚亦柔》文中记录了两件小事情，都向我们展示了一名伟大母亲的光辉榜样形象。朱文俊小时候帮忙家里干农活，为了提高劳动的积极性，叶珍就鼓励她，如果好好挑猪菜，养好猪，等小猪出栏时，就给她做件花棉袄，后来小猪卖钱后，叶珍就真的用这些钱买了块花布给她做了件新棉袄，这件新棉袄尽管颜色不太鲜艳，但却温暖了一个年幼的小女生的心灵，也给孩子留下了一个诚实的好榜样。另一件记录的小事也与衣服有关。20世纪六七十年代，尽管生活不是太富裕，但叶珍还是承诺每年为每一个家人做一双新布鞋。有一年农活太忙，她就利用年三十晚上守岁干了一个通宵，大年初一的早晨每个人床前都摆上了一双崭新的布鞋。身教传递的不仅是思想还有感情，使子女不仅能够从思想上掌握父母给予的道理，也能够激发儿童内心强烈的情感体验，所以言行一致所能够传达的信息远远比单纯的说教更有信服力。穿着母亲为自己做的新衣服和新鞋子，叶珍子女在感受到母亲深沉爱意的同时也能够观察到母亲"言必信，行必果"的守信品格，也造就了自己的"信"品格。就像朱文泉上将，他身居高位也经历了形形色色的诱惑，周围的有官行私曲者跌入钱坑者，有经不起女色诱惑者陷入情坑者，但他却能够始终维护自己诚实的品性，坚持自己的底线，不越过雷池一步，不被各种因素迷住眼睛和心灵，让自己的品行蒙上抹不去的阴影，而是永葆本心，兢兢业业地为人民服务，这就是榜样的巨大力量。

当父母希望子女能够掌握某种技能或者学习某个道理的时候，有了一定学习经验而且已经具备某种想要传授给子女的技能或品质的家长如果能够进行"身教"，在指导的时候就会更有针对性，在整个教育过程中便会更注重学习方法的指导，而不是只停留在口头上的说教和问题的表面，往往能够在适合的学习时机给予子女及时的引导，在教育的时候有针对性地选择更加更恰当的学习内容，从而有效地帮助孩子少走一些弯路。除了基本的生存技能，教育者也希望能够赋予下一代人诸如乐观、开朗、勇敢、富有同情心、包容、自立自强、勤奋等积极的心理品质，如果单纯地进行说理教育，或者只是对儿童的外在行为进行口头的管教与控制，孩子很难理解这么做的意义，因此这些美好品质便难以传递给孩子。

叶珍通过示范的力量，将为人处世的大道理融入日常的劳动中，让子女在劳动中体会与理解这些道理的内涵与意义，使其作为自己人生道路上的明灯。在朱文泉上将小的时候，父亲作为生产队的队长将自己的大部分时间都奉献给了集体，没有时间和精力操持家里的农活，作为家里的长子，拐磨的任务被迫落到了他的肩上，叶珍就带着他慢慢地、一步一步地移动，用自己的实际行动教导朱文泉拐磨的技巧与注意事项，在母亲耐心的指导与示范下，朱家四个子女小小年纪便已经是干农活的一把好手，割草、拐磨、挖野菜样样在行，甚至一个女人带着小孩也能够干别人家男人负责的活，劳动成果一点也不比其他人家干得差。这段难忘的劳动经历，使朱家的子女学会了劳动谋生的技巧，也锤炼了他们吃苦耐劳、不怕困难的品质，有利于他们形成耐心和责任心，以及理解关心他人的包容心和同理心，若只是停留在口头的说教，影响力难免会有些薄弱，但在叶珍子女成长的过程中，这些美好的品质都是通过观察母亲的劳动以及自己的亲身经历自然而然地融入子女的性格之中，成为他们度过各种挫折与困难的力量之源的。尽管劳动如此辛苦，但叶珍还是努力地挤出时间学习文化知识，没有专门的学习时间也没有课堂黑板这些学习条件，她就让女儿将字写在家里内墙的墙壁上，趁着劳动的时候偷空学几个字，捡菜烧火刷锅洗碗都是她的认字时间，时间长了慢慢地也掌握了一些基础的字，而她的子女在母亲这个榜样的影响下，也都在干农活的时候拼命地节省出学习时间，最终四个子女都念到了高中以上，整个家族都极度重视教育，这也是叶珍母亲榜样的力量。

在《叶珍家教思想研究》这本回忆录里，叶珍这位母亲在教育子女的时候总是将大道理用朴素的话语表达出来，"走到最前面"就是让子女不怕困难，敢为人先，始终怀揣着希望与信心朝着远方的目标奋进；"品行不能有坑"教导子女要时刻警惕外界的各种诱惑，永葆本心……通过"言传"将自己对于人生的感悟以及为人处世的原则娓娓道来，通过行为控制及时制止并且有效地纠正了不正确的行为。此外，或许叶珍并未意识到"身教"在教育孩子时具有举足轻重的作用，但她却切切实实地发挥了榜样的积极作用，以身作则地教导子女养成诚实的品格，教会子女有效的情绪调节策略以及劳动生存的技能，有效地将行为控制与以身作则结合起来，在子女健康成长、努力成才的道路上留下了不可磨灭的印记。

2023年5月14日，江苏省响水中学《叶珍家教思想研究》"家训、家教、家风"文化研究的展示厅里，有一场辩论正在进行，辩题为：谁成就了将军——是父亲的严格还是母亲的慈爱。此辩题是基地主任杨帆先生设计的。朱文泉在现场做了精彩的回答，他认为：他之所以能成为将军，有父母教育的因素，有自己努力的因素，更有党和国家多年教育培养的因素。

第二章 母亲诸心理要素对子女成长的影响

——叶珍家庭教育思想研究之心理篇一

　　《叶珍家教思想研究》是一个中国女性的日常生活史，也是一个家庭、家族的兴盛记录和书写，更是反映了中国社会的年代历史。母亲，是人生的第一位导师，也是终身的恩师。母亲教育孩子学会做人，参与家务，引导读书，营造学习氛围，胜过无数个优秀的老师。

　　亲子系统是家庭系统中的重要亚系统，自20世纪70年代开始就被广大学者关注，随着研究的逐渐深入，作为亲子系统组成的母子子系统也成为被研究的热门课题。母亲作为孩子的主要抚养者之一，在孩子整个成长过程中的作用无比重要，孩子的人格健全及其心理健康程度与母亲情绪的稳定性密切相关。因此，本书借用《叶珍家教思想研究》一书中的案例，对母亲人格特质与亲子关系展开讨论，探究情绪、亲子沟通在母亲人格特质与亲子关系中发挥的作用，对丰富亲子关系体系，指导建构良好的亲子关系，以及发展青少年心理健康教育具有宝贵的理论和现实意义。

一、母亲人格特质对子女的影响

受中国传统文化的影响，中国家庭中母亲肩负着更多操持家务、养育子女的角色，而父亲则肩负着维持家庭生计的角色，这一角色在家庭环境中的地位非常重要，尤其是在经济欠发达地区现象明显，父亲常年在外，母亲在家教养子女。母亲与子女朝夕相处，母亲的人格特点、教养方式将潜移默化地对子女产生影响。因此，母亲对子女的人格和成就动机的影响力远远大于父亲。

神经质作为人格特质的一种，与高频体验到的不良性情绪相关，常用来表示个体情绪的稳定性。近代关于神经质的人格理论主要有三要素人格模型论和五要素人格模型论。传统的三要素人格理论认为，人格的组成成分是神经、精神质和内 — 外倾特质三种，是包含个体个性、气质、智能以及体能的相对稳定又持久的组织，并且在个体的环境适应方面表现出独特性。因此，艾森克将神经质与个体的生理神经系统相联系，将其定义为在刺激情境下个体所表现出的适应性情绪反应。五要素人格模型建立在对描述性格相关词汇进行因子分析的基础之上，它将人格分成神经质（与个体情感调节和情绪稳定性相关）、外向性（与一个人同外界的人际互动相关，表现在对刺激性需要以及获取愉悦的能力上）、开放性（与一个人的认知特质相关，如想象力、审美、情感丰富程度、创造力等）、宜人性（往往指向人际的互动往来，与个体对待他人的态度相关，既可以是亲近、同情以及信任态度，也可以是敌对、无情态度）、尽责性（与个体在完成目标导向问题时的条理性、坚韧性相关，指的是个体的控制力、管理能力与责任感）五个维度，将神经质看成是抑郁、脆弱、羞耻、尴尬等词汇的集中反映。在现代学者看来，神经质在很大程度上是先天的，具有相对稳定性。

《争红旗》一篇中有说道："在这二十多年里，岳母发挥了极其重要的作用。她是贤内助，几乎包揽了全部家务，让岳父一门心思抓工作，又是生产能手，处处带头以实际行动去落实队里的要求，和社员群众一起完成队里的任务。可以说，岳父的功劳有岳母的一般，今天的好日子里面，有岳母的光和热。"不难看出，叶珍这位母亲，在家庭中承担着更多的责任，包括家务工作，子女教养，等等。母亲是子女行为的榜样，子女会潜移默化地受到母亲人格特点的影响，也会将母亲的行为模式作为模仿的对象。母亲的人格特征通过这种观察和模仿传承到了子女的行为模式中，进而影响了个体的成就动机。当然，母亲的人格特点也可能通过其教养方式对子女的成就动机产生影响。母亲的情感温暖、理解使子女在一种宽松、信任和民主的氛围中成长，有利于子女健全人格的培养，形成健康的人生观、价值观，建立内在、独立的目标和标准。子女在学校充满信心争取好成绩，以积极向上的态度面对生活中的问题。也就是说，母亲的情感温暖、理解可能预测的是子女的自我取向成就动机。母亲的过保护也促进了子女的成就动机。母亲需要独自承担家庭的重任，母亲的过保护往往会使子女感受到温暖与关怀，使子女心怀感激，继而激发子女努力追求成功和优秀的动力。与前两者不同，母亲的过干涉使子女在一种严苛、怀疑和专制的氛围中成长，子女感受到来自母亲的强大压力，害怕失败会受到母亲的责难，努力追求以母亲的标准来判定成功，而母亲的判断标准多是以社会为准，因此，母亲的过干涉可能预测的是子女社会取向动机。

母亲的神经质人格与亲子关系之间关系密切。母亲的神经质人格得分越低（情绪的稳定性越好），较多地使用认知层面的情绪调节方法，较多地采用开放性沟通，亲子关系就更加密切。反之，当母亲情绪的稳定性程度较差时，母亲受自身情绪的影响较大，不能较好地使用认知重评的方法去调节强烈的情绪反应，亲子间的问题性沟通较多，进而影响到亲子关系的密切程度。

二、母亲的情绪智力与情绪调节对子女的影响

近年来，情绪智力成为学校教育和家庭教育的研究热点，情绪智力作为集感知、理解、管理以及运用情绪等多种情绪能力于一身的综合性能力，是青少年心理健康中不可或缺的一部分，不少人认为，在决定个体事业成就与幸福感指数诸多因素中，情绪智力的重要性甚至超过了智商。大量研究显示，情绪智力与青少年的心理健康、主观幸福感、学习成绩、自我管理、人际关系等息息相关。因此，提升青少年的情绪智力有助于改善其心理健康状况，促进其更好地发展。要想有效地提升青少年情绪智力，可从其影响因素入手，分析影响青少年情绪智力的因素及影响机制，进而有针对性地制定出相应的提升策略。

在影响青少年情绪智力的众多因素中，家庭因素无疑起着至关重要的作用。国内外关于家庭因素与情绪智力的研究主要集中在父母教养方式与青少年情绪智力的关系，教养方式反映的是父母对子女的态度，影响着家庭氛围及双方关系、互动情况。权威型等积极的教养方式，有利于在家庭中形成温暖、和谐的家庭氛围，子女能够自由地表达自己的情绪，有利于提高其情绪智力。而专制型等消极的教养方式会使子女对家长形成一种敌对的情绪，双方难以建立良好的亲子关系，家庭氛围也会变得严肃、紧张，阻碍其情绪智力的提升与良好发展。另外，青少年都还未成年，没有踏入社会，他们大部分时间都与父母或者监护人生活在同一个家庭里，家庭环境与其情绪智力的发展也有密切的联系，家庭成员间的亲密程度、沟通和表达及家庭冲突等无疑会影响青少年情绪智力的发展，如果一个个体生长于一个好的家庭环境，整个家庭氛围十分融洽，成员间积极沟通，让整个家庭关系不断得到优化，将可促进青少年情绪智力的发展。最后，父母作为青少年的第一监护人，他们对青少年来说具有一定的权威性，在亲子互动中，青少年的情绪智力往往会

受到父母潜移默化的影响，如果父母具有较高水平的情绪智力，他们能够在青少年面前很好地管理自己的情绪，准确地感知青少年的情感需求并及时给予适当的反馈，有利于双方建立亲密的互动关系，减少矛盾冲突。因此父母自身的情绪智力也应该会与青少年的情绪智力存在密切的关系。

情绪智力，是美国心理学家萨洛维和梅耶在加德纳多元智力理论基础上提出来的，他们认为情绪智力是"准确地感知、评价并表达情绪，爆发和产生促进思考的情感，理解情绪及情感知识，调控情绪以促进情感和智力发展的能力"。

情绪调节策略是个体进行情绪调节时所使用的具体方法，灵活有效地运用可以帮助个体更好地适应环境。最先开始研究的是马斯特斯等人，可以追溯到1983年，当时的他们将情绪调节看作情绪调适者通过有计划、有目的的努力而实现的情绪适应。其他学者，像布伦纳在1997年提出，任何对情绪进行调节和管理的努力都属于情绪调节的策略。从国内的研究来看，绝大多数学者对于情绪调节策略的一致观点是：个体有目的、主动进行的情绪调适行为。比如，方平、贾海艳等人对情绪调节进行研究时指出：个体通过有意识、有计划性的努力来实现情绪调节目的的做法都属于调节情绪策略的运用。徐馨琦在情绪策略研究中指出：个体在改善情绪时，会在认知和行为两个方向进行努力，包括认知调整策略、行为调节策略、人际关系长久策略等。

在格罗斯的研究中，他将情绪调节的过程又进行了进一步细化，个体在不同的阶段会采取不同的调节策略，个体可以通过改变与情绪相关联的认知，或者相应的行为反应来达到情绪调适的目的。主要的策略有两类：认知重评价和表达抑制。前者是对引起情绪发生改变的事件因素进行调节，关键在于改变引发情绪变化的评价过程，可以通过置换角度，对诱发情绪反应的事件进行再一次的理解，或者认知上的合理化来实现；后者是一种反应调节，通过改善个体内在与情绪相关的心理感受，抑制行为表达的反应趋势来实现。有研究结果显示，情绪不稳定的母亲，其子女的社会性发展异常检出率较高，表现为冲动性、攻击性或反抗性等外显行为，忧郁、退缩等内隐行为，以及睡眠、饮食、情绪方面的失调行为增多，同时伴有依从性、移情等社会能力低下。其原因在于，首先，母亲若常常难以控制自身情绪，她们的焦虑和敌意情绪会影响亲子关系的质量，导致形成消极的亲子关系。其次，母亲情绪的不稳定会成为子女不良的示范，使其难以掌握情绪调控的技巧，较多产生不愉快的交往体验，进而影响其社会性发展。有鉴于此，母亲在抚育子女过程中应更加注意保持自身的情绪稳定，为子女做出良好的榜样，以避免对子女的社会性发展产生负面影响。

《三次挨打》这篇文章中讲述了朱文泉幼年时期被父亲棍棒教育的一些经历。在朱文泉的家庭中，父母亲的教养方式是完全不同的，此观点在其他篇幅中也有提到，其父亲是相对独断型的教养方式，认为子女就是要被严格管教，"棍棒底下出孝子，黄荆条下出好人"。而其母亲则与之完全相反，母亲是不赞同体罚小孩的，母亲认为要和孩子讲道理，好人不是打出来的。在朱文泉幼年挨打时，还会用自己的身体去保护孩子，无形中给孩子形成了一种安全感，形成了一种温暖、亲密、稳定的关系。

有学者提出儿童心理健康的关键是与母亲之间建立一种温暖、亲密、稳定的关系。在这种亲子关系中，儿童既获得了满足，也感受到了愉悦。而早期不良的亲子关系会导致儿童今后的情感障碍。儿童在早期生活中能否形成良好的亲子关系与他整个人生能否顺利发展有密切关系。亲子关系是儿童与父母之间建立的一种人际交往关系。母亲与子女的关系一直被视为儿童社会性发展的一个重要影响因素。在亲子互动中，母亲能否给予子女关怀以及鼓励，能否让子女感受到爱，不仅取决于她们的育儿观念，寻其根源还与她们的个性有关。有研究发现，在与子女互动过程中，情绪抑郁的母亲比非抑郁的母亲言语交流少，母子之间是一种消极的互动，子女在这种消极的母子互动中习得的是不良的社会交往技能，从而可导致社会适应不良；相反，如果母亲个性开朗，善于表达，常常与子女进行情感交流，进而与子女形成良好的情感联结，这种积极的亲子互动将促使子女的情绪情感获得良好的发展，从而形成乐观自信、勇于探索的个性品质，获得良好的社会交往技能。

《滚铁环》一文中也有讲到，叶珍这位母亲很支持孩子发展自己的爱好"滚铁环"，并积极引导孩子厘清娱乐和学习之间的关系，给了孩子无限的关爱与信任。"滚铁环"这件事情朱文泉先生再回忆起来也是满满的感激与怀念，是妈妈为自己争取来的铁环，叶珍虽然没有什么文化，但是确实是一位有大智慧的母亲。

对情绪稳定性较高的母亲而言，要继续保持与子女之间良好的亲子关系，为子女的身心健康提供保障。情绪稳定性高的母亲较少受自身情绪影响。在与子女互动的过程中，对于情绪性刺激诱发的不良情绪能采取适当的情绪调节方法，情绪波动较小，进而彼此的沟通也融洽畅达，有利于营造亲子间健康、开放、安全的沟通环境，良好健康的亲子关系。

对情绪比较容易波动的母亲而言，要学习一些心理学方法，尽可能地去调控情绪，摆脱不良情绪对亲子关系的影响，以达到改善亲子关系的目的。比如正念练习，既能提高练习者的情绪调节能力，又有助于创建其乐融融的家庭气氛，而在这种家庭环境中成长的孩子们，他们与母亲之间长期维持亲密关系的质量也较高。

三、家庭教养方式对子女的影响

美国心理学家戴安娜·鲍姆林德（Diana Baumrind）通过"响应程

度"和"要求程度"两个维度把家庭教育模式分为四类——权威型、独裁型、放任型（溺爱型）、不作为型（也称忽略型）。

响应程度：父母给予孩子爱、接纳和支持的程度，父母能否对孩子表达爱，对孩子的需要敏感的程度。响应程度高的父母会经常微笑地面对孩子，表扬和鼓励孩子，与孩子交流他们喜欢和欣赏的事物。响应程度低的父母则经常忽视、拒绝和批评孩子。

要求程度：父母是否对孩子的行为实施严格控制的程度，指父母是否对孩子的行为建立适当的标准，并督促其达到这些标准。

研究表明权威型教养方式与各种积极的发展结果相关。权威型的家长为了能让孩子执行他们的要求，喜欢给孩子讲道理，与孩子一起商讨制定规则并遵守之。这样的家长往往能培养出能力较强且适应性较好的孩子。

鲍姆林德的这一研究在发展心理学上具有里程碑的意义，它告诉我们：儿童良好的发展不仅需要关爱还需要适当的限制。

四种教养方式具体如下。

一是权威型教养方式：对孩子高要求、高反应。

这是一种具有控制性但又比较灵活的教养方式。这种类型的父母会对孩子提出明确的、合理的要求，并且会谨慎地说明要求孩子遵守的理由。会为孩子设立一定的行为目标，对孩子不合理的行为做出适当的限制，并督促孩子努力达到目标。同时，他们并不缺乏应有的温情，能主动关爱孩子，耐心地倾听孩子的述说，能够晓之以理、动之以情。能够接纳孩子的观点，会征求孩子的意见。孩子在权威型父母合理、民主的教养之下，会慢慢养成自信、独立、合作、积极乐观、善于交流等良好的人格品质。

"权威"二字是翻译过来的，它并不完全等同于我们汉语中的"权威"的含义。汉语的"权威"一词，往往与"威严""权力""服从"联系在一起。这里的"权威型"更像我们所理解的"良师益友"。

二是独裁型教养方式：对孩子高要求、低反应。

这是一种限制性非常强的教养方式。这类父母会提出很多规则，期望孩子能够严格遵守。他们很少向孩子解释遵从这些规则的必要性，而是依靠惩罚和强制性策略迫使儿童顺从。他们不能接受孩子的反馈，对孩子缺少热情和尊重，不能敏锐觉察到孩子的不同观点，而是希望孩子一味地听他们的话，并服从他们的权威。

父母专制型的教养方式将导致儿童缺乏独立思考的能力，做事优柔寡断，学习上缺少灵活性，心理上产生抑郁和焦虑、自卑、退缩等不良的人格品质。

笔者这一代人中有不少是在这种教养方式下长大的。当代大学生里出现心理问题的也有不少出自这类家庭。记得在中国科学院心理所学习时，分析神经症的案例里，几乎都有相似的一条：童年时期父母过于严厉。高压之下情绪易出问题。

三是放任型教养方式：对孩子低要求、高反应。即我们说的溺爱型教养方式。

这类父母尽自己最大的可能满足孩子的要求，但他们很少对孩子提要求，不会密切监控孩子的行为。他们对孩子有求必应，孩子得到太容易，也就不懂得珍惜。溺爱下的孩子会形成依赖、任性、冲动、幼稚、没有恒心、不能吃苦、不能体谅别人等不良的人格品质。这也是今天独生子女的家庭比较容易出现的，最后自食恶果的还是家长。

四是忽略型教养方式：对孩子低要求、低反应。也称忽视型教养方式。

这类父母或者会拒绝孩子的要求，或者会由于过度关注自己的事情而对孩子投入极少的时间和精力。他们不会对孩子提出什么要求和行为标准，对孩子缺少教育。在感情上也表现得比较冷漠，对孩子的需要不予理睬或者不敏感。

这是最不成功的教养方式。在这种教养类型下成长的孩子，自控能力差，对生活会采取消极的态度。容易表现出较高的攻击性、易于发怒等问题，常发展为行为失调，课堂表现非常差。更为严重的是，这些孩子有可能成为充满敌意、自私、叛逆的青少年，他们缺少远大的目标，易出现如酗酒、逃学等反社会行为，甚至出现多种犯罪行为。

对照这一理论，笔者发现，朱文泉的父亲是偏独裁型的模式，而母亲是权威型的模式，兼有点溺爱型。这种三种教育类型混杂起来，正好形成有严厉的要求、有热切的鼓舞、有耐心的开导、有倾心的关爱的教育，正是这样的教育才成就了他的事业人生。

《亦刚亦柔》一篇中说道：

每次爸爸打完，妈妈总会把我们拉到一旁，耐心地做开导工作。她一般都要先问问我们为什么会挨打，错在哪里，然后她再给我们讲道理，要我们理解爸爸打我们是因为爱我们，希望我们走正道。爸妈这么一打一揉，把我们心头的怨气和委屈就化解了大半。妈妈常用交心的方式鼓励我们学习。她常跟我们说："我们农村人出路在哪里？在念书。只有念出书来，才能走出去。你看你爸爸，大家都说他人品好，心眼正，有经验，有能力，就是缺文化，不然，可能早就当上公社干部或县里干部了。如果真是那样，我们家就不是现在这个状况。你们一定要好好学习，这是我和你爸的唯一希望。"妈妈的一番话没有丁点批评和指责，但她能让我们心服口服，暗下决心，定下小目标，尽力向前奔，决不辜负爸妈的期望。有时候，我也会因为没完没了地挑猪菜和永远也做不完的家务事耽误学习而烦恼，甚至发脾气。每当此时，妈妈没有批评和责骂，总是心平气和地摆现状，给我讲挑菜与养猪的关系，养猪与我上学的关系。她说："我们家的现实就是这样，绕不过、躲不过，只能面对现实去克服。不管怎样，妈妈陪你慢慢往前走。"想想全家生活的不易，看看妈妈的辛苦和艰难，我又常常心疼起妈妈来。还有一件事，让我十分难忘。小时候，我除了读书，还要挑菜拾草、带弟弟妹妹，忙家务。为了提高我的积极性，妈妈说："你好好挑猪菜，养好猪，等小猪出栏时，给你做件花棉袄。"以后的数月里，我心里一直憧憬着能有件新棉袄。小猪出栏卖钱时，我心里记着妈妈的话，但又不敢说，没想到妈妈还记着这件事，她对爸爸说："小猪卖了，给小二买块花布，做件新棉袄，是我以前允她的，跟孩子说过的话一定要兑现。"后来，我终于穿上了新棉袄，尽管颜色不太中意，但是幸福感还是满满的。

20世纪六七十年代，穿衣还是问题，妈妈无法保证每年给我们做件新衣服，但她承诺每年给我们每人做一双新布鞋。为了兑现承诺，她常常几个月前就开始做准备，抽不出整时间去做针线活，就利用零散时间忙里，偷闲带着做。有一年，农活太忙，眼看春节将至，她就利用年三十晚上守岁干了一个通宵。大年初一早上，我们惊喜地发现，每个人的床前都摆了一双崭新的布鞋。这是普通的一双鞋，但却浸透着母亲的爱，比海还深的爱。

在爸妈的教育下，我们兄妹四人全都读了高中，有的读了大学，成了国家工作人员。在许多人眼里，这是个了不起的家庭，有意无意说些溢美之词。但爸妈十分低调，总是说："这是党和国家的培养，是孩子们自己的努力，也与邻里乡亲的帮助分不开。"并多次告诫我们，不要扛着你大哥的旗子张扬，唯恐人家不知。直到晚年，在病床上还要求我们："你哥当官，全家维护。没有特殊情况别去干扰他工作。"

从这篇文章可以看出叶珍这位母亲对孩子是属于一种以柔克刚的温暖理解式养育方式，母亲教养方式对个体成就动机的作用——家庭教养方式就是家庭环境中影响个体成就动机的外部条件。研究发现，母亲教养方式中的情感温暖、理解和过干涉、过保护与个体成就动机达到了显著相关且具有预测作用。

四、亲子沟通对子女的影响

大多数的研究者都把亲子沟通看成是一种手段，既包含了母亲与子女之间的日常信息交流，还包含了情感的传递和问题（家庭、学习、生活等）的解决。在众多沟通互动模式中，我们更偏向于开放性的沟通，这是一种和谐宽松、亲子之间能够自由地交流看法、表达观点，能够有效地解决问题的沟通。反之是存在问题的沟通，当发生这种沟通时，一般会伴随着紧张不自在的沟通氛围，沟通双方表现得很拘谨，甚至故意回避不去谈论某些话题等。除此之外，一些研究者还将家庭成员沟通的有效性程度作为评估家庭功能良好的指标之一。

父母或子女本身的人格特征、家庭成长环境以及社会文化是影响亲子沟通最主要的三个因素。父亲或母亲的人格特征成为亲子沟通良好与否的原因之一，高宜人性的父母在与子女的沟通过程中会传递出更多的理解、鼓励，子女也愿意将与自己有关的事情讲给父母听，以获得更多的支持；而高神经质的父母则恰恰相反，他们在与子女进行沟通时会表现出过多的担心、焦虑，进而影响到良好亲子沟通的建立。还有学者用问卷法对母亲与子女之间的性格喜好程度进行了调查，结果发现母亲与子女的性格相匹配时其亲子沟通的质量确实更好。父母的家庭角色的不同也会影响到亲子沟通，有研究发现在"男主外，女主内"传统家庭角色观影响下，父亲考虑更多的是整个家庭的经济收入，母亲承担了更多的教养子女的任务，她们与子女之间的沟通互动的频率明显多于父亲。国外学者的有关研究也证实了这一点，母亲的家庭角色分工使得她们对子女的理解性更强，反应也比较灵敏。除此之外，性别、年龄阶段等因素也影响亲子沟通。相关研究发现，随着子女年龄的增长其亲子沟通总体呈现下降趋势，男生无论是在沟通自主性还是沟通问题上都与女生有明显的差别。

家庭成长环境是影响亲子沟通的第二大因素。家庭的形态结构会影响到亲子沟通，原生完整家庭比单亲、离异重组家庭和收养家庭来说存在的沟通问题更少；离异家庭中的母亲相对父亲来说与子女的沟通要好一些。其次是家庭环境的影响，父母温暖、民主型家庭的亲子沟通明显好于父母敌对、专制型的家庭。最后是子女数量因素，受二胎政策的影响，当家庭里的第二个孩子出生以后，父母的精力明显会较多地放到年龄较小的孩子身上，相应地与老大的沟通交流就会减少。

受种族文化的影响，中国父母与子女沟通交流的内容要相对狭窄一些，他们关心最多的是子女的学业、生活费、朋友交往等问题，而很少去谈论一些敏感性的话题，比如性、生理期等。而像美国等国家，他们的父母与子女沟通交谈的内容要更广泛一些，包括生活物质、精神需求、生理卫生等方面。

目前，与亲子沟通相关的理论主要有家庭功能理论、资源交换理论、亲子沟通的成分理论以及家庭系统论和三层次模型。家庭功能理论把维持良好家庭功能的关键因素归结为亲子沟通，家庭成员之间通过交换信息的方式彼此相互影响，最终形成特定的家庭功能。资源交换理论的研究者们持有不同的观点，菲茨帕特里克等人把家庭成员内部进行的观点、情感的交流，看作一种家庭资源的互换。成分理论认为，亲子沟通主要分认知和情感两种成分。家庭系统理论认为，核心家庭中的父母亲和孩子都可以看成一个个基本元素，在这个系统中的父子子系统和母子子系统都产生于家庭元素的沟通中。三层次模型指元素、关系和系统三个层面，具体内容分别为：元素层面的关注点是亲子互动能力；关系层面的重点是亲子沟通质量；系统层面则主要关注亲子沟通的协调或一致性。其在家庭中也常常扮演"调和剂"的角色，在朱文泉一家中，父亲的地位是显然的，父亲在家中具有权威的地位，甚至有些"大男子主义"，认为棍棒底下出孝子；而叶珍的亲子沟通，则很好地调和了家庭中的矛盾，充当了调解与沟通的作用，避免家庭冲突。

书中出现了大量叶珍对子女循循善诱的篇幅，其孙女朱黎黎在《蜀葵》一文中回忆道：

祖孙俩边说边走，不觉已经到了晌午，回来的路上，奶奶似乎想起了自己的过去，叹了口气说："现在的学习条件多好啊，要是奶奶能上学，就把书都背下来。"接着又鼓励我，只要有蜀葵挺拔向上的精神，鸭子划水的暗劲，黎黎一定会成功。

晚上，我反复琢磨奶奶的话。是啊，鸭子的快乐是脚掌的使劲换来的，人生的成功是汗水铺垫的，哪一个光鲜亮丽的背后，不是以默默地付出为代价的呢？

我回想着班上的学霸们，的确，表面上他们和我没有什么两样，无忧无虑、快乐自在，但都在暗地里使劲，有的参加强化班，有的请了专人课外辅导，有的提前半学期把功课学完，他们怎么可能不"霸"呢！而我稀里糊涂，没有确立自己的目标，缺乏拼搏向上的精神，更不知道使什么暗劲，所有需要记忆的课程都没有下功夫去强记硬背，没有付出，肯定要"滑铁卢"，那是很自然的事了。

奶奶对我说的话，具有定盘星的作用。我的问题不是天资不足，而是下苦功不够。从此我奋起直追，瞄准了目标，下足了功夫，在课堂、课余、假日用足了时间，成绩稳步上升。每当困倦、烦恼、干扰来袭时，我便把"蜀葵""鸭子"请出来助阵，用玻璃板下爸爸赠我的楷书"一分耕耘、一分收获"激励自己，克服盲目浮躁、急于求成的缺乏，以苦作舟，劈波斩浪，勇敢地去登陆胜利的"诺曼底"彼岸。

到了高三时，爸爸说两个女儿要有一个学医吧，妈妈表示赞同。这样，我就如爸妈所愿考上了医学院。

后来，无论是做医生，还是自己创业，我都找到了学习的乐趣，逐步养成了持续学习的习惯，每天进步一点点，登一个小台阶，几年之后，就觉得上了一个大台阶。

奶奶对孙女的对话可以看出，叶珍很擅长与孩子交流，并不是一味地说教，也不是空讲大道理，而是循循善诱，让孩子思考，给孩子启迪。有效的亲子沟通就是架在父母与孩子之间的一座心灵之桥，通过这座桥，与孩子才会彼此理解，才会相互尊重。有利于孩子打开心扉，不是每一个孩子都会打开心扉地和父母交流，因为孩子有自己的主观意识和态度，他们只会和自己信任的人进行更深层次的交流。如果一对父母平时和孩子一起进行某项活动的时候，拒绝让孩子自己提出任何的看法和观点，并且在关于孩子的事情上都自己武断地做出决定。在这种情况下，孩子就很难打开心扉，告诉父母自己内心深处的真正想法。因此，父母很难和孩子进行心与心的交流，没有办法引导孩子向正确的方向发展。可以引导孩子替他人着想，家长们可以通过沟通教育，让孩子明白和谐的意义，说话做事时懂得替别人着想，懂得如何战胜自己的人性弱点，慢能够控制自己的情绪等，所以一个有效的沟通可以让孩子学到很多东西。

父母要与孩子进行真正的思想交流。平日里就要仔细观察孩子的言行，多和他聊天，了解他的想法和需求，和孩子做个好朋友，相信孩子也会视你为最好的朋友，向你倾诉心里话，希望你安慰他、鼓励他、认同他。让孩子感受家庭的温暖，一个和谐的家庭对孩子来说，就是一个充满关心爱护，温馨快乐和安全的好地方。当他受到挫折或遇到困难时，便会想到家是他唯一的避风港，家人永远是他的保护神。

那如何有效地进行亲子沟通呢？第一，要把爱传达给孩子，通过和孩子聊天，父母的爱可以及时地传递给孩子，并深深地在孩子心里扎根。孩子会对父母产生沟通和交流的依赖，"亲其师才能信其道"，这样对孩子的教育才会产生效果。父母如果能保持和孩子聊天的习惯，孩子会很开朗、很聪明，反之，孩子不仅性格内向，有时还会出现心理障碍。第二，真正了解孩子，家长经常和孩子聊天，才能了解孩子内心的真实想法，把爱和帮助潜移默化地传递给孩子。如果父母不注重和孩子聊天，就无法了解孩子的需求。孩子小时依赖父母、很听话，稍一长大，有了自己的想法，便不愿再听父母的教导。慢慢地和父母的距离就越来越远了。要想真正地了解孩子，家长还应注重聊天的艺术：要做到互相尊重、互相激活；不能居高临下、强制和训斥；要把教育目的隐藏在聊天的过程中，不着痕迹；不能先入为主，预先贴标签。第三，要启发孩子进行思考，孩子的语言表达能力、沟通能力，是需要锻炼的。在跟孩子交流的过程中要尽量让孩子多说，多问些问题，去鼓励孩子对这个问题进行思考，可以使孩子今后拥有更好的表达能力，以及能够更加独立自主地解决问题。

五、家庭教育在个人成长中意义重大

《叶珍家教思想研究》一书，语言朴实无华，却引人思考。其中叶珍女士的许多做法和现代教育理论不谋而合。

作为教育者和心理工作者，既要加大对青少年学生心理健康的关怀力，又要扩大以家庭为最小关心单位的"心"知识的普及。通过一些讲座、公开课，让更多的学生及其父母受益。关注影响亲子关系的重要因素，如探讨有利于调节情绪的策略、开放性的亲子沟通等，学习一些心理学方法，提供切实可行的解决意见。

家庭对任何人来说都非常重要，温暖、融洽的家庭是每个人心灵的避风港。良好、亲密的亲子关系不仅需要孩子努力，也需要家长去努力维持。多一些关心、理解、尊重，少一些情绪、批判、冲突，守护好青少年敏感脆弱的心灵，陪伴他们去克服更多的困难。

综上所述，母亲的个性对儿童早期社会性发展有重要影响。在育儿过程中，母亲不仅要认识自身的个性特点，有意识地弥补由个性所致的亲子互动的缺陷，还要学会调控情绪，以形成良好的亲子关系，创造良好的家庭精神环境。另外，母亲要不断学习科学育儿方法，了解婴幼儿心理发展的规律，根据子女的个性特点选择合适的教育策略。

第三章　原生家庭的教育力量起源

——叶珍家庭教育思想研究之心理篇二

母亲，往往是子女的第一抚养人，正所谓"娶妻当娶贤"，一个优秀的母亲会对子女的一生产生不可磨灭的影响。读《叶珍家教思想研究》一书，我们可以看到，在后世子孙的回忆中，叶珍无疑是一位有大爱、大智慧的母亲，她待人接物得体大方，为人处世处处包含着大智慧，一言一行均体现了她内心强大的精神力量，而这种力量，对她的子女，甚至家族都产生了深远的影响。根据班杜拉的社会学习理论，观察学习是子女习得各种社会性行为的主要渠道，而叶珍的言谈举止也为众子女提供了一个良好的榜样，将自身强大的精神力量在潜移默化中传递到子女身上，使这种力量成为子女发展道路上的动力源泉。

一、自我效能感的力量

毛主席曾发出"妇女能顶半边天"的号召，指出女人不是柔弱无力的，在生产生活中，女性同样外出工作，支撑家庭。毛主席的话，让广大女性挺直了脊梁，挣脱了束缚，相信自己，成就自己。20世纪五六十年代，全国曾涌现出一批又一批女性劳动模范。叶珍也曾被评为响水县农业生产先进个人。作为一位从旧社会过来的妇女，叶珍有着较高的自我效能感。

"自我效能感"是著名心理学家班杜拉（Bandura）最先提出的概念。是他社会学习理论（social learning theory）中的一个重要概念，具体内涵是：当面对一项具有挑战性的工作时，个人是否全力以赴取决于个人对自我能力的评估。自我效能感可以影响一个人内在任务动机强弱与执行艰巨任务时坚持不懈的程度与持续力的长短。

但自我效能感并非是一个人的真实能力，而是该个体的信心以及对自我行为能力的自我评估，自我效能则是个体对自身能力进行衡量与评价的结果，而这个结果同时又反过来调节人们对行为的选择、投入努力程度的大小，还决定着他们在特定任务中表现出来的各种能力。

最初的自我效能理论指个人对控制能力的知觉或个人在困难情境下对控制能力的知觉，之后扩展为包括对自我相关活动如认知过程、情绪及自我调整行为控制的知觉。此种能力的判断会影响个人目标设定、策略选择、工作坚持度及表现的结果。高自我效能者比较有信心面对外在的障碍以及困难的环境，且在遇到问题时能够继续坚持下去并设法寻求解决策略。反之，低自我效能者在遭遇问题时，常常会觉得自己的能力不足，因此容易动摇自己已经付出的努力并放弃坚持的决心而导致失败的结果。

所以自我效能感是指个体在一定情境下，对于自己能否成功执行并达成任务的信念及能力判断，这种能力判断会影响个人的认知、动机、对任务的选择、努力与坚持力的程度及情绪的反应等，还具有评价与改变行为的功能，这样会有成功希望和失败恐惧两种取向。

班杜拉等人研究指出，一般形成自我效能感的因素有以下几个：

1.直接经验。学习者的经验对效能感的影响是最大的，成功的经验会提升人的自我效能感；反之，多次失败的经验会降低人的自我效能感。

2.替代经验。学习者通过观察示范者的行为而获得的间接经验对自我效能感的形成也具有重要影响。当一个人看到与自己的水平差不多的示范者取得了成功，就会增强自我效能感，反之就会降低自我效能感。

3.言语说服。这是试图凭借说服性的建议、劝告、解释和自我引导，来改变人们自我效能感的一种方法。

4.情绪的唤起。在充满紧张、危险的场合或负荷较大的情况下，情绪易于唤起人的本能力量，从而提高自我效能感。特别是某个体有过这方面的体验之后，他的自我效能感就会更强。

有研究认为，失败恐惧是一种回避动机，指个体在面对困难和挑战时采取的回避的取向，是成功希望的对立面。这种恐惧情绪的来源之一就是提前预料可能产生的负面失败后果。因此在日常成就评价情境中，个体越是害怕失败，就越是会过分在意失败后的各种惩罚和挫败，从而就越可能产生极大的恐惧的情绪和心理体验。

有研究表明失败恐惧特质的形成与家庭因素有着密切关联。若是儿童成长于缺乏关爱、充满冲突和父母离异或亡故等的家庭中，那么往往会有着较高的失败恐惧水平。父母的不良行为和有强烈敌意的家庭氛围都会影响儿童的情感需求，长此以往会造成他们形成较高水平的失败恐惧。同时，有研究发现父母的失败恐惧也可以潜移默化地影响孩子，若是父母有着较高水平的失败恐惧，那孩子也很有可能会被影响。还有研究也指出，若是父母对孩子有着过高的成就期望且存在亲子沟通问题的话，也容易导致孩子有较大的心理压力，进而形成较高水平的失败恐惧。

在《叶珍家教思想研究》全书中，我们可以发现叶珍是一个具有高自我效能感的人，面对挑战从未产生失败恐惧的情绪，也因此与丈夫共同营造了温暖的家庭氛围与和谐的亲子关系。在日常生活中，因为叶珍较高的自我效能感，面对挑战难题也可以从容应对，并不认为失败可耻可怕，而是积极地寻找方法应对，探寻解决的方法。

在《泥墙》一文中，叶珍在面对泥墙这一技术活、体力活时，并没有将事情留给做生产队长的丈夫，而是带着儿女们一起干，虽然不擅长，但是每次干的也不比男人们差。在《刳山芋》中，叶珍带着女儿一起干，即使非常累了，依然坚持，"蚂蚁还能搬动泰山呢，我们发扬愚公移山的精神吧"，累到瞌睡时和女儿一起背诵《毛主席语录》、老三篇，最终小山一样的山芋，一夜间神奇地刳完了。在《眼怕手不怕》中，叶珍带着子女们割麦。叶珍提前一晚给孩子们将割麦时"动作要领"和注意事项，又示范了一次。面对一望无际的麦田，孩子们内心都有点泄气了，叶珍说："眼怕手不怕，慢慢割，总会割完的。"多年后，子女们相聚一堂，回忆往事，依然对"眼怕手不怕"这句话记忆深刻、感慨万千。

这样的事情还有很多，也与研究者们的研究结果相互印证。一位有着高自我效能感的母亲，在面对挑战和困难时，并没有埋怨生活和逃避任务，而是带着积极应对的想法，坚信只要坚持行动下去，就可以较好地完成挑战。

妇女能顶半边天，而叶珍这样一位充满智慧和能力的母亲，不仅撑起家庭生活的半边天，也给子女们的成长带来积极的影响，引导子女们面对挑战，可以脚踏实地，积极面对，成就人生。

二、用心倾听的力量

一位印第安人和他的朋友，在美国纽约繁华的街市曼哈顿散步。人声车声，嘈杂鼎沸。可是，印第安人说他听见了蟋蟀的叫声。朋友摇头不信，认为这是印第安人的幻觉。印第安人径直走到一处花坛。在花坛的草木地下，他的朋友惊讶地看到了正在鸣叫的一只蟋蟀。

倾听什么样的声音是有选择的。自然的声音，在印第安人的耳鼓中是最响亮的，它盖过了其他一切声音，因此在众声喧哗中，印第安人能听见一只蟋蟀的叫声，而我们在都市生活的人们，只听见人声、车声和金钱的声音。

听见是耳朵接收声音的简单生理表现，而倾听是通过听觉、视觉等方式接收和理解讲话者的思想、信息和情感的过程，是用"心"去听。在众多的心理咨询技巧中，倾听是很重要的一个技巧，正确有效的倾听不但可以使咨询关系很好地建立，还会有效推进咨询过程的进展，甚至关系到咨询的成功与否。生活不是心理咨询，但是生活一样需要好的倾听。

生活中处处有沟通，有沟通就必须要倾听。懂得倾听的人能够在听的过程中摸清大意，心领神会。注意倾听别人讲话，可以从他们说话的语调、表情肢体语言中，了解对方的需要。态度和期望。这就要求倾听者能听清并正确理解对方说的话，还要通过询问了解对方内心的真正需要，更要从肢体语言去破译对方言谈背后的真实意图。

认真倾听，能够体现倾听者对他人的尊重，同时倾听者也赢得了对方的尊重。倾听是一种姿态，是种与人为善、谦虚谨慎的姿态。认真倾听朋友的倾诉，你会发现你能体会他的喜怒哀乐，走进他的内心，使你们的友情更加牢固。认真倾听领导的发言，你会发现上司的过人之处，对他的崇拜之心油然而生。作为家长你只有认真倾听孩子的倾诉，父母才能走进孩子的心灵，了解他们的想法和需求，父母才能获得孩子的信任。

倾听满足了对方的需求，认真倾听对方的谈话，是对讲话者的尊重，而正因为这种尊重，可以使人们的交往更加有效，并给对方留下良好的印象。倾听不仅是一种才能，也是一种修养，不仅能够使彼此的关系更加融洽，还能够提升自己的能力。有时作为父母什么都不说，能倾听孩子的诉说，就能缓解孩子的情绪，拉近亲子之间的距离。

那什么样的倾听才是好的倾听呢?

好的倾听离不开眼睛。很多人都认为倾听就是简简单单用耳朵去听，其实不然。倾听不仅需要眼睛还需要其他器官配合，他的表情，他的眼神以及他的行为的变化，这样的变化包含着倾听者对倾诉者的关注。

好的倾听离不开大脑。在用耳朵倾听的过程中不仅眼睛要看，大脑也要跟着耳朵的节奏。这就需要倾听者有一个很高的敏感度。不仅要分析听到的内容，还要分析听到的声音、声调及词语的运用。

好的倾听离不开手。优秀的倾听者在倾听的时候不仅要用耳朵去听，用眼睛观察，用大脑思考，手也要随时做好准备。一个小小的动作就会让对方感到很温暖，感到善解人意，能够很好地理解他，整个人就放松下来，也会更加积极主动地倾诉表达。

叶珍就是这样一位优秀的倾听者，用耳朵去倾听，用眼睛去倾听，用大脑去倾听，用手去倾听。

好消息来了，奶奶要到徐州过春节，高兴之余我又觉得心里沉甸甸的。见面第一天，大家都很开心，自留地、菜园子、老家的猪、老家的花、老家的小伙伴……还是妈妈催着我快去睡觉，让奶奶早点休息，别累着。

第二天，阳光暖人。奶奶要我陪她到大操场去散步，我有点紧张。

奶奶:我的大孙女，奶奶和爷爷可想你了。

我:我也想你们呀，奶奶。

奶奶:在这里上学开心吗，有没有人欺负你?

我:开心，没有人欺负我。

奶奶把话锋一转:可我看出来了，我们黎黎有不开心的事。

我心一怔：奶奶怎么知道的呀？

奶奶：我们黎黎都写在脸上了。上次来，你乐呵呵主动谈学习成绩，向奶奶报喜，这次来你不跟奶奶谈考试的事，所以我就猜出来了呀！

奶奶真厉害，瞒是不能瞒，应该诚实告诉奶奶。

我：奶奶，我期末考试没考好……

在这个片段中，叶珍观察到孙女没有像以往那样"乐呵呵主动谈学习成绩，向奶奶报喜"，因而分析得出孙女有不开心的事情，然后一点一点地询问，是否被欺负，然后才说明自己的观察。这段叙述中没有说到手的动作，但是一位疼爱孙女的奶奶在和孙女散步时肯定会有手部的小动作，甚至孙女就是一直挽着奶奶的手，说到动情处，奶奶还会抚摸孙女的小手，拍拍孙女的手背。这样的倾听过程没有峰回路转、百转千折，但是却在平淡中显真情和对孩子发自内心的关注，这就是叶珍的倾听方式。

倾听不是简单地听，它既要注意言语的信息又要注意非言语的信息，既要听到，看到还要想到、做到。如果一个人不能很好地倾听，就会很容易犯错误，遇事往往急于下结论，不能了解事情的真相，让误会发生，让情感的流动受阻。

叶珍只是一位普通的农村老太太，识字不多，可是她却是一位优秀的倾听者，抚慰家人内心的不安，让关爱的真情流动起来，家庭之中洋溢着理解和温暖。

三、积极关注的力量

阿德勒说过：幸福的人用童年治愈一生，不幸的人用一生治愈童年。那什么样的童年可以治愈一生呢？被积极关注的童年可以治愈一生。

家长们经常说自己很关注孩子：起床时，担心浪费时间将牙膏挤好；

吃早饭时，怕他吃得太慢，饭冷了，我就喂他；送他上学，担心他上课不认真，一路上我会不停地叮嘱他，上课要认真听讲，不要说话，不要做小动作；接他放学的路上，我还会不停地问他上课有没有认真听讲，作业有没有按时写；和异性同学多说两句话，我就担心是不是谈恋爱了。

可是，这样的关注，孩子们好像不领情。家长们关心孩子，重视孩子，审视孩子们所做的每件事情，真心实意地对待孩子。可是，这些所谓的"关注"，在孩子眼里，似乎是一种束缚、一种监视，是一种不信任和管制。现在的孩子们经常说的是"我想要自己的空间"。那什么样的关注，才是孩子们所想的"有空间的关注"，是积极的关注呢？

人格心理学中介绍罗杰斯的理论时，提到积极关注指自我知觉出现后，婴儿开始产生的被人爱、被人喜欢和被人认可的需要。当积极关注得到满足，或挫折的结果产生了不满足的自我关注评价，而满足易发展积极的自我关注，而不满足则易发展消极的自我关注。

所以积极关注不是盯梢，不是批判，它应该有三层含义：一积极关注是一种态度和意识，是在理解、尊重、接纳的基础上对孩子的主动的、自发的关心；二关注应该是积极的，可以促进孩子的自我成长；三积极关注应当重点关注孩子言行中的积极面。

通读《叶珍家教思想研究》，我们可以发现，作为母亲，作为妻子，作为亲友，叶珍真的做到了积极的关注，而她的积极关注，也在子女心中播种幸福的种子，成为陪伴他们一生的财富。

1.积极关注是一种主动、自发的关心

叶珍是一个真诚的人，对孩子、对丈夫、对亲友的关注从来都不是浮于表面，而是发自内心的关注和在意。在《保"胃"战》一文中，叶珍为了丈夫的胃病，从乌鱼到灶腔土，从煳锅巴到烤燕子，几十年如一日，将丈夫的健康放在心中，主动寻找各种方法去调养丈夫身体。

对子女也是如此。她可以关注到儿子对铁环的喜爱，也在意女儿对美的追求，更是在细微的变化中发现孙女的不开心。这些事情，虽然微不足道，但是在物质匮乏的几十年前，这样的关注带来了内心的富足，给予了足够的安全感。

2.积极关注可以促进孩子们的自我成长

从妻子和母亲的角度来说，关注丈夫和子女，并不难，但是让关注促进孩子的成长，却不那么简单了。百姓中流传着"小时偷针，长大偷金"的故事。故事讲的是一位母亲，见孩子拿人家的一根针，不但不制止和教育，反而赞扬孩子"能干"。结果这个孩子长大后偷金盗银，犯了死罪。临刑前，借口想吃母亲的一口奶，却将母亲的乳头咬掉，以此责怪母亲纵容他走上犯罪的道路。这位母亲也做到了关注，但是她的关注却将儿子引上了犯罪的道路，最终犯了死罪。

在《摘瓜花》中，朱文泉小时候调皮，钻到瓜地摘了一堆番瓜花，妈妈发现时，自己吓得腿发抖。妈妈看到了儿子的害怕，也看到儿子的年幼无知，所以她并没有疾风骤雨地揍一顿，而是告诉儿子："这个不能摘，摘了就不结瓜了。番瓜是好东西，灾荒年能救人命。"短短的一句话，就在孩子的心中种下爱的种子。

在《砸饼坨》一文中，年幼的朱文泉在家中与邻居花小个砸饼砣，八九天下来输了不少瓜干。妈妈早就发现了，但是依旧耐心开导，"地瓜干可以有坑，品行不能有坑"。妈妈发现儿子的话，并没有简单责怪，而是引导儿子说实话，树立"品行不能有坑"的信念。

3.积极关注要关注言行中的积极面

翻阅《叶珍家教思想研究》，我们发现叶珍很少责怪别人，反而更关注言行中的积极性。在《滚铁环》一文中,父亲担心儿子因为玩滚铁环而荒废学习,因而不同意去买铁环,这样的做法本无可厚非,小孩子的自制力本来就不高,确实很容易沉溺于玩耍。但是母亲却看到不一样的地方,"可以长本事,多运动长身体,以后读书也灵光"。

在《自己包的饺子吃着香》一文中,面对外孙女对包饺子跃跃欲试,但是却笨手笨脚的,叶珍却说:"小孩子好奇心重,让大静包几个玩玩吧;大静经常包,肯定越包越好的;自己包的饺子吃着香。"都是简单的日常交流,却将"一分耕耘一分收获"这样的道理深深地印在了外孙女的心中,成为外孙女成长的人生信条。

曾经看到这样一句话:"用心关注孩子,用心接纳孩子,用心体会孩子。"身为家长,"用心"不难,但真正做到"关注"却不易。"积极关注"是尊重和接纳孩子的成长过程,关注孩子的内心需求,尊重孩子的发展规律,顺应孩子的兴趣发展,有助于引导孩子健康成长。

四、悦纳自我的力量

现在,在各大社交平台上,随处可见人们说着"内耗",甚至青少年群体脱口而出的也是"内耗"。什么是内耗?内耗指的是"精神内耗",又称"心理内耗",最初是在心理学领域被提出并运用的,主要指人在进行自我控制时,内心有两个理念不同、观点不同的想法,相互争吵、相互拉扯、彼此冲撞,导致心理资源被过度消耗而出现的精神倦怠。精神内耗可表现为对目标的追求,行动上却担心失败而踌躇不前;也可表现为情绪极度敏感导致容易放大小矛盾、小摩擦,却又为避免与他人冲突而选择主动讨好;还表现为纠结过去生活的遗憾、担心未知的未来等。上述情绪基调在一定时限内、一定范围内可被视为正常的心理波动,但是如果持续存在且不加以调整、疏导,就容易陷入焦虑紧张、自我怀疑甚至耽思竭虑的恶性循环。

精神内耗不是一种精神疾病,只是过度焦虑的表现之一。但是,如果得不到心理疏导,时间长了会引起情绪低落、精神萎靡,甚至引发各种身心疾病。

《劝慰》一文中说道,劝慰是一种思想工作,是心的交流,它能转变人的认知,解除某种忧虑和烦恼,消除思想阴影,带人走出困境,奔向未来,这样的劝慰可以带人走出内耗。妈妈对爸爸的三次劝慰,帮爸爸走出了三次精神内耗。这里的劝慰不仅仅是劝解安慰,更是有心理学含义的引导,才能让父亲走出内耗的旋涡,积极应对困境。

1.允许和接纳现状

允许和接纳现状,意味着即使不如意的事情发生,内心也会相对平静,不会将过多的精力消耗在情绪的反复体验上,让更多的心理能量运用在事件的积极应对中。

如第一次大字报时,爸爸白天东跑西奔忙队里的事,晚上回家还要面对这些大字报,心里很窝火。他不肯吃饭,也不说话,只是闷头抽烟,妈妈心里十分着急。劝慰时,母亲首先体谅父亲因为大字报而生气,又指出"不就是一些批评意见吗,你也是时常批评别人的人,允许你批评别人,别人不能批评你呀",引导父亲从内心上接受事件的发生,缓解父亲心中不快,降低父亲内心的抵触。

2.积极共情

卡尔·罗杰斯说过:"我认为,深深的理解,是一个人可以给予另一个人的最珍贵的礼物。"共情其实就是理解,就是换位思考,是指个体对他人情绪状态的辨识和区分,设身处地地理解他人的感受和需要,从而产生与他人一致的情感反应和体验,并能够正确反馈给对方。不仅在《劝慰》一文中,母亲共情着父亲的苦闷不解和担忧，其他篇目中我们也可以看到母亲同样时刻共情着身边的人。

如在《三次挨打》中，母亲对年幼的儿子说："咱们种田人不容易，你把人家豌豆荚吃了、麦子踩了就会减产，灾荒年好比要人家的命，人家能不告状吗！"母亲引导儿子换位思考，理解邻居的不易，认识到自己行为的不当。

3.培育心理弹性，增强抗挫能力

心理弹性是面对逆境、创伤、悲剧、威胁或其他重大压力的良好适应过程。遇到同样的危机事件，有的人会萎靡不振，而有的人则能够积极解决问题，这是由是否具备高心理弹性带来的差别。心理弹性高的人能够像弹簧一样，承受压力，并从压力中恢复。

第二次揪斗走资本主义道路的当权派中，父亲委屈和郁闷窝在心中，日渐消瘦。母亲是这样的劝慰的。

妈妈接着说：这些年，你遇到那么多事，都挺过来了，还怕这一次？你没注意吗，干部没有一个说你坏话的，党员也没有说你坏话的，到会的中老年人都没吭声，那几个嚼舌根的能把你怎么着？身正不怕影子斜。只要你挺住了，他们就打不倒你。

看着爸爸磕掉了烟灰，腰也直了起来，妈妈进一步说：有些事不是输给别人，而是输给自己。所以关键时刻要沉住气，冬天过去，春天就到。

"这些年，你遇到那么多事，都挺过来了，还怕这一次？"这句话以过往经验树立父亲走过难关的信心。"你没注意吗，干部没有一个说你坏话的，党员也没有说你坏话的，到会的中老年人都没吭声，那几个嚼舌根的能把你怎么着？"这句话带父亲走出自我局限，以全局眼光观察，发现除去几个嚼舌根的人其他人都在默默地支持自己，能够更加客观地看待自己境况，不再陷入消极情绪的内耗之中。"所以关键时刻要沉住气，冬天过去，春天就到"，这句话以"沉住气"稳定情绪和行为，以冬天和春天分别代表此刻的难关和未来的美好，让父亲以平稳的心态应对当下的困境，以积极的心态和行动面对将来的生活和工作。

治愈内心，是人类一生都要反复经历的过程。我们都是自己精神内耗的制造者，也是自己精神内耗的终结者。告别精神内耗，是一场自己和自己的斗争。叶珍以朴实的语言、真诚的行动，润物无声地影响着周围的人，走出精神内耗、情绪纠结，以积极主动的态度去应对学习和生活。

五、非暴力沟通的力量

"沟通"和"暴力"似乎扯不上关系，不过如果稍微留意一下现实生活中的谈话方式，并且用心体会各种谈话方式带来的不同感受，可以发现：有些话确实很伤人。这些无心或有意的"语言暴力"带来的伤害甚至比肉体的伤害更加令人痛苦。

读《叶珍家教思想研究》，我们发现老人家的文化水平不高，更不用说了解和学习非暴力的沟通方式，但是老人家的生活智慧却处处透露着非暴力沟通的理念。

1963年美国心理学家马歇尔·卢森堡发现并提出非暴力沟通。非暴力沟通是Nonviolent Communication（简写NVC）一词的中译，又称爱的语言、长颈鹿语言，指在相互尊重信任的基础上，以观察、感受、需要和请求为沟通的四要素，鼓励真实表达自己和努力倾听他人，强调对自身的感受、行为以及对他人做出反应时的选择负责，致力于建立协作性的人际关系，让所有人都觉得满意。2003年，联合国教科文组织将"非暴力沟通"列为全球正式教育和非正式教育领域非暴力解决冲突的最佳实践之一。

非暴力沟通的精髓在于四个要素——观察、感受、需要和请求，熟练掌握并在沟通的听与说双向互动中熟练运用，从而创造出和谐智慧的沟通方式。具体为：（1）观察：描述自己观察到的事实，不带道德评判；（2）感受：体会和表达自己的感受，而非看法；（3）需要：感受的根源是自己的需要是否得到满足；（4）请求：明确具体地提出自己的请求。在这种沟通模式下，沟通双方会发生思考方式的转变，不会再怨气冲天地去抱怨、指责他人，而是在自我观察分析之后，说出自己的感受，表达自己的需求，那么争论也能平息。

1.观察：描述你观察到的事实，不带道德评判

印度哲学家克里希那穆提曾说："不带评论的观察是人类智力的最高形式。"观察描述的是特定时间和情境中看道事实结果，是对事实的尊重，也是对沟通对象的基本尊重。在生活中我们常常混淆观察和评价，将评价作为观察。作为生产队长的爸爸因为个别人薅地"猫盖屎"，批评组员的气话，其实是评价而不是观察，也因为如此，才发生了后面的批判。

这话从何说起呢，起因是个别人薅地"猫盖屎"（指用前面的土盖住后面的草，只图快和省力，达不到松土保墒、除草的目的）。爸爸见之，给予了批评，要求重薅。那些人因为感到难堪心中有气，第二天见爸爸不在，便着意故技重施。不料爸爸又来检查，同样给予了纠正，并严厉批评说："你这叫薅地吗？你是跟我斗气、还是跟大家斗气？这怎么给你记工分？要工分去台湾拿。"原本一句批评人的气话，被当成很有嚼头的口舌，无限上纲。

显然"你这叫薅地吗？你是跟我斗气、还是跟大家斗气？"这句话就是评价，带有道德的指责，"你是跟我斗气、还是跟大家斗气？"也是主观臆断，并没有达到沟通的效果，反而让矛盾加深。

在《砸饼坨》一文中，妈妈和儿子的交流就较好地体现了无评价的观察。

某日晚饭后，妈妈把我叫到箩筐前问道："小大子，地瓜干怎么少这么多？"我不想说谎话欺骗她，也不敢说真话怕挨训，只好噘着嘴不吭声。

稍许，妈妈换了个口气：乖，你在家看家，也很听话。地瓜干少了事不大，你给妈说实话就行。

在那个贫困饥饿的年代，家中地瓜干也是重要的粮食，家中存粮少了很多，妈妈没有责怪"没有看好粮食"，也没有臆断"偷吃"，更没有生气地谩骂，而是客观地说出现实——地瓜干少了，这样做法既是对孩子的尊重，也营造了良好的沟通氛围。

2.感受：体会和表达你的感受，而非看法

看法往往是人的主观臆断，很容易带有批评、批判、指责等，让听者反感，不容易起到良好沟通的效果。感受的根源在于人的自身，包括自身的需要和期待，坦诚表达受伤、害怕、喜悦、开心、气愤等。

爸若无其事地说：你好像不高兴？

妈："孩子不高兴，我怎么高兴，买个铁环有什么了不起？"

"孩子不高兴，我怎么高兴"，这句话坦诚地表达了妈妈内心的情绪"不高兴"。正因为可以坦诚地表达自己的感受，我们才可以更好地体会他人的感受，与他人建立情感的连接。

3.需要：感受的根源是自己的需要（愿望）是否得到满足

马歇尔·卢森堡博士说过："非暴力沟通是一种基于需要的意识。"

夜深。妈妈不放心，过来摸着我的手。我把前后经过一说，觉得委屈，还连累了妈妈。

妈："妈没事。乖儿，你爸打那是为你好。咱们种田人不容易，你把人家豌豆荚吃了、麦子踩了就会减产，灾荒年好比要人家的命，人家能不告状吗！"

对话中，妈妈未说自己的委屈，却将邻居家重视粮食、爱护粮食的需要说了出来，不仅了解自己的需要，也尊重他人的需要。

4.请求：明确具体地提出自己的请求（希望、要求）

妈欲止又说："至于去一次、去多次没啥区别，只要去就是个错；别人找你去的，这也说不过去，做坏事别人叫你去你就去啊；你要想吃，告诉妈妈到自家地里摘一点不也行吗，人家以为偷吃他的、省自个的，损人利己影响多不好！"

妈妈在说出自己的期待时，没有用命令的语气"以后不准这样做了"，而是说：你要想吃，告诉妈妈，到自家地里摘一点不也行吗。这样的说法，既能尊重孩子的需要，也能够表达自己的期望。

纵观全书，叶珍这位平凡而又伟大的母亲，她虽然未曾受过多少教育，但是在夫妻、子女、邻居、朋友的相处中，不仅真诚地表达自己的观察、感受、需要、请求，也能够尊重他人的观察、感受、需要、请求，因而获得了良好的夫妻、亲子、邻居的人际氛围，获得了大家的一致赞许。

总之，无论是自我效能感的力量、积极关注的力量、悦纳自我的力量、用心倾听的力量，还是非暴力沟通的力量，这几种来自叶珍的强大精神力量都鼓舞着后世子孙，为他们的成长注入了强大的精神力量，也充分体现了榜样的巨大力量。

第四章　从心灵读懂孩子的情绪

——叶珍家庭教育思想研究之情绪篇

作为一名人民教师，我一直认为自己对学生的"察言观色"能力是非常不错的。作为两个孩子的妈妈，我也自认为能与孩子做"朋友式"母女，这是一件令我尤为满意的事情。

直到遇见朱文泉的《叶珍家教思想研究》，我才顿然醒悟，原来"放松"和"从容"，才是教育的关键词。

一、为人父母是一场伟大的探险

为人父母是一场伟大的探险。

无论在身体上还是心理上，它都会让人产生一些不可思议的变化，有些变化甚至是让人难以接受的。因为在孩子给我们带来了莫大的幸福感的同时，也有可能使我们陷入绝望和无力的境地。对初为父母的人来说，强烈的情感波动会给他们造成困扰，纷繁复杂的新生活也会使他们手足无措。

孩子不开心了，发脾气了，今天心里有点闷堵……其实，我们一直都在努力解读孩子表面的情绪，而他们情绪行为背后的原因及含义，我们却往往忽视了。

因为对应孩子每一种情绪的当下，我们更倾向于解读自己的情绪。比如我们经常会在孩子有小情绪的时候对他说："妈妈生气了。你听着，妈妈现在真的非常生气……""你现在必须……立刻……马上去做，否则我会很生气，要惩罚你了。"

又如，当邻居或者朋友家的孩子比自己家孩子更优秀时，我们也会不自觉地陷入一种焦虑情绪中，恨不得让孩子快点追赶上去，变得一样优秀。

父母担负着多大的压力啊！既要负责孩子的安全和健康，又要负责孩子的教育和成长，有的人甚至还认为：确保孩子获得幸福与成功也是自己的职责所在。

当人们看到你的孩子在学业上获得成功或是建立一个幸福的家庭时，他们会感叹："您多幸运呀！"就好像这是一件多么不容易做到的事情一样。事实上，绝大部分父母，包括那些看似"很幸运"的，在面对孩子时都痛苦过、怀疑过，遭遇过叛逆、危机甚至失败。不计其数的文章讲述着"如何像成功地做出巧克力蛋糕一样使孩子获得成功"！使人们幻想着这个世界还存在完美的孩子及知道怎样去培养完美孩子的父母。

假如孩子没有满足我们的期望，假如他们并不完美，我们就可能对他们心生怨恨，因为他们反映的是另一种形式的我们——孩子就像我们的一面镜子。我们往往认为孩子是我们生命的延续，是我们的一部分，于是我们将自我期望投放在他们的身上，期待他们变成我们自己想成为的样子。他们承载着我们理想化的自我，我们不知不觉地委任他们去代替我们修复自我形象。于是，每一次失望都会给我们带来沉重的打击，我们对孩子的成功和失败异常敏感。我们可能没有察觉到，面对孩子的要求、错误行为、违抗甚至需求，我们有时很难做出必要的让步。我们所采取的行动时常不恰当，也不符合科学的教育理念。

　　教育存在着风险。在这项任务中，那些所谓的"专家"是帮不上任何忙的。很多儿科医生、儿童心理医生以及心理学家都带着一副懂行的神情，信心满满地鼓吹自己所谓的真理，而这些"真理"却随着流行趋势不断变化着。比如"婴儿管理艺术"在各个时期都有所不同："婴儿必须趴着睡""绝对不行，他会在枕头里窒息的""不！要让他平躺着睡""这怎么行，他万一溢奶就很危险了，要让他侧着睡"……任何一个日常动作都是如此，比如抱孩子、喂奶、睡觉……父母若是不遵循时下正流行的方式，便会被心中的负罪感折磨，更何况其他父母看上去都好像应对自如！别人的家庭看上去都如此和谐！别人的孩子看起来都那么可爱、听话、学习又好……完美孩子的神话又在人们羡慕的眼神中出现了。母亲们总是互相比较，并因此产生负罪感；父亲们通常能意识到自己还是新手，虽然他们对孩子承担着越来越多的责任，但他们很少会觉得自己必须知道和掌握一些什么。

　　从前，教育孩子是一件很简单的事情：孩子只需听话就可以，如果不听话，就要受到惩罚。父母通过武力管理孩子，或打骂或进行其他惩罚，他们自己都觉得理所当然。他们并不认为打骂是一种暴力，反而认为这是正常的教育手段。这种想法其实非常简单，因为父母没有什么思想上的困扰，他们有权利也有又务去矫正孩子的行为。我们继承了暴力的教育传统，可事实证明这些"有效"的教育手段造成了许多进攻性或抑郁性的人格——不管哪种都是不幸的。偶尔会有人站出来指责这种方法的残忍以及它对人性塑造造成的严重后果，但这变弱的声音最终会归于平静，人们还是认为过去的孩子更有教养。

　　如今，人们常说"标准太多了"，然而说到标准，其中大部分又是一些盲目甚至无知的观点。不过有一点是可以肯定的，那就是我们对儿童心理学了解得越多，就越没有信心。孩子在成长过程中的需求是不断变化的、多样的，孩子的心理活动比我们想象中要复杂得多。从前，婴儿被看作一个类似消化器官的存在，人们用对待消化器官的方式对待他们：渴了喂水，饿了喂奶。现在呢，婴儿是一个有生命的个体，于是我们有时候就不知道应该怎样去做了。我们知道自己对待孩子的一些行为会给他们带来疼痛和伤害，我们越来越不相信"狠狠打屁股"的办法，也不再幻想我们强加给孩子的惩罚一定有效。

有人说从前的孩子更安静、温顺、乖巧……看看眼前的现实吧：习惯于打骂孩子的父母叫苦不迭，传统教育手段已经无用。这些都不是一天两天的事了。"我们的世界到了危急的关头，孩子再也不听家长的话了，世界末日不远了。"这是一个埃及神甫在 2000 年前说的话。在庞贝的古城墙上，辱骂老师的字迹依然隐约可见。"现在的年轻人太没有教养了！他们嘲笑权威，对长辈毫不尊重，看到老人走进屋也不起身，跟父母顶嘴，不好好工作，就知道聊天——他们简直糟糕透了！"苏格拉底这样说过。学校里的暴力事件，如高年级的孩子欺负低年级的孩子等都不是现在才有的，任何时代的大人都在抱怨。很多人认为从前比现在好，这完全是视角问题，是一种幻觉。从前，孩子被丢在一边，与一些木块和狗为伴，这难道比现在把孩子交给电脑、游戏机、电视或者其他的屏幕更有益吗？在学校，从前的淘气鬼对老师使用敬语，但同样会扔纸团、在盥洗室的墙上涂画淫秽的图画、在厕所里围堵女生。无论是在 40 年前、30 年前，还是 20 年前，孩子的需求都是无人聆听和尊重的。我听过太多的人讲述他们幼时的孤独、所受的伤害和深深的困扰。

在 21 世纪初期，当老师并不是一件简单的事情，事实也的确如此。过去的孩子在大人面前默不作声，如今的学生却有更多期待：他们并不想只听老师的话。他们如果觉得一切无聊透顶，就会进行反抗。作为父母，给孩子设定各种限制，并不是明智的选择。

任何时代的父母都会觉得自己正面临着权力危机，即患有"孩子是国王"综合征。有些父母出于某种理念主张绝对的自由主义，有些由于缺乏决断力或是不主张对孩子的生活干预太多而管理宽松，但法国的大部分家庭还是专制的。有数据为证：84%的法国父母会通过打孩子使他们服从，30%的父母会非常严厉。甚至有研究显示，母亲的压力和疲惫导致家庭暴力指数呈现上升的趋势。

在我们这个时代，宽容的态度往往是被否定的。人们认为那样只会纵容孩子，将尊重孩子与纵容孩子相混淆。许多儿科医生和心理医生都提倡回归权威，甚至回归体罚。

如果说出现了权力危机，更多的是由于内在权威的缺乏与自我意识的薄弱，而非缺乏专制的体制。我们发现，对自己没有信心的父母会更加专制。的确，从前的孩子在畏惧中成长，而现在的孩子没有那么害怕父母——他们更容易接收信息和被激励，完全不需要靠父母的专制来接受教育。

儿童的心理活动是非常复杂的，成人的心理活动也是如此，而这两者之间的关系更加复杂。我们的孩子使我们想起了自己。孩子是谁？孩子的故事来源于我们的故事，孩子体现了整个家族的延续。孩子会潜移默化地受到整个家庭以及家族历史的影响，有时会将好几代人潜在的情感表达出来。孩子不可能客观地看待我们的行为，因为我们的言行都在有意识或无意识地影响着他们。于是，孩子对我们的言行做出反应，我们又对孩子的反应做出反应……要想弄清楚孩子和我们之间发生的事情，就不得不注意这个循环。

任何过于简单的教条，如"必须……""应该……"，都忽略了潜意识的影响，也无法令人信服。父母与孩子之间发生着各种各样的事情，"回归权威"的拥护者在对其进行分析时通常只从现象学的范畴出发，即只考虑可观察到的现象。然而，教育并不是我们想象的父亲和母亲两个人的事，实际上它涉及许多人，至少还有四个人会直接或者间接地对孩子产生影响，即祖父母和外祖父母。每个人都曾无意中发现自己竟用着和自己的父母同样专制的口吻，对孩子说着同样带有辱骂或贬低意味的话，这些话正是曾经深深伤害过我们并且我们发誓永远都不会说的。我们有时会发觉自己竟然鬼使神差地做出了某些我们并不认同的行为，对此我们深深地感到无能为力。

在为父母提供指导的书籍中，综合性的分析视角常常被忽略，以致分析趋于片面化。分析视角除了父母与孩子的关系外，还有父亲与母亲之间、父母与他们各自的父母以及对方的父母之间的关系。此外，也不能忽视我们的苦哀、潜意识、秘密、压抑的情感、怨恨、无法言说的痛苦等所具有的力量，这些全都会对孩子产生影响。

父母的心中其实还藏着一个孩子，那就是小时候的自己。孩子的出生将父母的人生重新梳理了。孩子使父母不知不觉地想起了那个小时候的自己。成人的感情是复杂的，童年受到的伤害始终是无法解开的心结，所有之前发生过的事情在某个时刻会突然从我们的脑海中涌现出来。我们自己的童年如同电影镜头一般回放着，潜移默化地改变着我们的思想，从而影响我们对待自己小天使的态度。

世间有各种各样的父母，有的在孩子面前茫然无措，有的则将问题简单化，有的选择了专制而不认为自己是专制的。

是什么决定了我们所采用的教育方式呢？

从孩子出生到18岁，教育方式通常都是父母讨论得最多的话题。有人热衷于打屁股，有人有分寸地责骂孩子，有人提倡要聆听孩子的倾诉，有人倾向于惩罚，有人喜欢制裁和责任化，有人制定严格的规定，有人鼓吹家庭民主，有人任由孩子哭闹，有人听到孩子的哭声就匆匆赶去……父母们的做法千差万别，我们如何才能厘清头绪，知道怎样才是对的呢？

事实上，现代教育比过去多了很多标准。我们获取了许多关于孩子的大脑、智力、情感、需求以及成长方面的知识。科学家们在实验室中进行了各种各样的观察和实验，他们的许多发现推翻了以前的观点，阐明了种种不同教育方式的优势和弊端。不过，这些研究结果似乎还是不要为人所知的好，即便为人所知了，很多时候得到的还是嘲讽和冷遇。科学会给人添麻烦，我们不想用这些新标准来质疑我们的习惯，因为这些标准有时候会让我们觉得自己很坏。我们更愿意贬低研究者得出的结论，以便能够继续坚持自己的观点。

除教育外没有哪个领域承载着如此多的陈规陋习。在教育界，感性仍然占据着主导地位，即使是那些我们本以为会更有科学见地的专家——儿童心理医生或心理学家，也是如此。每个人都遵循自己的理念，讲述一些法则，仿佛这些都是显而易见的，但人们完全忽视了与问题相关的数据和比较研究。我们暂且不去做自我评判，先来分析一下形成这种现象的原因。应该说，很多种原因造成了今天的这一现象。

谈到教育，每个人都有一些非常固定的看法，可在人的一生当中，这些观点也可能多次改变，尤其是在有孩子的情况下。对于孩子的每个日常行为，父母可能会各执一词，这也是夫妻争吵的一个主题，甚至会导致离婚，此外还会影响孩子父母与（外）祖父母之间的关系。各执一词的后果有时会表现为沉默不语，有时会引发激烈的争论，以至于这一话题成了家庭中的敏感话题。平静的讨论变得不再可能，不同的立场之间无法相容，大家都为自己的立场辩护。争论的激烈程度有时简直令人惊叹！那么，为什么争论会如此激烈呢？我们会发现：教育方式不是某种单一的理论，而是我们自身经历的缩影。由此看来，争论如此激烈也就可以理解了。作为父母，我们所采取的教育方式是在当今潮流的影响下，在正当红的儿科医生和其他心理学家的引导下形成的……但这些都只是表面现象。我们所接受的理论教育与我们实际实施的行为之间往往存在着巨大的差距。我们应当承认，我们对于教育的态度与科学、经验或理性毫无关联。有些父母为此感到彷徨，去查阅书籍、咨询专家或寻求其他人的帮助，却始终找不到问题的症结所在。有些父母则由于无法面对这种不一致所造成的尴尬境地，感到无比痛苦，只能压抑自己内心的挣扎，暂时形成统一战线。我们看似在依照自己的价值观行事，但事实上是在宣扬与我们的行为相适应的另一种价值观。

有时候，一切安好，家庭沐浴在共同的幸福之中。而突然，画面被破坏了。孩子的一个行为或一句话引来一阵旋风："我怎么会有这样的孩子啊！"坏情绪来了，于是，没有了和谐，幸福感也不复存在。父母与孩子之间的关系就这样时好时坏，令人焦虑不已！我们会将幸福讲述给朋友、家人听，一同分享喜悦，可对幸福被破坏的事实避而不谈，因为那些经历会让人产生负罪感并且太过痛苦。

有些容易冲动的父母由于没有人听他们倾诉，也没有人为他们进行理性的分析，可能会一直坚守自己的秘密，继而被潜意识里的暴力倾向左右。另有一些父母拒绝暴力，但会对发生在他们身上的事情感到特别沮丧。有的父母决定进行心理治疗；有的则自欺欺人，不去正视他们内心的真实想法，拒绝与孩子亲密接触，坚持严格的教育理念，沉浸在抑郁之中或是对工作更加投入。

是的，有时候我们的小宝贝会把我们逼疯。在婴儿时期，他们不按时睡觉，把好好的乳汁吐出来，毫无缘由地长时间哭泣……稍大一点儿之后，他们在地上打滚，拒绝穿鞋，咬他们的弟弟，从学校带回糟糕的分数和老师给的不好的评语。从始至终，他们的房间都乱七八糟，有时甚至还殃及客厅。到了青春期，当他们的激素开始在身体里发挥作用时，我们不得不承受他们一次又一次的无理取闹。当我们坐在一旁生闷气的时候，他们却将自己反锁在房间里，大声地放着乐……

这些我们都知道，我们对自己说："我们比别的父母，也比我们自己的父母更加擅长面对失望。"有孩子的生活是对神经的严峻考验：孩子喊叫的噪声、混乱的生活、从不满足的欲望、对我们的要求的反抗，这一切都让人筋疲力尽。然而是什么使我们远离了我们的孩子，使得有时候仅仅是孩子的出现都让人觉得有压力？爱一个孩子不是那么简单的，我们首先需要关注这个问题，然后思考一下使我们做出某些行为的原动力是怎样相互交错并使事情变得复杂的。

我们没必要写一本满篇都是"必须"和"只要"的关于教育的书（这种书数不胜数），而应该搞清楚究竟存在着哪些控制着我们潜意识的力量，以及面对孩子做的蠢事、违抗父母和让父母失望的行为、他们自身的情绪和需求时，身为父母的我们身上到底发生着怎样的变化。

作为一位母亲，我观察过自己同时也反省过；作为一名人民教师，我听到过太多冲动的父母从一个极端走向另一个极端的案例。有的父母在自己激烈的暴力行为面前感到茫然，因为有时他们也身不由己；有的父母对自己的态度感到惊诧；有的父母因教育理念的对立而产生隔阂，进而导致婚姻关系产生裂痕；还有的父母哭泣、愤怒、不安……我想在这里说的正是通常没人说的话。自身经历的再现是很常见的现象，却很少被人谈论。我们通常会谴责那些"坏"家长，我却有着不同的看法：我们不应该以"好""坏"来评判自己，而应该更好地去理解到底是什么在我们身上作怪，是什么阻止我们成为自己心中理想的父母。

《叶珍家教思想研究》这本书的出现，为家长们提供了一些纾解焦虑情绪的方法。叶珍在面对孩子叛逆、愤怒、恐惧、悲伤、自卑、不安这六种负面情绪时，以睿智的教育方式，稳定的情绪管理，从容教育，深入解读孩子爱顶嘴、发脾气、紧张退缩、不知所措等问题行为的根源，以心读心，让孩子敞开心扉来对话。

虽然这位母亲文化程度不高，但她的所作所为体现了"爱的教育"的巨大力量；虽然这位母亲一生清苦，但她的所思所想印证了"稳定情绪"的无穷魅力。

二、父母是孩子最重要的情绪营养

孩子是一个敏感的"接收器"，时时刻刻在接收着来自家庭、学校、社会等方方面面的信息。其中，家庭的作用至关重要。我们在学校中可以明显看到，踏进学校的第一天，每个孩子就很不一样。这些不一样的背后就体现出家庭的不同。什么样的家庭就会有什么样的家庭文化，培养什么样的家庭习惯，走出什么样的孩子。

有的父母会时不时地发火，有的父母会不停地喊叫。有的父母在孩子的婴儿期应付得还算不错，可当孩子到了青春叛逆期时就头疼起来；对另一些父母来说则恰恰相反，新生儿极大的依赖性使他们束手无策，可一旦孩子开始说话慢慢长大，他们就觉得轻松了许多。有的父母擅长带女孩子，有的父母擅长带男孩子；有的父母擅长带幼儿，有的父母擅长带青少年；有的父母只严厉地对待某一个孩子，对其他孩子则很宽容；有的父母永远都在生气、担忧……每一个父母都可能做出过分的举动，也可能感到无能为力，甚至可能采取无用的惩罚措施，为一点儿小事就大发雷霆，或者与之相反，在面对孩子时不知所措……

有时候，在面对孩子时，到底是什么阻止了我们表现得像我们所希望的那样呢？

是失控的情绪。

但须知，父母情绪稳定，尤其是母亲情绪稳定，孩子才不会失控。

读完《叶珍家教思想研究》后，我们便会得到这样的启示：在家庭教育中，父母情绪稳定是最好的教育，父母是孩子最重要的情绪营养。有时候，这比父母相亲相爱，更能给孩子带来幸福感和安全感。

从《叶珍家教思想研究》中不难发现，父母具有良好的情绪管理能力，孩子不仅可以获得足够的安全感，情绪也会更加稳定、平和。

在《砸饼坨》中，朱文泉文泉回忆了小时候与花小哥玩砸饼坨比赛的故事。比赛的结局是"如此八九天，愈砸愈输，愈输愈砸，遭殃的是，箩筐里的地瓜干被掏了一个坑。"而叶珍夫妇批货运完了，回来后去做饭，一做饭发现地瓜干少了不少，并没有大声呵斥朱文泉，而是望了望朱文泉没吱声。等过了几天，某日晚饭后，叶珍把朱文泉叫到箩筐前问道："小大子，地瓜干怎么少这么多？"朱文泉不想说谎话欺骗她，也不敢说真话怕挨训，只好噘着嘴不吭声。此时，叶珍见状并没有生气，而是过了一会儿，调整情绪，换了个口气说："乖，你在家看家，也很听话。地瓜干少了事不大，你给妈说实话就行。"而事情的结果便是朱文泉就从头到尾把事情经过全部告诉了妈妈。而叶珍也温柔对孩子说："你是好孩子，其实你不说妈也能猜到八九分，前几天妈就发现了，妈没说。花小哥没得吃，给他一点也没啥，但是要跟妈妈讲，事虽小，勿擅。为开头就讲是诚实，现在讲也是诚实，当然开头就告诉妈妈更好，'诚实'是人生的路单。"就这样，在很多父母身上面对孩子犯错会做出的"过激反应"，叶珍趁此机会，用温柔的语气，语重心长地给孩子讲着"勿以善小而不为，勿以恶小而为之"的道理。

　　而事实上，现实生活中，无论是面对孩子做的"蠢事"、他们糟糕的成绩，还是他们不当的行为，大多数父母都很容易失去分寸。一个糟糕的分数就会让我们联想到留级甚至失业。他没有摆餐具、把鞋子随便扔在门口、忘记把上衣带回家，或者把数学书忘在了学校以致不能做作业、不吃小豆子或不吃鱼、超过了规定的用电脑的时限……于是父母开始怒吼："我怎么会有这样的孩子啊！"

　　父母为自己辩解道："这不是第一次了，我已经多次轻言细语地提醒过他，可是他一点儿也没有改变。"有人说孩子在某个时刻做的蠢事只是压倒骆驼的最后一根稻草，可真是这样吗？当孩子的行为与我们的期待不相符的时候，有没有别的因素使我们如此恼怒呢？父母似乎是被迫使用暴力的。孩子的"错误"和"蠢事"会使我们处于极度的紧张状态，从而导致我们自己做傻事。"雨果，快点儿过来。如果我数到三还不过来，你就等着屁股开花吧！"这句话里的许多字眼都听起来耳熟。雨果到底犯了多大的错，以致他得"屁股开花"呢？他做了什么使他的妈妈西尔维会用体罚相威胁呢？我观察了这件事中的受害者小埃米琳，她身上既没有瘀痕，也没有流血。原来，事情是这样的：她跑向她的小伙伴们时被她哥哥推了一下，摔了一跤，于是跑着去向妈妈告状，这是雨果所犯的大错。当然，推搡行为应当受到处罚，但我们更应该搞楚原因：哥哥为什么要推妹妹？

　　"屁股开花"这个威胁显然是不合适的，多大的过错会让雨果受到妈妈这样的威胁啊！打屁股是没有效果的，以打屁股相威胁耳别提过分夸大却不实施的威胁了。然而，几乎所有父母都有过激言行——言语失当或权力失当，也就是说父母说了不恰当的话或对自己的权力使用不当，对孩子使用了暴力。情绪化的反应会超出我们的掌控，使我们实际的教育方式与我们所持的教育理念产生偏差。我们几乎都这样暴怒过，而事情其实并不值得我们如此生气。

诚然，朱文泉在《三次挨打》里也为我们展现了传统的严父形象。

第一次挨打是刚上一年级时，一个小伙伴拉着朱文泉神秘地说，咱们到豌豆地去吃豆荚，朱文泉禁不住美食的诱惑就随他到一块麦地里。豆荚在麦地的深处，看到半鼓着的豆荚挂满了豆藤，朱文泉本想吃几口就行了，谁知开了戒一发不可收拾，右手摘下往嘴里送，"嘎巴嘎巴"嚼不过来，就用左手拿，一会工夫，腿蹲累了，又扒开麦茎坐下。此时，才发现近处几个伙伴干着同样的勾当，此时，他有点心慌，急忙回家了。两天后，厄运来了。薛家气呼呼来告状，朱二爹听完后问朱文泉有没有这回事，他说"有"，但只去过一次。朱二爹连连向人家赔礼，表示一定严加管教，所受损失照赔不误。薛家人走了，他父亲就狠狠地教训了朱文泉一顿，这期间母亲叶珍多次相劝，无果，以身护子。

朱文泉父母是典型的严父慈母。朱二爹朱建成的严格是有理性的，注重抓住重点问题，点到为止，给孩子留下思考和改过的空间。虽严打孩子的方式偶尔略显过激，但贵在就事论事。

我一向认为，严父慈母是为人父母的典范。父亲就应该像山一样厚实稳重，母亲就应该像水一样温柔灵动。父亲是磐石，可以依靠，但是不可以碰撞，避免叛逆期的孩子过于放肆，突破底线。母亲是港湾，可以停靠，可以依偎，让孩子感觉到父母是永远的依靠。

而叶珍也确实在处理孩子犯错之事上，为我们展现了异常的稳定情绪。

就说这次挨打，事后，叶珍反而过来安慰孩子，说："妈没事。乖儿，你爸打那是为你好。咱们种田人不容易，你把人家豌豆荚吃了、麦子踩了就会减产，灾荒年好比要人家的命，人家能不告状吗！"

欲止又说："至于去一次、去多次没啥区别，只要去就是个错；别人找你去的，这也说不过去，做坏事别人叫你去你就去啊；你要想吃，告诉妈妈到自家地里摘点不也行吗，人家以为偷吃他的、省自个的，损人利己影响多不好！"

之后又举例："从小偷根针，长大偷头牛。东太庄魏小七从小就好偷东西，长大了抢银行逃到潮河北，后来给政府抓回来枪毙了，嘴馋、手馋都是诱惑，是万恶的根，你可要记住。"

孩子犯了错误，一个人负责批评教育，一个人来敲边鼓；在孩子意识到错误或者情绪低落时，最好是由母亲负责鼓励安慰。

朱文泉的那一句"懂了，我一定听妈妈的话"，不就是孩子犯错后，我们最想听到的一句吗？

可见，妈妈要情绪稳定。常处于焦虑状态的妈妈，很难心平气和，她会担心这个担心那个，情绪容易失控。孩子犯错时，一个稳定平和的妈妈，可能会做并不是絮絮叨叨，教育不停，而是一句"没事儿，儿子，妈妈相信你，过去就好了"，或者就是拍拍他的肩膀，摸摸他的手，在他睡觉时过来看看他。总之，让孩子感觉到，即使天塌下来了，有妈妈爱我，心灵的城墙不会垮下来。

类似的犯错在《叶珍家教思想研究》中还有很多，比如朱文俊在《新棉袄的烦恼》中记叙了这样一段往事："深秋的一天，我又跟随大人们去南圩割草，中途将棉袄脱下放在堆草的地方。那天我割的草比较多，为了多装些草，我站到篮子里，两脚往下踩，双手将篮口向上提，把篮子塞得鼓鼓的，又加了结结实实的尖。当我装满篮子时，大人们已经背上草篮上路回家了。我一个人落在青纱帐心里又急又怕，赶紧一使劲将草篮子提到右膝盖上，试图再用力将草篮甩到后背上，但因草比人重，怎么也甩不上肩，我索性双膝跪地，弓着腰，将篮系（系篮子的背绳）顶在头顶上，双手撑着地面，慢慢地支撑起来，然后用双手抓住绳子，让两手与脖子形成合力弯腰前行。当时急于追赶大人没有检查是否有东西落下。当走到大碾处放下篮子休息时，我突然发现棉袄没有带回来，急得哇的一声哭了起来。"

朱文俊十岁那年，农村仍然很穷，温饱问题没有解决，大人、小孩多半穿带补丁的旧衣服，难得有件新衣穿。"大穿新，二穿旧、三穿破纳头"是当时的真实写照。朱文泉家也一样，弟弟妹妹的衣服基本上都是大哥朱文泉穿不上了由妈妈改制而成的。十岁女孩已有爱美之心，偶尔见到穿花衣的小女孩心中羡慕不已。有一天叶珍对朱文俊说："乖乖，你好好挑猪菜，把猪养好了到卖猪时给你买块花布料，做件新棉袄。"叶珍是疼爱孩子的，也是懂孩子的，在卖完猪的那一天，父亲带了一块灰底带黑紫色条纹、十分老气、适合老奶奶穿的一种布料回来，虽然朱文俊当时置气表示不喜，但之后仍视为至宝。不过，这样的一件在当时算是奢侈品的花棉袄却弄丢了，朱文俊当时除了悔恨之外，更多是怕父母责备。而母亲叶珍听说棉袄丢了，一路小跑赶到朱文俊跟前，宽慰她说："乖乖别哭了，掉就掉了吧，妈妈再给你做。"之后又带着文俊，跑了几里路来到原来堆草、放棉袄的地方，一看剩草仍在，棉袄不见了，朱文俊再次失声痛哭。叶珍一直劝慰说："乖乖别哭了，这件棉袄你本来就不喜欢，掉了也是该派的，妈再给你做……"对待如此奢侈的棉袄丢失事件，叶珍没有选择去"打孩子耳光、惩罚孩子和打压孩子"，而是选择用一句"乖乖"来抚慰孩子的心灵，也换来了平和的朱文俊以及一大家的和谐氛围。

在情绪平和的孩子身上，我们将看到更多的笑容、礼貌、教养，以及更好的自我控制能力。而那些父母倘若动不动就大吼大叫、情绪失控，孩子总是更容易走极端，不能驾驭自己的情绪和脾气，更难拥有一个良好的心理素质。这样的孩子，即便再优秀、智力再高，也会因为无法做到自控，在人生的道路上走得磕磕绊绊。

当然，我们发怒、吼叫、辱骂孩子……有时并非因为孩子做了什么错事。事实上，多数情况下责任完全不在孩子身上。他们的行为最多充当了导火索，而我们生气的真正原因却被我们掩盖了起来。如果我们诚实地对待自己、分析自己的反应，就会发现我们的这些反应是多么不合适，它们对孩子的成长显然没有益处，甚至是有害的。

总之，作为家长，我们最好是尽自己的努力，用温和的态度来对待自己的孩子。当我们为孩子的错误而烦恼时，不妨静下心来，冷静客观地分析孩子，然后用温和的态度来耐心开导孩子。

在日常生活当中我们要注意，不要在孩子面前表现出消极的情绪，那样会使孩子处在一种不和谐的家庭环境中。我们想要让孩子乐观向上，首先自己要做到乐观向上。如果我们总是有消极情绪，那么难免会使孩子多少受到影响，导致情绪上发生变化。

因此，要特别注意夫妻之间的关系。父母能给孩子最好的东西，不是物质。孩子那么小，对物质没有那么大需求，父母亲之间良好的关系，才是孩子最渴望的情绪营养。

相对于成人来说，孩子的心理承受能力很差，如果经常处在这种环境中，对孩子的智力和身体发育都会有不良影响。父母在孩子面前吵架，还会破坏父母的形象。吵架时双方互相指责。当孩子不愿意听从某一方时，便会利用双方的弱点和缺陷来反抗。父母如果经常吵架，就会常常疏忽冷落孩子。父母处于极度的情绪紧张状态中，从而也造成孩子情绪紧张，妨碍了孩子正常的情感发展，还会导致孩子模仿父母的不正常行为，使以后的家庭生活受挫或社会适应不良。

朱家之兴盛，"和"为第一大宝，正如林宝付在《美好时光》中所记录的："二老一直是同甘共苦、相濡以沫，十七年间我从未见二老拌过嘴，从盖房子这样的大事到过年给孙子辈多少压岁钱这样的小事，总是商量着办，从不互相拆台。"在二老的潜移默化、言传身教下，一家夫妻相敬、姐弟相亲，遇事商量在先，遇难帮衬在前，互相理解、互相支持、互相鼓励。

而如此和谐的关系，与叶珍的一大可贵品质——任劳任怨——是分不开的。

郑余华在《争红旗》里记录："在这二十多年里，岳母发挥了极其重要的作用。她是贤内助，几乎包揽了全部家务，让岳父一门心思抓工作，又是生产能手，处处带头以实际行动去落实队里的要求，和社员群众一起完成队里的任务。可以说，岳父的功劳有岳母的一半，今天的好日子里面，有岳母的光和热。"确实，若没有叶珍女士的支持与鼓励，也不会有朱建成先生的成就。

20世纪50年代末，社员大会一致推荐朱建成先生当生产队长。此前，朱建成先生是挑着货郎担子走村串户的生意人，生意不错，比刨地强。做队长，就得丢掉生意去种田，经济收入肯定有损失。一边是家庭经济受损失，边是群众信任不可违，朱建成纠结。此时，叶珍态度很关键，当朱建成跟她商量时，她二话没说表了态，坚定地支持岳父当队长。她说："你生意做好了，只能富一家。队长当好了，能富上百家。"还说："生产队长，说官不是官，说不是官又是全队的领头人、大家的主心骨。这个官，你要么不去当，去当就得当好了，做个大家信得过的好官。"于是，朱建成就去当了生产队长，起早贪黑地在队里干活，而叶珍正如肖喻馨在《奶奶的传家宝》里所说的："奶奶是劳动能手，她每天的劳动量是惊人的。爷爷在生产队做队长，帮不上家里，家务活和农活基本都是奶奶做。为了给孩子上学、过年能有新衣服穿，至少有双新鞋，奶奶还额外养猪种菜、养鸡喂鸭、打草积肥……就这样，从早忙到晚，从春忙到冬，从年少忙到耄耋，忙出了红红火火的好日子。"

朱家之所以兴盛，离不开叶珍的情绪稳定。

如今，很多家庭主妇压抑了许多愤怒：来自沮丧的愤怒、面对不公正的愤怒，时还夹杂着无意识的或者说是迟钝的丈夫对她造成的伤害所引发的愤然。为此，父母吵架是在所难免的了。有的家长还利用孩子来反对另一方，在孩子面前诉说另一方的缺点和不足，这种做法也是错误的。这等于把孩子也卷入家长的战争之中，对于年幼的孩子来说，根本不能理解这是怎么回事，只能在心灵上留下深深的创伤。若真的无法避免吵架，请等孩子入睡后，或孩子不在的时候沟通、解决。

其实，吵架会不会给夫妻之间、给孩子带来消极影响，取决于夫妻吵架以后解决矛盾的方式。比如《叶珍家教思想研究》中朱文俊在《爸妈的爱》一节中提及父母吵架最厉害的一次："此时，爸爸仍躺在床上纹丝不动，还是妈妈服软认输，宽言相劝：'他爹，我都不气了，你还生气呀，这事要是让孩子知道了，他们能放心吗？'大概是害怕孩子担心，影响工作，爸爸这才慢慢起身下床。在王崇德的劝说和帮助下，两位老人家终于开始喝水、进食、消气，气氛得以缓和。许多年后，妈妈给我讲这段经历时，还懊悔地说：'那一次要不是崇德去，说不定真的要出事……夫妻之间吵架斗气哪能有对错和高低输赢？事后想想真是聪明人做傻事。'"夫妻俩为何吵架书中未提及，但从中我们却可以看出叶珍在处理夫妻紧张关系时的大度与忍让。

思及此处，郑余华的《陷阱》一文更能体现叶珍之大度。在20世纪80年代中期，适逢交通便利的小尖镇扩容，朱建成夫妇搬到小尖居住。朱建成不想坐吃山空，深思熟虑后，七拼八凑弄了120元钱，亲自去盐城采购零头布。不承想，却把这钱弄丢了。"岳母得知丢了这么多的钱，也心疼。因为那年头，120元相当于现在十多万元呢。但岳母见岳父如此自责，没有抱怨，没有责怪。而是用平和的语气劝慰说：'人非圣贤，哪能事事料到。这事不能怪你，只能怪那没良心的小偷。现在再懊悔，钱也回不来。不就是百十块钱吗？钱是人苦的，别跟自己过不去。'岳母的包容和劝慰，让岳父的心情宽解了许多。"叶珍没有选择去抱怨、责备，而是以温和的语气劝慰丈夫，不仅给全家人一个好的情绪，还让孩子学会换一个角度看问题，不管遇到什么环境，都能保持乐观的心态。两个人从窗口往外看，一个人看到的是泥土，另一个人看到的却是满天的繁星。于是，看到泥土的人感到万分痛苦，而看到繁星的人快乐无比，对生活充满希望。

遇到不幸和困难，确实让人们不知所措，甚至想要放弃和退却。大人都是如此，更何况是年幼的孩子？这时父母应该像叶珍一样，用包容之心看问题，用勇敢之心解决问题。相互关爱的家庭，孩子会多一份责任感。平和稳定的情绪，也似甘霖一样洗涤孩子内心的每一处尘垢，这会使他受益终身，成为蕴藏在内心深处取之不尽的资本。

你是怎样的人，孩子的人生和世界就是什么样子。做一个情绪稳定的父母，如此才能养育出积极向上的孩子！

三、接纳孩子的负面情绪

俗话说："六月的天，小孩的脸，说变就变了。"孩子的情绪不仅真实，而且复杂、多变。情绪不仅会影响孩子的行为，还会影响他们的认知。相关研究证明，及早接受情绪管理训练的孩子，不仅学业比较出色，而且人际关系和社交能力比其他同龄孩子要强。因此，帮助孩子从小学会识别、管理情绪，培养良好的自控能力，尤为重要。

情绪这个东西，与生俱来，在胎儿时期就有了。对孩子来说，第一次的情感表达应该是"哭"，一个小婴儿来到人世，用哭声唤来父母亲的保护。然后用哭声来表达自己的感受或者需求。可是在大人的世界里，情绪往往会被分类，一类是好情绪，一类是坏情绪。当然，好的情绪大家喜闻乐见，但是一遇到坏情绪就崩溃。

我们见得最多的一种情况是"大人无法忍受孩子的哭声"。最初的时候，我也是如此，听到孩子哭，内心也是崩溃的。但是当我正视孩子的这种情绪，并且积极去弄懂这种情绪背后的原因时，就不会孩子一哭，马上就崩溃，要么暴力压制，要么怒吼。

还有一种经常被用到的方法就是"遗弃威胁"。记得有一次，看到一个3岁多的孩子在路上追着他的妈妈。一边哭着，一边追着喊着："妈妈，我错了，我不买了。""妈妈，妈妈……"但是那个妈妈气冲冲地头也不回，一直到了拐角的地方才回头看一眼："我说你还这样就不要你了。""你下次还敢不敢了？"这时孩子擦着泪赶紧跑了过去。

这是很多父母经常用的"高明"方法。只要孩子熊起来不听话，直接丢一边，威胁说不要他了。当孩子吓得瑟瑟发抖时，就会顺从。可是孩子的感受你真的明白吗？用这种方法赢得孩子的顺从，而忽视孩子的感受。其实一点也不高明，反而伤害孩子。

著名的心理治疗大师萨提亚女士在大量观察中发现，父母亲对于孩子力量的掌握、知识的学习一般都很有耐心，比如孩子学走路，可以在一次次的跌倒中反复练习，父母给了他很多时间和耐心，但对于情绪的学习，父母亲却没有那么多耐心让孩子跌倒、受伤、感觉疼痛，然后再学习。

这可能是基于我们的一个错误认识：孩子有负面情绪是不好的。因此我们认为，让孩子没有负面情绪的妈妈，才是好妈妈。如果孩子表现出胆小、生气、嫉妒，我们就会认为自己这个妈妈当得不够好，所以总是企图避免和掩盖这些情绪。

事实上情绪并没有对错，我们常常把情绪划分成"正面"或者"负面"，只是代表情绪带给我们的感受，是舒服或者不舒服。不舒服的负面情绪，会提醒孩子什么事情需要改变，这样他才有机会去学习应对、处理的方式，学着改变自己的想法，改变目前的状态。

那么，负面情绪太多，对孩子有什么影响？

孩子有情绪后，通常有两种表现：一是随意发泄出来，伤害别人，最后导致别人排斥他，人际关系出现问题。二是用生命力来压抑情绪，导致孩子的成长和学习受到干扰。就像其他任何生物一样，人是跟着自己的生命本质去发展的，而原本所具备的生命力一定会提供足够的能量，供他展现自己生命的本质。但如果情绪太多、内在干扰太多，生命力的消耗就会太多，这就意味着，孩子不能用他所有的生命力来学习、行动、跟人交往、调整自己、得到自己想要的东西……

特别的是，6岁前是孩子自然而然社会化的阶段，是五官最敏感的时候。单从别人的声音里，他就能够分辨出这个人的情绪，以及自己的一些话语是否恰当，他会思考如何表达、怎样才恰当。情绪好的孩子有能力调动五感来找出一些蛛丝马迹，然后知道怎样的言行举止在和别人的互动中是有分寸的，是被接纳的。

相反，孩子的情绪太多，内在很乱，他就没办法在最好的年龄里锻炼这些分辨能力。这些能力当然还可以在以后的日子里通过头脑去学习，可无论爸爸妈妈怎么教，或者自己怎么学知识，那个尺度的把握依旧很困难，从长期来看会大大影响孩子的人际关系和社会化能力。

那我们面对孩子负面情绪时，到底该如何做呢？

关于这一点，《叶珍家教思想研究》一书提供了一个值得学习的做法——无条件地接纳孩子的负面情绪。

《三次挨打》中第三次挨打后，朱文泉想试图看看妈妈的背，妈妈不让看，但他已发现衣服上有一条血迹。于是又一次跪到妈妈面前，满脸泪水地问妈妈："爸爸为什么喜欢打人？"

这个问题盘旋在朱文泉心里很久，其实不止他一人，其他兄弟姊妹都害怕父亲的"黄荆条"，其实被打的不仅有他们兄弟姊妹，每次他们挨打，保护他们的妈妈也会因舍不得孩子而受到牵连，所以回答这个问题前，妈妈自身的情绪要很稳定，面对心中隐约有愤怒情绪的朱文泉，叶珍这样开导他：

妈：不是你爸喜欢打人，你刚考上高小，怕你不专心，耽误自个前程，打也是为你好。"养不教，父之过。"他是尽父亲的责任。

妈停了一会说：他相信"棍棒底下出孝子，黄荆条下出好人"！

叶珍在孩子有愤怒情绪时，并没有出言指责他不该生父亲气，而是先解释他父亲并不是喜欢打人，而是在尽父亲的责任。当然，光如此解释不足以抚慰孩子受伤的心灵。于是，她又出言开导朱文泉：

我好奇，又问：黄荆条下真能出好人吗？

妈：真不真，你爸相信。不过我不赞成动手就打，讲清楚就行了。古人说"一等人自成人，二等人说说教教就成人，三等人打死骂死不成人"，这一等人恐怕不用打，三等人打也没有用，妈看孝子、好人不是打出来的，还在于孩子个人努力。

叶珍选择接纳孩子的愤怒情绪，告诉他动手打孩子确实不好，妈妈认可你的看法。虽然那时朱文泉道理似乎懂了，但还是恨父亲打母亲太狠，怀疑"是不是大姑来说什么了"，于是接着问母亲：

妈：你大姑没说什么，只提到前几天下雨在她家打了一会象棋。你爸一听火冒三丈，我跟你爸说小孩打打象棋、换换脑子也没什么，何必生那么大气，你爸更不高兴了，斗了几句嘴。

我把打象棋的经过给妈妈说了一遍，对妈妈说"都是我的错，以后再不会了"。

妈：你爸常说"一打一护到老不上路"，他认为我护着你，孩子就不好管了。只要你以后改了，妈挨这两下子也值了。

"值了！"妈妈以皮肉之苦，唤起孩儿心灵的觉悟：儿，"值"吗？

在接纳孩子的情绪后，叶珍又为朱文泉解释父亲打他的原因，并用自己所受皮肉之苦，唤起孩子心灵的觉悟，该读书时不应该浪费时间、荒废学业。

其实，从《三次挨打》中，我们可以看出，想要养出情绪稳定的孩子，最重要的原则是，父母尽可能给足孩子心理营养：无条件接纳，安全感，让孩子知道"此时我最重要"，肯定、认同、赞美，以及做好榜样。

儿童心理学家肯尼斯·巴里西说："通常情况是孩子在短时间内无法找回状态。痛苦的感觉长时间淹没了他们。渐渐地，失溶反抗的情绪占了主导，家庭交流越发陷入恶性循环。"的确如此，一个小小的孩子，本来就是学会控制情绪的过程。

如果父母没有去给予足够的关注和爱，而是忽视孩子的情绪。最后孩子会更加叛逆，甚至变得歇斯底里。因为内心从没得到过理解，情绪又不知如何表达。这样的亲子关系只会越来越糟糕。特别是孩子面对一些大的变故，内心你遭受创伤时。情绪还是被忽略，那会影响孩子的心理健康。

除此之外，还要切忌两个"不要"：一是不要伤孩子自尊，讲"你很懒""你很笨"这类贬低人格的话。二是不要在公共场合让孩子觉得羞耻。

林大会在《待客》中说自己小时候，是典型的"人来疯"。家里一来客人，就放肆撒欢。有一年冬天，他闯下大祸了。那天中午，家里来了客人，人比较多，桌子坐不下，他就和邻居的小朱二在院子里玩捉迷藏。林大会爬到房顶上，小朱二找了半天没找到，他就偷着乐，想着给他点提示，就顺手拿起屋檐下的冰凌向他砸去，想不到不偏不倚刚好砸到他头顶，结果小朱二头顶出血了。当时大人们听到声音而来，看到孩子闯下如此大祸，朱文芳当即拉下脸来，就要训斥孩子。这个时候，林大会内心充满恐惧情绪，一方面怕小朱二伤势严重，另一方面怕家长指责。不过，此时叶珍用"尊重"又给我们做了很好的示范：

站在一旁的舅奶，说："文芳啊，别着急，我看过了，没得大问题，就是头皮破了，等客人走了再说！"那天中午，客人走了以后，舅奶带着我到小朱二家道了歉。回到家后，舅奶语重心长地跟我说："大会啊，家里来人，小孩子不能调皮，这样让人觉得小孩很没教养，没得家教，你这回犯这么大错误，一定要长记性，不能再有下一次。"我妈在一旁，还在为这事数落我，我低头不语。舅奶把我拉到怀里，对我妈说："文芳啊，你也别气了。不能当着客人的面去批评孩子，这样会让客人觉得不自在，人家客人欢喜而来，不能让人家不舒服。"

是的，训斥应该避开众人，要训斥也是在私下里进行。叶珍接纳了孩子的恐惧情绪，也维护了孩子的自尊。

而现实中，有不少人可能在大街上看到过这样的场景：一个在前面的"暴走"家长和一个在后面哭闹的孩子，家长不停地训斥，孩子不停地哭。

英国教育家洛克有一句名言："父母不宣扬子女的过错，则子女对自己的名誉就愈看重，他们觉得自己是有名誉的人，因而会更小心地维护别人对自己的好评；若是当众宣布他们的过失，使其无地自容，他们愈会觉得自己的名誉已经受到了打击，设法维护别人对自己好评的心思也就愈淡薄。"

很多家长很少注意照顾孩子的自尊心；相反，还有一些家长认为，在大庭广众之下教训孩子，可以让孩子加深印象，这样可以避免以后重犯类似的错误。

实际上，当众教育孩子不但会使亲子之间的矛盾公开，而且还会招来周围人的侧目、围观。最为重要的一点，这会给孩子的心灵带来极大的伤害。科学调查显示，那些经常在大庭广众之下被父母训斥的孩子长大以后比其他孩子更容易产生自卑心理，也更容易走上犯罪的道路。

我们都希望别人认可和欣赏自己，这是人的本性，孩子也一样。对于那些自尊心极强的孩子而言，父母当众训斥自己，简直是一种莫大的侮辱，难以接受。所以，去接纳孩子的情绪，无论是恐惧情绪，还是自卑情绪。

自信是力量的源泉。儿童大部分时间都生活在集体中，很容易将自己和周围的朋友、同学相比，当自己的某一方面不如他们的时候，很容易产生自卑情绪。也有一些儿童，因为遇到一些小小的挫折，就有强烈的挫败感，一蹶不振，自暴自弃，贬低自我。其实，每个孩子身上都有无法代替的优点和潜能，父母要把培养孩子的自信心当成教育孩子的重要方面，挖掘他们的潜能，并鼓励他们发挥出来。

大家庭中由于人口众多，极容易出现自卑情绪。

朱黎黎从小跟着爷爷奶奶生活，在《蜀葵》中她记录了5岁时回到父母身边后的自卑情绪：

现在回想起来，回到父母身边，对于五岁的我还是有挑战性的。我上有大我两岁的漂亮姐姐，下有还在襁褓中的弟弟，一下子从爷爷奶奶的心头肉变成了一个丑小鸭，多多少少有一种被忽略而怅然若失的感觉。

还在当时叶珍夫妇想到了这一点，经常去信询问她的情况，还时不时寄些老家的特产来，很快朱黎黎就适应了新环境，从自卑焦躁中走出来。

当朱黎黎来到大城市，成绩跟不上时，叶珍如此安慰孙女：

奶奶：我们黎黎都写在脸上了。上次来，你乐呵呵地主动谈学习成绩，向奶奶报喜，这次来你不跟奶奶谈考试的事，所以我就猜出来了呀！

奶奶真厉害，瞒是不能瞒，应该诚实告诉奶奶。

我：奶奶，我期末考试没考好……

奶奶听完后，轻轻拍着我的手说："黎黎啊，你见过老家池塘里鸭子游泳了吧？"

我：见过呀。

奶奶：那是怎么游的呢？

我从来没有想过这个问题，一时间憋红了脸。

奶奶：鸭子在水面上游的时候，看起来很轻松欢快，但在水面之下，鸭掌要拼命划水，才能向前进，人也是一样。

奶奶看我似懂非懂的样子，解释道：鸭子表面快乐，脚掌却暗地使劲；人要人前显贵，必定人后受罪。

都说叶珍没有上过一天学，但是却着实是个心理学家和教育家。她及时地发现朱黎黎的负面情绪，在她的鼓励下，朱黎黎从此坚信只要有蜀葵挺拔向上的精神、鸭子划水的暗劲，就一定会成功。自信的孩子更容易获得快乐的情绪！

除此之外，孩子成长过程中，极容易出现畏难与抱怨情绪。

朱文芳在《苦亦甜》中记录同母亲从水里捞苲草的故事。那时叶珍小心翼翼地选好位置站稳脚，试了几下就可以麻利地找到下镰的方位，利索地割断苲草根子了。可朱文芳总是把握不住时机，母亲割了很多，她只拉上来一点点，不是被水冲走了，就是从耙齿间滑了，干得很累却没有什么成果，又白白浪费了母亲的精力。那时，她不禁心生愧疚，也渐渐失去了耐心，好几次都想把耙子扔了不捞了。而此时，叶珍看出孩子受挫后的焦虑情绪，并没有呵斥孩子，也没有命令孩子应该如何去做。而是选择接纳孩子的挫折情绪和焦虑情绪：

母亲看出我的烦躁，把镰刀担住苲草对我说，闺女，做事不能急，心急吃不了热豆腐。静下心来，跟着我镰刀走，先用耙子叉住草，水流大的时候，按住了不要动，等水流小的时候，再慢慢用力往上拉，这样就能把苲草拉上来。经过母亲的指点，我慢慢地掌握了方法，时间不长，独轮车就堆满了。

叶珍就是如此，当孩子们面对困难，产生畏难情绪时，她并没有指责孩子的负面情绪，而是一次次鼓励孩子迎难而上，"眼怕手不怕"，从而磨炼了孩子的坚忍的意志品质。

比如，朱文芳在《眼怕手不怕》一文回忆的与家人割麦子故事：

又过了个把钟头，我的兴奋劲也没了，腰也酸腿也僵，拄着镰刀直起腰，往后看看割好的麦子没有多少，往前看看金灿灿的麦子望不到头，我有点泄气了。我对妈妈说："这地也太大了，这到什么时候才能割完？"母亲没有转过脸来看我，只是说："眼怕手不怕，这才七点多钟呢，别着急，慢慢割，总会割完的。"

面对孩子的抱怨，叶珍选择心平气和地交谈，接纳孩子的抱怨情绪后，便自己接着往前割麦子，朱文芳看着母亲的背影，汗水浸湿的衣服完全贴在后背上了，"眼怕手不怕"的话音在耳边回旋，当时心中顿时升起了感动、惭愧的复杂情绪，随后又勇敢地挥起镰刀，精神抖擞地割了起来。

叶珍把最深刻的道理用最朴实的语言说出来，无论是割麦子还是捞苲草，叶珍都在正视孩子负面情绪的同时，教孩子们积极地面对生活，做一个幸福的创造者。

是的，当孩子产生负面情绪时，父母的关注和爱，才能让孩子的内心强大起来。

如果孩子在哭泣，请不要一味地说"不要哭了，不要哭了"，而是要站在孩子的身边，读懂孩子的内心。为什么父母会忽视孩子的情绪，往往是自以为是，而从来没有和孩子共情。

很多时候，是因为父母固有的成见或者理念决定的。养孩子不同于普通的工作，因为面对的是一个成长着、变化着、有自己独立灵魂的生命。而且，不同的时代，孩子们的感受都不同，而父母却往往还不够敏感，还用自己那些自我以为很对的观念来理解孩子。

孩子被忽视的情绪，是成长路上的地雷。父母自己首先不能埋雷，更要做好排雷的工作。不要总是关注孩子的成绩如何，更要关心孩子的内心。接纳孩子的情绪，关注孩子的感受。

这就是父母之爱。

而谈到自身，不管是作为老师还是母亲，我反思自己的行为，有很多地方确实做得不够科学。如面对孩子手工作业不会做这种问题，我总是不耐烦地说："这么简单的折纸都不会，没动脑子啊！上课都在干什么？自己想！"其实老师或家长也可以这样说："是吗，那么难，让我来看看，嗯，确实有点难，不过我想你好好想想就能完成了。"其实这样就是你接受了孩子的畏难情绪，并鼓励他，这样孩子才会试着自己解决问题。

如何帮助他们获得良好的情绪，并接纳他们的情绪？

我一边读书，一边在想，自己是否接纳过女儿或学生的情绪？

有，但大多数是在无意中做出的，或者说是一种本能的驱使。更多的时候，我将孩子的情绪忽视掉或是否定掉了。

一直以来，我总觉得教自己孩子最难。明明是好话，是激励孩子的话，为什么她听过之后，反而会产生厌学和逆反情绪呢？比如女儿说，今天的课真多。我说，不算多，好好上课就行。她立刻变得烦躁起来，并反驳，天天上，天天上。比如女儿说，笛子老师教的新曲子很难。我说，不难，多练几遍就行。她撇撇嘴说，只会纸上谈兵。比如她喜欢看小猪佩奇，而我一定要她多听听儿歌。很多事情，没有对错之分，就算有对错，也要允许别人的想法存在，这个显而易见的道理我是懂得的。可是我为什么要否定她的想法和感受呢？我担心她因课多而厌烦不想学；我担心她因曲子难而畏难不想练；我担心她只看故事，而不听音乐。结果适得其反，她变得越来越反叛，越来越敌对。

对自己的孩子也好，对自己的学生也好，我们总是习惯对孩子们宣扬每个人都有发表自己观点和表达自己情感的权利，然而实际上，每当孩子们表达他们的感受时，我们又总是驳回，跟他争论，我在潜意识里说：你这样想是不对的，应该听我说。反思自己的教学，何尝不存在这样的现象呢？为了完成自己的预设，课堂上给了学生多少自由表达的机会和时间呢？给了那些学习速度较慢的学生多少思考等待的时间呢？往往是一个优秀的学生答对了，便迫不及待地进行下面的教学环节了。这样的教学带来的后果是班级的两极分化不断加剧，教师与学生的沟通越来越不畅通。

读了《叶珍家教思想研究》这本书后，我突然强烈地意识到，与孩子交流时认可他的情绪在沟通中占有极其重要的作用。当我们成人感到伤心或受到伤害的时候，我们最不想听的也是建议、大道理、心理分析或者别人的看法。但是，如果有人真正在聆听，如果有人认同我们内心的伤痛并给我们一个机会来聊一聊我们的困扰，那么我们会感到伤痛在减轻，困惑在消除，我们会更有能力面对问题。对于孩子来讲，也一样，如果他们得到了别人的理解，那么他们同样可以自己找到解决问题的办法。但是，这种富有同情心的话语并不是与生俱来的。对大部分人来说，在我们成长过程中，我们的感受通常都是遭到否定的。所以我们必须通过不断学习与练习，熟练地掌握这一接纳性的新语言，从一些细节上来帮助孩子克服消极情绪，如全神贯注地聆听孩子说话；用"嗯""我知道了"等语言来认同孩子的感受；把孩子的感受用适当的词表达出来；借助想象满足孩子的愿望……

如果我们是在真正用心地聆听孩子，孩子就比较容易向我们倾诉他们的问题。有时我们甚至不必说什么，孩子所需要的只是那深表同情的沉默！而如果我们能蹲下来倾听孩子情绪的宣泄并说出孩子的内心感受，就将真正打开孩子的心灵自助之门，因为一旦孩子知道他们正在经历什么样的感受，便能开始着手帮助自己。这需要我们不断地演练，不断地尝试，从孩子的叙述中确定他（她）的真实感受。当然，所有的感受都是可以被接纳的，但某些行为也必须受到限制，只不过要转变我们的沟通思维，注意说话的方式。如在处理两个孩子打架问题上，我们可以对那个挥拳头的孩子说："我看出你很生小西的气，那么请用嘴巴告诉他你将怎么做或你的感受，而不是用拳头啊！"

比语言的技巧更关键的是我们的态度，如果我们没有真正和孩子产生共情，无论我们说什么，在孩子眼里都是虚伪的，都是想对他们进行操控。只有我们真正与孩子共情，才会打动孩子的内心。说话是门艺术，对待处于成长中的孩子，我们更要好好学习并运用这门艺术，提高自己的素养，理解孩子真实的内心感受，帮助他们认知自己的情绪，从而引导他们克服自己的缺点，拥有自信，自觉地向好的方向发展。就让我们一起来阅读《叶珍家教思想研究》，跟着叶珍一起，去接纳孩子的情绪，走进孩子的心灵世界吧！

四、给孩子一个宣泄的出口

坏情绪，不疏导就可能会"决堤"。

当孩子出现负面情绪时，要站在孩子的角度分析他的顾虑，及时帮他厘清自己的情绪，巧妙引导，让孩子宣泄负面情绪，让孩子步履轻盈地走过成长之路。

现实中，可能有许多人都觉得孩子的哭声很让人心烦，不理解为什么孩子会为一丁点儿小事就哭。"哭"这个字，很显然是不被家长喜欢的，只要孩子一哭，家长就会利用家长的身份命令孩子不要哭了。

很多幼儿园老师经常说一句话——"爱哭的孩子不是好孩子"来遏制孩子哭泣，很多家长也会用各种方法逗正在哭泣的孩子，转移他的注意力，让他停止哭泣，或是干脆直接大声呵斥命令他停止哭泣。孩子接收到大人的这些信号，就会认为所有的大人都不喜欢爱哭的孩子，自己如果总是哭泣的话就不会再得到人们的喜爱和认同。慢慢地，孩子就开始拼命忍住哭泣，时间久了，一些更麻烦的问题也就随之而来了。

人会有许多种情绪，诸如高兴、愤怒、不满、伤心、兴奋等。在这多种多样的情绪里，有些是积极的，对身体有好处；有些则是消极的，对身体有害。一旦某种对身体有害的消极情绪产生且没有立即释放，日积月累，长期的压抑就会造成情绪的堵塞。情绪的堵塞带来的效应是一连串的，如产生无力感、疲倦感，严重者甚至会出现胸闷气短、心脏疾患等病症。

为了避免孩子出现以上后果，妈妈就必须帮助孩子及时疏导消极情绪。在孩子还无法自如地控制自己的情绪的时候，帮他找到一个宣泄口，让消极情绪从这个口一起倒出去，让孩子保持身心的愉快与健康。

对于善于控制自己情绪的人来说，疏导情绪的方法有很多种，如听音乐、打篮球、与朋友倾诉等。但是对于孩子，当他不能和朋友或者父母完全表达自己的意思的时候，或是不能以写字的方式排解烦恼的时候，除了哭，还有什么办法呢？

孩子生下来在这个世界上第一件学会的事情就是哭，渴了会哭、饿了会哭、着急会哭、被他人吵醒了会哭，长大一点儿，被人欺负受了委屈同样还是会哭，哭完以后歇一歇，然后就忘掉这件事情继续开心地玩儿去了。但是，如果家长硬要孩子别哭，要孩子压抑着，那么他的坏情绪就没有出口，再加上年纪小小的孩子也不懂得用其他方法排解，日子一长，他的情绪就会堵塞，然后就会在某一天、某一件事情的刺激下突然"决堤"，无法收场。

所以，我们要给孩子一个宣泄的出口。

《叶珍家教思想研究》，没有峰回路转的奇遇、悬念和突然到来的戏剧性矛盾和冲突，然而又在每一篇章的看似"絮絮叨叨"的叙述里，透着一种"言传身教"的光辉。对于情绪疏导，《叶珍家教思想研究》给我们做了很好的示范。

长女朱文俊《亦刚亦柔》中，她如此说道："对孩子教育有两种观念：一种是'牛大自耕田'，人大自成人；一种是'树条乘嫩育'，严师出高徒。爸妈是属于后一种，但爸妈的教育理念又有所不同，爸爸信奉的是棒打出孝子，以严苛管教为主。妈妈则以说理引导，启发自觉性为主。"

确实如此，当孩子负面情绪出现时，叶珍在接纳孩子负面情绪的同时，也展开了巧妙的疏导。

一次，大哥上高小时路上下雨，几个人就到附近同学家打象棋，几天后被爸爸知道了，用浸湿的草绳狠狠地抽了他一顿。多少年后，大哥还提起此事。五弟小时好玩，喜欢"掼宝"（用纸折成方块来玩儿的一种游戏），知道爸爸不同意，便把一笆斗"宝"藏在草堆肚里。爸爸发现后，将他拖到屋里，把门一关，结结实实地揍了一通，还让他把"宝"撕了吃下去。爸爸这种体罚式的简单教育，在过去农村很多，但爸爸不轻易用，用的目的主要是让你长记性，其实他心里比谁都疼。

每次爸爸打完，妈妈总会把我们拉到一旁，耐心地做开导工作。她一般都要先问问我们为什么会挨打，错在哪里，然后她再给我们讲道理，要我们理解爸爸打我们是因为爱我们，希望我们走正道。爸妈这么一打一揉，把我们心头的怨气和委屈就化解了大半。

　　叶珍就是用这种交心的方式鼓励孩子前进。她常跟孩子说："我们农村人出路在哪里？在念书。只有念出书来，才能走出去。你看你爸爸，大家都说他人品好，心眼正，有经验，有能力，就是缺文化，不然，可能早就当上公社干部或县里干部了。如果真是那样，我们家就不是现在这个状况。你们一定要好好学习，这是我和你爸的唯一希望。"叶珍的这段话不仅没有丁点批评和指责，疏导了孩子的"负面情绪"的同时，还让他们心服口服，暗下决心，定下小目标，尽力向前奔。这样，一次对父亲"喜欢打人"的愤怒，在叶珍的引导下，化为了一颗向上的种子。

　　朱文俊还说："有时候，我也会因为没完没了地挑猪菜和永远也做不完的家务事耽误学习而烦恼，甚至发脾气。每当此时，妈妈没有批评和责骂，总是心平气和地摆现状，给我讲挑菜与养猪的关系，养猪与我上学的关系。她说：'我们家的现实就是这样，绕不过、躲不过，只能面对现实去克服。不管怎样，妈妈陪你慢慢往前走。'想想全家生活的不易，看看妈妈的辛苦和艰难，我又常常心疼起妈妈来。"

　　这就是母亲的"慈"。一个"陪"字，的确疏导了孩子的负面情绪，温柔的话语，如融融春晖，化入心田。而且，别着急，咱娘儿俩"慢慢"来，日子总会有盼头。前面章节我们提过朱文泉的《三次挨打》，长子文泉有一回竟然认乎其真地跟母亲讨论父亲们喜欢"运用"的"黄荆条"：

　　我不解，问"黄荆条"是啥样子？

　　妈：就是树条子、柳条子。

　　我好奇，又问黄荆条"真"能出好人吗？

　　妈：真不真，你爸相信。

　　这可是平等的、默契神交的"学术探讨"啊！"慈母"，不仅仅表现为"临行密密缝"的"手中线"，而且显现为"春风发微笑"式的、朋友般的推心置腹和莞尔交谈。孩子的一切负面情绪就在这暖暖的柔声细语里，化为一段心平气和的交谈，如暖暖春风，吹拂心田。

朱文芳在《新棉袄的烦恼》里提到因为期待已久的花布与想象中的相差甚大，随口说的"怎么买这种颜色的布"被父亲误听成"怎么买这种倒头布"，因此被打。自从挨打以后，朱文俊对那块布料再也没了兴趣。母亲叶珍几次要为她量体裁衣，朱文俊都坚决不要。后来叶珍拉住着女儿的手用商量的口气跟她说："乖乖，那块布是按你的身材买的，给妈做布不够，你就将就着穿吧，有总比没有好。"又接着说："那布就是颜色不鲜亮，其实布很厚，寒天压风、暖和。等有钱了妈再给你买块好看的布料做件罩褂子……"在母亲的一再劝说下，朱文俊终于勉强点头同意。接下来就是母亲白天干活、晚上坐在昏暗的煤油灯下，千针万线为她赶制棉袄，这在她幼小的心灵中留下一份深深的感动。那是一件里、面、胎三面全新的棉袄，穿在身上很舒服、很暖和。它是朱文俊当时最奢侈的物件，再加上妈妈的一片心血，她开始渐渐地喜欢上了那件不显眼的全新棉袄。

这就是沟通疏导的魅力所在。

在我们的生活当中，不经意间就会发现父母和孩子的对话充满了父母对孩子的命令，相信在不少家庭中，我们都可以发现这样的景象：

"去，给我回家写作业去！"

"不准说话，赶紧吃饭！"

"今天必须去辅导班听课……"

在父母教育孩子的过程中，很多父母一不小心就忽略了一点，那就是孩子是发展中的个体，具有独立的人格和鲜明的个性心理特征，在向周围世界学习的过程中，他们更喜欢处于主体地位。去学习的主人，而不是一直被父母命令，被动地接受。

了解孩子、尊重孩子、激励孩子、诱导孩子是成功的教育方营、强迫责令，以成人为中心，往往使孩子被动，收不到好效果。

因此命令的方式应慎用，绝对不能滥用。

举个例子，当孩子不开心时，妈妈硬性命令孩子不要哭了，孩子还是继续哭，正在哭得喘不过气来之时，爸爸命令孩子"不要哭，闭上嘴"。孩子怎能一下子憋住这口气呢？其实，只要静下心来与孩子沟通，了解一下他哭的原因，让其主动倾诉，效果反而会更好。

纵然成人是一番好心去教育，但实际上却起了摧残心灵、摧残健康的副作用，这种命令是孩子不能执行，听从不了，也不应该听从的。

其实，有一种比命令更好的方式，那就是沟通。

不知道父母有没有发现，自己在命令孩子的时候，说话的态度往往是简单而生硬，而在和孩子沟通时，说话的口气往往也心平气和了不少。温和的态度更容易让孩子接受，而粗暴的态度容易遭到孩子的反抗。所以，温和的沟通比生硬的命令往往有效得多。其次，孩子在接受命令时，是被动的，而在沟通时孩子是主动的。比起被动的指派，主动的接受就多了一种愉悦的心情，这也是孩子为什么讨厌父母直接命令的原因。

家长在给孩子做负面情绪疏导时，除了沟通外，还可以如叶珍一样，做一个耐心的倾听者。

在《女人也能顶半边天》里，朱文芳说：

小时候父亲不是忙着生产队就是大队的事白天除了吃饭基本看不到人，所以摞草堆这种男人干的活，也只能落到母亲肩上。以前母亲会请邻居帮忙，等她长到十来岁，差不多能举得动铁叉了，便自然地加入了进来。这虽不是什么技术活，却也有一定讲究，虽不是太重的体力活，但也很累人。男子汉叉草多、举得高，所以别人家往往摞得快，他们家就靠她们娘俩了。根据草的多少确定底座的大小，太大了草堆矮了，泥顶子费料费时，也不好香。太小了，草堆太高就不稳当。母亲担心她布不均匀，一叉一叉的草不能咬起来，就自己爬到草堆上用草叉接，一叉一叉的衔接踩实，她在下面叉草往上送，一点一点往上摞。草堆越摞越高，由于朱文俊个子又小，在下面把草往上送就很吃力，于是她生气地说："别人家都是男人摞草堆，我们家就是我和你弄，不想弄了。"母亲就站在草堆上笑了笑，朝她说你爸忙队里的事，没时间回来弄，你哥姐又全在外面，就我们娘俩在家，女人也顶半边天，你看我们娘俩不也摞这么高了吗？母亲一边说，一边又把接上来的草垫在脚底下踩实，有时还把布好的草适当调整调整；摞好后，母亲把铁叉齿插在草堆腰部，顺着铁叉的柄子慢慢滑下来。就这样，在母亲鼓励下，娘俩一个下午也把三个大草堆摞完了，而且摞得特别圆，和人家男子汉摞的草堆有得一比。

在孩子有负面情绪时，家长应该像叶珍一样，要多听孩子讲。有时候孩子的心思非常细腻，超乎我们成年人的想象，所以家长和孩子沟通时，一定要多听孩子怎么说，学会管住自己的嘴巴，不要中途打断，不要动不动就批评孩子。这个说起来容易，做起来却不易，尤其是在工作、家务繁忙之时。

林宝付在《美好时光》里说自己年轻时脾气暴躁，有时看到三个孩子在面前跑来跑去、打打闹闹，真想冲上去教训教训他们。但是只要孩子们没犯什么原则性的错误，二老总是护着他们，不让他生气时下手不知轻重伤着孩子，然后二老会平心静气地去跟孩子们讲道理，等把孩子们哄走了再一次次跟林宝付说：孩子是教大的，不是打大的。林静他们姐弟三人懂大局、明事理的个性正是外公外婆一手带出来的。实际上，叶珍也在言传身教，用实际行动在疏导林宝付的负面情绪。

此外，让孩子宣泄情感，就是要让孩子愿意讲，家长要善于听，耐心地听孩子说任何事。孩子可能会跟你讲很多学校里发生的很琐碎、细小的事情，可能会讲开心的事，还可能会讲不开心的事，甚至是无关紧要的事，年纪小的孩子可能会表述不清，但家长千万不要不耐烦，要耐心地听孩子说。久而久之，孩子就会养成和家长交流的习惯，对家长产生情感上的依恋和归属感，有什么事情都愿意和家长交流，尤其是有负面情绪时。

朱黎黎在回到父母身边后，度过了快乐的小学，不过快乐小学的代价是，她没有养成良好的学习习惯，或者是没有意识到学习是要付出艰苦努力的，以至于上了重点中学之后，第一年期末考试成绩遭遇滑铁卢式的惨败。拿着成绩单目瞪口呆，不知道怎么向父母交代，更灰心的是看到同学跟自己一样上课学习，一样吃饭睡觉，考试成绩却比她好那么多。在矛盾和困惑之时，奶奶要到徐州过春节了，高兴之余她又觉得心里沉甸甸的。见面第一天，大家都很开心，自留地、菜园子、老家的猪、老家的花、老家的小伙伴……第二天，阳光暖人。奶奶要朱黎黎陪她到大操场去散步，朱黎黎内心有点紧张。

奶奶：我的大孙女，奶奶和爷爷可想你了。

我：我也想你们呀，奶奶。

奶奶：在这里上学开心吗，有没有人欺负你？

我：开心，没有人欺负我。

奶奶把话锋一转：可我看出来了，我们黎黎有心的事。

我心一怔：奶奶怎么知道的呀？

下面谈话就是我们在前面章节提到的朱黎黎告诉奶奶期末考试没考好之事。叶珍在倾听之后，轻轻拍着孩子的手用鸭子游泳的类比，引导朱黎黎鸭子在水面上游的时候，看起来很轻松欢快，但在水面之下，鸭掌要拼命划水，才能向前进，人也是一样。鸭子表面快乐，脚掌却暗地使劲；人要人前显贵，必定人后受罪。

做孩子最忠实的倾听者吧！

一位著名的心理学家认为，父母让孩子通过语言把所有的感情都表达出来，不管是积极的还是消极的，都是对孩子最大的保护。从孩子的角度来看，他们总是希望父母能与他们分享生活中的一切，不管是快乐还是悲伤，而父母却往往只喜欢听孩子传喜讯。如果孩子考试取得了好成绩，得到了老师的表扬，父母听到后就会很开心；而当孩子对父母说一些学校里发生的趣事或者完全与自己没有关系的同学的事情，父母就会很不耐烦："好了好了，妈妈很忙。不要再啰唆了！""好烦啊，一边玩儿去！"

长此以往，孩子就会对父母失望，并且将这种坏心情埋在心里。当消极情绪始终找不到发泄和化解的渠道时，就会不断积累，等到一定程度就可能突然爆发，变成一种对抗情绪。这种对抗情绪会很严重地损害家庭关系。

其实，不管是大人还是孩子，只有感觉到对方真诚地想要了解自己的生活并且认真倾听自己的想法时，才能听得进对方的话。所以父母如果想要在教育孩子的时候更有说服力，首先要确定自己是不是了解了孩子的真实想法。而要想真正了解孩子的内心和思想，就要认真倾听孩子的话，确定自己没有误解孩子的想法。

父母在倾听孩子的话时，首先要做的就是耐心听孩子说话。耐心听孩子讲话，不仅是对孩子的尊重，而且是一种积极的倾听。这种倾听并不是指默默地在一边，单纯地听对方说话，也不是随便敷衍一番，而是要以平等的姿态去用心倾听对方的话。倾听者要暂时把自己的评判标准放在一边，不管你对对方的语言或行为持赞成还是批判态度，都要无条件地接纳对方。积极倾听更多的是关注对方的心理，而不是话语。积极的倾听不仅要感同身受地去体会对方的心情，还要引导对方抒发情绪，宣泄那些不满、愤懑、悲伤、快乐、喜悦……

孩子不像成人那样善于运用倾诉的方法，所以有的时候他们并不能够有效地通过交谈来抒发缓解自己的负面情绪，或许是因为无法正确表达自己的意思，或许是因为觉得家长和自己有代沟无法说到一起去。这个时候，身为最关心孩子的妈妈，就要少说教多倾听，多从小细节处发现孩子的想法，听他说出心中的烦恼。即使孩子并不能完整地表达出他想说的意思，也能让他感到妈妈是能够理解并支持他的，这自然能缓解他心中的紧张情绪，使他产生安全感，减轻烦恼，及时从困扰中抽离出来。

在《滚铁环》中，朱文泉小学三年级时看到一个陈同学在滚铁环，自己也想要一个。看着穿着别致的陈同学，快速地滚着铁环一圈又一圈，带着穗子的铜铃声一阵又一阵，羡慕不已，同时也有点失落。放学回家后，放下书包，拿了一把镰刀，径直走到与韦家搭界的田埂上，转来转去，最后砍下五根长长的、粗细适中的柳条。他母亲问做什么呢？才得知朱文泉想做铁环。在母亲的帮助下做成了"柳环"，而"柳环"的钩子呢？也是在母亲的帮助下用钳子和铁丝，剪剪敲敲做了一个弯钩绑在火叉上，勉强可用。第二天，朱文泉早早起来拿着"柳环"和钩子到社场上，准备痛快地滚上一回。哪料到柳环不太圆，推不到几步就要倒地，尤其柳根与柳梢接合部麻痕突出，钩子推到此处需要手拧一下，让钩子挪过去才能继续推，否则就推不过去。不一会，出了一身汗，凑合着过了把瘾。第二天放学回来，新的情况发生了。由于柳条是鲜的，割下两天水分抽干了，尤以柳梢部分鲜嫩，萎缩更为明显，结果从接合部脱离，柳环解体了。随后又试着做了一个"铁丝环"，一根铁丝太细，四根铁丝才能做成铁环那么粗，于是又在母亲帮助下用细麻一道一道缠紧，这下倒结实，但是钩子与细麻之间无法润滑磨合，放到地上根本滚不动，只好弯腰用手推着"铁丝环"转几圈了事。

母亲看到朱文泉扫兴的样子，劝他说，乖，别扎了，还是买一个吧！

这是母亲对孩子心声的倾听！

朱文泉其实也是知道父亲不一定同意给他买铁环的，所以从头至尾，他并没有提过这种要求。而母亲是当真读懂了他对铁环的喜爱。

她同他父亲提过一次买铁环被拒绝后，在一日晚饭后，他父母又开始对话：

爸：我不是怕影响他念书嘛！

妈：你不买他就念书啦？这两天他用柳条、铁丝做铁环都没做成，就是想有个真铁环滚滚，你买给他，他不就安心读书了嘛，你不买，他反而不好好念书。

爸：非要滚铁环吗，踢毽子、跳绳不也行嘛！

妈：踢毽、跳绳是可以，女孩子更喜欢，男孩子喜欢追逐、斗胜，滚铁环更适合他们！

爸：滚铁环能滚出什么本事？

妈：怎么不是本事，你推独轮车不是本事吗，开始你推盐左右摇晃不敢多推，推了几趟不就稳平了吗，滚铁环也是这个理！小毻多运动，长身体，运动以后读书灵，这不就是长本事嘛。

爸：这话倒不假，我怕他玩出瘾来。

妈：不会的，也不是常玩。小孩玩东西都是一阵一阵子，过一两年长大了，兴趣可能又变了呢。

爸：嗯。

此时朱文泉正在门外侧耳细听，听到这里，满脸都是泪水。

有时，孩子不去说，但是我们也可以静下心来观察孩子，其实他的"表情"在说话，这也是倾听。

其实大多数妈妈在生活上非常关心孩子，但是在真正平等地对待孩子方面做得往往很不够。孩子在向妈妈诉说时，经常会被打断，甚至还有可能遭到指责。在这种情况下孩子只能把话咽回去。还有的时候，妈妈只是机械地听孩子说话，却没有认真体会孩子倾诉时的情绪。这种情况下，孩子的想法往往得不到妈妈的重视，他们也会渐渐地把自己的秘密埋藏在心里，做妈妈的就很难再去了解孩子的所思所想，长此以往，妈妈对孩子的教育就会感到无所适从。另外，妈妈如果不尊重孩子的说话权，那么孩子就会从心理产生反感和想要与之抗衡的情绪，进而导致亲子沟通出现问题。

那么怎么做才是积极的倾听呢？首先一定要做出听的姿势，一定要与孩子平视，不要给孩子居高临下的感觉。就如叶珍一样，拉着孩子的手，身体向前倾，表示自己对孩子所说的话很感兴趣。另外，不要在自己和孩子之间制造障碍，家长喜欢双手抱着胳膊，或者边翻书边听孩子说话，这些对孩子来说都是一种障碍。此外，一定要看着孩子的眼睛，用眼睛来告诉孩子你很期待与孩子的交流。

在谈话中最扫兴的就是别人说"行了行了，我早就知道了"或者"哎呀，你真烦！没看妈妈忙着吗？"如果孩子刚刚开始说话，家长就说了这种类似的话，孩子说话的兴趣就一下子被浇灭了。

朱庆庆在《完美》里说："奶奶个头不高，齐耳短发，慈眉善目，我们相处时她总是笑眯眯地拉着我的手，重复最多的两个字就是'乖乖'。"是的，叶珍对孩子说话时，总是亲昵地称呼他们为"乖乖"，而且听孩子说话时，她总是很认真在聆听。

其实，对孩子的倾诉行为最好的鼓励就是让孩子知道他所说的每一句话，你都认真听到了。这时候你可以用表情来传达自己认真听的状态。比如，保持微笑，而且时常做出吃惊的样子。孩子最爱"大惊小怪"，他喜欢看到大人对自己说的事情表现出吃惊的表情，因为这说明他很有本事。

很多青春期的孩子往往不喜欢听妈妈说话，更不愿向妈妈倾诉心事。但是如果他们向您谈起自己的心事时，请千万要耐心、感同身受地去倾听。因为这说明他正在努力向妈妈敞开心扉，试着缩小与妈妈的心理距离。当他们说出曾经所受的伤害时，就应当接受，去理解，并且积极寻找能够治疗这些"伤疤"的方法。

试想，如果妈妈听了孩子的话之后，常常因为孩子说出了自己的调皮事而训斥孩子的话，那么她很可能再也听不到孩子内心的想法了。这样的误解不仅会伤害孩子的心灵，也会破坏亲子关系。其实，很多时候，妈妈把与孩子的交谈当作是朋友之间的聊天，就能得到完全不同的效果。

孩子和成年人一样，都需要给坏情绪一个出口，从而保持健康的心境。未成年的孩子并不太懂得如何处理自己的情绪，他们继续在成人的帮助下逐渐建立自己的一套正确的发泄情绪的方法，而妈妈则是孩子最好的帮助者。充分理解孩子，给孩子的坏情绪找一个出口，让它得以释放，与此同时多告诉孩子一些处理情绪的方法，就是对孩子最好的支持与帮助。

五、培养孩子的积极情绪

让孩子宣泄负面情绪之后，还要培养孩子的积极情感。

美国自然科学家、作家杜利奥曾经提出过这样一条心理定律，并将它命名为"杜利奥定律"——没有什么比失去热忱更可怕，一旦失去热忱，人便垂垂老矣。这条定律要说明的是，如果人的精神状态不佳，那么一切都将处于不佳状态。从根本上来讲，杜利奥定律要说的就是人与人之间其实只有极其微小的差距，可就是这微小的差距，却可能会导致人成功或失败。如果差距的属性是积极的，那么就是成功；如果差距的属性是消极的，那么就是失败。换句话说，成功与失败只在一线之间，而这条线，就是人的积极心态。

情绪不同于感觉，它会控制我们的注意力，指挥我们的思想，并且影响我们的行为。比如，拥有积极乐观的情绪，我们的注意力就会放在美好的、向上的事物上，思想和行为也会变得更加积极向上，能够战胜一切困难和挫折。一旦情绪变得消极悲观，我们的眼里就只能看到不好的事物，思想也会被消极、悲观占据，从而导致自己的行为越来越退缩、胆怯。更为关键的是，我们的情绪是积极还是消极，不仅影响我们自己的行为，还会影响我们的孩子，甚至左右孩子的未来乃至整个人生。

如何才能让孩子体会到幸福快乐呢？

妈妈永远都是孩子的典范，一个懂得营造家庭轻松气氛，让家里充满温馨，懂得如何让生活轻松而快乐的妈妈，对于孩子的成长中所起的作用是老师或者孩子周围任何其他人都替代不了的。美国作家杜利奥曾说过，只有积极的父母，才有乐观的孩子。

在这方面，《叶珍家教思想研究》一书，也给我们介绍了很多做法。

1. 做一个积极乐观的父母

林大会在《三不争》中介绍了叶珍的"三不争"，其中之一便是"不争气"。林大会说，人生中总会有消沉、低落的时候，但他从未在舅奶叶珍身上看到任何烦躁之气、负面情绪。确实，叶珍一生生了十三个孩子，九个孩子夭折或流产，十来岁的朱文兰因农村医生过错而导致夭折，面对丧子之痛，不去无原则斗气，而是依靠政府公正处理，自己则竭力排解情绪，坚强地生活。在20世纪90年代中期，林大会家遇到了生计困难，他爸妈工作单位效益不好，濒临倒闭，二人面临下岗，一家七口人的生活、孩子读书上学没有了稳定的经济来源，如何是好，日子还怎么过？那时，朱文芳夫妇心事重重、愁眉苦脸，家里就像被乌云笼罩着一样，少有欢声笑语。这时叶珍总是不断地鼓励朱文芳夫妇:"宝付、文芳,你们别气馁,车到山前必有路,以前那么困难,吃不饱穿不暖,都能熬过来,现在这算什么!"后来,朱文芳夫妇振作精神,精打细算过好苦日子,同时依靠自己的努力和叶珍夫妇的指导,如愿找到了新的工作,家里又恢复了生气。

没有一个孩子天生是乐观主义者或是悲观主义者,他们的性格和思想都是后天养成的,并且深受父母的影响。通常,一个积极乐观的孩子,他的父母常常也是乐观向上的人,家庭生活充满欢笑和朝气。在这样的环境中长大这个孩子必定是一个内心强大的人,能够坚强地面对挫折和困难,对生活和未来也充满信心。

李远在《永不言累》中说:"由于爷爷忙于生产队的工作,家里分到的收种任务全落在奶奶的肩上。为了抢时间,奶奶有时就带着四姑和县去大田一起干。有一次割麦子,四姑他们开始觉得很新鲜,但割了一阵之后,就觉得浑身不自在,腰酸、腿酸、胳膊酸,再割一阵子,看着望不到头的麦子,四姑说:'妈,这地也太大了,割麦子也太累了。'奶奶说:'不能怕累,还不到7点钟呢,慢慢割,总会割完的。'奶奶看看四姑不耐烦的样子,就叫四姑和岳父休息一会,再去捆麦子,自己一个人继续往前割。当看到奶奶衣服湿透、脸上的汗珠啪啪打在地上时,四姑和岳父感动了,拿起镰刀冲上去和奶奶一起割,三个人干到中午当天的麦子就割完了。吃过中饭后,又一起把割好、捆好的麦子往生产队大场上推,一直干到晚上才收工。四姑说:'累死了,累死了。'并问:'妈妈你怎么不累?'奶奶笑着说:'傻丫头。妈怎么不累!累也不能说,越说越累。你不怕累。累就怕你!'"

而等到秋收秋种。田家少闲月,五月人倍忙,其实秋季人更忙。比如收山芋就是很累人的体力活。有一年秋收,叶珍带着朱文芳到地里,先用镰刀割山芋藤而后把扯下来的藤子拖到地头堆起来。接着就用铁爪子刨山芋，从早上刨到下午两三点，而后再用独轮车往家门口场上推，田间小路坑洼不平，母女俩一推一拉甚是费劲，一直推到晚上七八点钟，才把所有刨出来的山芋推到家里。晚饭后紧接着就分拣，除了留吃的、窖藏的，其余要刳掉皮，晒软后再"丫山芋"晒干。当晚主要是刳皮，刳到半夜，朱文芳太累了，建议母亲明天再干。叶珍说："明天还有明天的事，刳完趁着好天晒干，不然遇到雨天再一冻就烂了。"刳着，刳着，朱文芳就打盹儿了，叶珍也打盹儿了，父亲朱建成忙完队里的活也回来了，就帮着叶珍一起刳，到天亮，已经完成过半，剩下的早饭后继续刳……

叶珍"永不言累""眼怕手不怕"，这种吃苦耐劳的积极进取之心，影响一代又一代人。正如朱文芳总结的："母亲不是顶天立地的大丈夫，但却胜似顶天立地的大丈夫。她用自己的辛劳撑起了这个温馨的家，让父亲一安心跑集体的事，让哥哥姐姐毫无牵挂地在外学习，让每个家庭成员都能享受到温暖和舒适。在这个家里她顶起的岂止是半边天，她顶起的是广袤湛蓝的天空，无私地奉献着天底下最伟大的母爱！"

朱文俊的《黑色的1963》是叶珍坚忍品质的集中体现："那段时间爸妈的情绪坏到极点。妈妈为大局和长远考虑，只得强忍悲痛劝导爸爸：'事已至此，自责无用。真有隐情坏人终有恶报，为自己，为孩子，为大伯，你现在都该振作起来……'

一年之中，家里接连失去三位亲人，当时的悲痛气氛和凄凉，连我们几个孩子都失去童年的快乐，现在想起来还令人伤感。但爸妈为了我们，为了这个家，他们选择了坚强，艰难地挺了过来。"

叶珍，在痛苦中她选择坚强，在困难中她选择拼搏，在贫困中她选择知足，在顺境中她选择谨慎，在逆境中她选择忍耐，这种意志品质是当今的年轻人无法感受和体会得到的。几十年中，每当孩子们遇到困难的时候，叶珍总是劝导他们：人生多坎坷，有信心、有勇气，就没有过不去的坎。

二老一生中的苦与乐、言与行，都从不同的角度影响着孩子的成长，正是这种积极乐观的情绪、优良的家风，让朱家的孩子们在成长的道路上稳步前行，受益终身。

反之，一个长期具有消极悲观情绪的孩子，往往生活在比较压抑的家庭环境中，父母大多也是悲观消极的人。而在这样的环境影响下，这个孩子必定无法积极地面对人生，未来也无法微笑地生活。

作为父母，也许我们无法给予孩子特别优渥的生活，但必须给孩子强大的内心，传递积极向上的情绪和思想。

一是做快乐开朗的父母，给孩子营造一个乐观向上的家庭氛围。有快乐开朗的父母，才会有乐观积极的孩子。作为父母，我们想要孩子积极向上，微笑着面对生活，首先就应该给孩子营造一个乐观向上的家庭氛围。

比如，某天你们全家到郊外爬山，偏偏遇到了下雨。这时候，父母千万不要说："我们怎么这么倒霉，偏偏出来玩的时候遇到了下雨，真是太扫兴了！"这不仅无法改变下雨的事实，反而让一家人的情绪受到影响，甚至让孩子习惯了抱怨。

如果父母高兴地说："呀！下雨了！还好不算大！我们从来没有在雨中爬过山，这也是不错的经历啊！现在，就来领略雨中爬山的惬意和舒心吧！"这样的话，不仅会给全家人一个好的情绪，还会让孩子学会换一个角度看问题，不管遇到什么环境，都能保持乐观的心态。

二是不让孩子的眼睛只盯着不幸和困难。两个人从窗口往外看，一个人看到的是泥土，另一个人看到的却是满天的繁星。于是，看到泥土的人感到万分痛苦，而看到繁星的人快乐无比，对生活充满希望。遇到不幸和困难，确实让人们不知所措，甚至想要放弃和退却。大人也是如此，更何况是年幼的孩子？这时父母应该明确地告诉孩子，用乐观的眼光看问题，用勇敢的心解决问题，而不是只盯着不幸和苦难。当孩子的思维和心态都发生了改变，他们的人生也就截然不同了。

每个人都有自己的精神世界，试想，如果叶珍遭受生活重创后一蹶不振，从此一家人生活在没有欢声笑语的家庭里，孩子们又怎么能感受到快乐呢？只有自己先感到快乐，才能带给别人快乐。只有家长自己心灵得到充实以后，才会由内而外呈现乐观积极的状态，并将这种乐观积极的心态传递给孩子。拥有物质上的一切并不代表快乐，真正的快乐是极易感染到他人、让他人从心里感到温暖和快乐的。营造和谐快乐的家庭氛围，将自己的快乐传递给孩子，就能让孩子更快乐。

2.积极暗示，让孩子摆脱消极心理暗示

心理学家巴甫洛夫认为，暗示是人类最简单、最典型的条件反射。所谓心理暗示，是指人接收到他人的愿望、观念、情绪、态度等影响的心理特点。

每天，孩子都能接收到不同的暗示，这些暗示可以从身体、眼神、神态等各个角度传达给孩子。有调查表明，几乎90%在品质、意识和智力方面有杰出表现的人，在自己的童年或少年时期都受到过来自亲人的积极的暗示，最多来自母亲，有的来自父亲、老师、祖父母等。而在这所有的暗示中，来自妈妈的暗示是孩子健康成长的关键，因此妈妈平时就要特别注意给孩子积极的暗示，让孩子保持乐观积极的心态，从而有助于他身心的健康发展。

给予孩子积极的暗示，最重要的就是要注意平时与孩子交流中说话的方式，同一个意思用不同的句子说出来，效果可能就会截然不同。

例如，当你想让孩子变得更独立，就要告诉他独立的种种好处，而不能说"如果你不独立，妈妈就不要你了"这一类话来刺激孩子。如果你想让孩子不怕黑，那么可以给孩子讲关于黑夜的美丽故事，黑夜里，星星们在悄悄地说话，花儿们也在静静地绽放，让孩子心生向往，从而不再怕黑，而不是给孩子讲关于黑夜的可怕，那样只会令孩子更加消极抵触。

心理暗示会对人产生强大的力量。在心理学上有一个著名的实验，实验者在实验对象的手臂上放了一块试纸，并告诉他们这是一张有特殊功效的试纸，能让试纸所接触地方的皮肤变红变热。十分钟后，实验者把他们手臂上的试纸解了下来，一看，果然发红并且也变热了。其实，这只是一张普通的纸，是实验对象的心理暗示让皮肤发生了变化。

同样，心理暗示对于培养孩子的性格、学习和生活习惯及意志品质方面也有很重要的作用。这些作用有积极的，也有消极的。积极的心理暗示往往比说理教育还好，能使父母与孩子之间的关系更加融洽，具有含蓄、委婉的特点，有利于孩子在无形中养成良好的性格和心态，帮助孩子往好的方向发展。在积极暗示下成长起来的孩子心智发展也更全面，品格也更优秀。消极的暗示则是孩子心灵的腐蚀剂，让孩子情绪低落，产生自卑和自弃的心理，让孩子脆弱而娇气，很容易被困难打倒且一蹶不振。

朱恒毅在《"四大"谁大》中提到奶奶经常提到的"四大"，他说这"四大"，奶奶经常念叨："'四大'，'四大'，看你们到底谁最大！"

朱恒毅说："奶奶的话我似懂非懂。心想这还不明白，大会（1986年11月生）比我（1993年9月）大七岁，大鹏（1979年7月生）比我大十四岁，大治（1977年2月生）比我大十六岁，那肯定是大治哥最大。

2000年春节，爸妈带我到南京看望爷爷奶奶，并在那里过春节。见到大治哥，他已经在南京国际关系学院读硕士研究生了，奶奶把他当作'四'大的领头羊，自是由衷地夸奖一番，于是我朦胧感到'谁最大'与文化有关。我那时才上小学一年级，大会刚上初中，大鹏上珀克学院，那还是大治哥文化最高、'最大'啊！

后来长大了，我读完中学，考上职业技术学院，我慢慢领悟到奶奶'谁最大'的含义，并不是指年龄，也不单指文化，而应该指'本事大，对国家社会和家庭的贡献大'。"

除此之外，朱恒毅还说这里暗含着三层意思：首先应该有开展比赛、鼓励竞争之意。其次有见贤思齐、见短思戒之意。再次有长远谋划、长期奋斗之意。

"四大"谁大？这不正是一个有效的积极暗示吗？

结果就是，"大治是努力工作，快乐生活，培养子女，幸福美满；大鹏是顾大家、爱小家；大会是做一个对社会有用的人，经常梦想着自己哪一天有能力、有本事了，可以造福一方；我的人生目标是当工程师，做个有作为的公司经理，让公司不断发展壮大"。诚如斯言，这些目标，看似平常，并不惊天动地，但要实现它并不容易，因为它是人生的"珠峰"，必须进行积极进取，锲而不舍，长期奋斗。

林大会在《补习》中提道："就这样，在舅奶的大力支持下，我参加了补习班。自己也很认真，格外珍惜补课的机会。但有时候，很多事情你非常努力，但结果总是非你所愿。小升初时我考了172分，数学语文都是86分，离响水中学分数线差了3分。舅奶得知考试结果后，若无其事地说：'响水中学去不了，就在小尖中学上，只要认真学，在哪学都一样，我还巴不得大会就在家里上呢，离家近，这样舅奶每天还能看到你呢。'"

这件事，一直烙在林大会心灵深处，他知道舅奶是在宽慰自己。小庙里也有大和尚！于是林大会暗暗下决心，一定要考上响水高中，对得起舅奶掏这50块钱。虽然最后去了小尖中学，但这种遇到困难不要灰心的积极心态已经烙在孩子的心头，伴随其终身。而"我一定要对得起舅奶为我掏的50

块钱"这种感恩之信念，也催其一路奋进。

叶珍很重视孩子的教育，即使在最困难的岁月里，也坚持把朱文俊和朱文芳送去上学："父亲母亲最后取了个折中的意见：'让她考，考不上不会怨我们的。''考上呢？'父亲追问。母亲说：'考上就让她念，我们一辈子吃不识字的苦，我就是再累也不能再苦孩子了。'母亲很干脆。'你一个人能吃得消？'父亲担心母亲。母亲笑笑：'这么多年，不都这样过来的。'"在母亲的鼓励之下，朱文俊开始了求学之旅。母亲的那句"考上就让她念，我们一辈子吃不识字的苦，我就是再累也不能再苦孩子了"，不就是一个催人奋进的积极暗示吗？

"就在我读初中的同时，文芳、文兵也开始上学了。那时，文芳的年龄已经比较大了，再不上就没有办法了。一家三个小孩上学，家里确实有点招架不住，只有凑合着，能照顾到什么地步就照顾到什么地步。有时实在无法兼顾，就把文芳拉下来干活，做家务，事情忙完后再上学。因此，文芳的上学基本上是'三天打鱼，两天晒网'。平时也经常迟到，有时第一节下课才到校。因长期缺课。文芳的成绩一度跟不上，尤其是数学。为此，文芳决定打'退堂鼓'。母亲劝说：'数学学不好，就去学学语文，跟你大哥通通信也是好的。'就这样一直拖着念完高中。"细读朱文芳的《三条忠告》《女人也能顶半边天》《眼怕手不怕》等文章，语言细腻柔软，细节生动，情感真挚，这无疑不是母亲叶珍给她积极暗示、鼓励的结果吧！

积极的暗示在潜移默化中影响着孩子稚嫩的心灵。一个称职的好妈妈有责任和义务如叶珍这样将积极心态、积极情绪传递给孩子，指引着孩子朝着健康、积极向上的成长之路前进。

叶珍让她的儿子走到最前面，其实，她自己一生都是走在孩子的前面的，她用行动给孩子们以积极的暗示：于痛苦中选择坚强，于困难中选择拼搏，于贫困中选择知足，于顺境中选择谨慎，于逆境中选择忍耐。我们读者为她坚忍的意志深深折服之时，同时也应该能在她与家人相处时展现出的从容情绪，找到赋予孩子情绪的各种颜色密码，找到家庭和谐的源泉。

当读懂孩子快乐的情绪和努力的过程时，我们会感受到赞美的神奇作用。当读懂孩子孤独的情绪和独处的能力时，我们会感受到思索的快乐。当读懂孩子抵触的情绪和发脾气的原因时，我们会感受到共情与宽容带来的亲子温暖。

其实，每一个孩子都是一本读不完的书，每一个孩子都是一个小小的宝藏，等待他们最亲爱的父母去挖掘，去读懂，去深爱，去发现，去激励，去赞美……

笔者多次建议家长，去读读《叶珍家教思想研究》，走近叶珍，学习叶珍，我们就能读懂孩子情绪背后的原因，陪伴他们健康成长。

笔者也多次建议学生，去读读《叶珍家教思想研究》，走近叶珍，去学一学被孩子们敬称"教育专家"的朱二奶，是如何管理情绪，倾听孩子们心声的。让身边父母、师长稳定的情绪帮助他们建立幸福的人生观，活出属于自己的幸福人生吧。

第五章 父母的道德品质对孩子的影响
——叶珍家庭教育思想研究之道德篇

叶珍应该没有想过要刻意地成为孩子们的榜样，去教育自己的孩子。那么，我想，越是如此，就越可见叶珍道德品质的崇高，因为她的素养是扎根在骨子里，于处事时的一种不经意的行为表现。这样的言行举止因为不带有功利性，也因为有别于我们现在的很多父母为了说教子女而刻意为之的"表现"，所以，她对子女的教育才是真正的润物无声、潜移默化，继而成了朱家承袭数代并且会一直继承下去的宝贵精神财富。

一、爱：是一切行动的源泉

翟学伟在《中国平凡母亲之功效研究》一文中回答了为何中国平凡母亲一定会走到"贤妻良母""贤内助"这样一条道路上去。他说："所有这一切的实现都有赖母亲的'大爱'。大爱既非'兼爱'又不可狭隘地等同于夫妻爱情，而是一种含有亲情并延伸到人情意义上的爱。"而叶珍在这点上堪称典范，她把所有的爱给了家里，给了邻里，给了队里，却唯独不考虑自己。这份不计任何回报、不夹杂任何私心的苦苦坚守、默默奉献何其伟大!

1.珍视亲情

(1)无私奉献的爱

朱文俊在《给予是一种幸福》中感言:"她把毕生的精力都给了这个家,献给了我们兄弟姐妹,她把苦与累留给自己,把幸福留给丈夫和孩子。"叶珍对子女的无私奉献在一言一行,不胜枚举,但最是体现在对子女上学问题的处理上。1956年秋,朱文泉上将考上了响水中学,他回忆读书经历是这样的:我考上响水中学,需缴纳学杂书本费(含一个月伙食费六元)二十二元四角,这可让爸妈着了难。先是卖了仔猪,又卖了一袋口粮,最后把家里的鸡鸭蛋都卖了,还凑不齐这个数。报到前一天晚上,妈说学一定要上的,不行就去借高利贷,爸说高利贷利息很高的,低了人家不贷,妈说高就高,我明年多养一窝猪就够了,结果爸穿着蓑衣冒雨去前庄借了五元一比一的高利贷。

70年前的苏北农村经济条件如何呢?由响水县湖海艺文社编写的《响水县乡土文化系列读物》或多或少地再现了1956年前后的情状。书中记载了当年社员们垦荒的经历:1951年春天,滨海县政府因势利导,号召组成合作社,集体拓荒开垦。刚开始入社的有本地雇农,有外来逃荒的,有流窜要饭的,都是贫困户,身无分文,赤贫如洗。没有住房,他们在中山河堆的南坂子挖一个地塘,用两根树棍子撑起来,上面堆起柴草当"住宅";没有棉被,他们就用茅芦花编织的"茅毯"御寒取暖;没有粮食,他们主要依靠政府的救济粮和自己去挖野菜来维持生活。杂草遍地,蚊虫很多,草里的蝮蛇更多。就这样,这些半饥半饱的社员们起早睡晚、披荆斩棘,垦荒耙地、治水改碱,成为黄海滩上这片土地最早的拓荒者。

在这样艰难的环境下,老百姓生活艰苦,即使勤耕不辍也只能收获甚微,食不饱腹,家中有结余的寥寥无几。在这样的条件下,人们首先想到的是怎么填饱肚子，解决最基本的温饱问题，至于子女的教育问题，开明的人家也只是为了孩子识几个字开开眼。要知道，50年代的国内物价，猪肉才三五毛钱一斤，二十二元四角的学费有几个普通的农民家庭出得起，或者说愿意出呢？但叶珍不同于一般人，她宁愿自己和丈夫扛下所有的苦、所有的难，也要为孩子托举出一条走出农村的路。正如《战国策》中名句"父母之爱子，则为之计深远"。叶珍爱孩子，所以为孩子心怀远见，为孩子高瞻远瞩。

叶珍对孩子的爱纯净而无私，崇高而美好，所以她不会重男轻女，也不会厚此薄彼。在对待读书的问题上，儿子可以读，女儿也要读。朱文泉的妹妹回忆自己的读书经历：

那时，全国都在搞扫盲运动，我在父母的同意下也走进了夜校课堂。解学武老师看我接受能力强，头脑好使，觉得是块料。一天解学武老师专程来到我们家，跟爸妈讲：文俊很机灵，应该上学，否则太可惜了。听了解老师的介绍，父亲没说什么，只是慢慢地从口袋里掏出旱烟袋，坐在一旁抽闷烟。他是在犯愁啊！

母亲权衡再三，对解老师说："解老师，旧社会，我们祖上都不识字，一辈子连扁担长'一'字都不认识，外出就像睁眼瞎子。我不识字，我知道不识字的苦楚。不识字，到外面连厕所都找不到。你说能念就让她念吧。"又反过来劝父亲："让她去吧，孩子都十岁了，再不上就晚了，家里的事我手脚快些就补上了，你放心做你的干部。儿子要读书、闺女也要读书。"得到父亲的认可，妈又抓住我的手说："乖乖，你去，妈就忙一点。白天忙不了，就夜里忙。只要你有本事念，读到大学也让你念。"就这样，我带着父母的厚爱和期望顺利地跨进了学校的大门。

我上学了，妈妈自然更忙了。在我的记忆中，妈妈是起早贪黑不停地干活，实在忙不过来时，有时也会冲着我发火。为了能读书，同时能减轻妈妈的负担，我白天背着妹妹去上学，早晚使劲地帮妈妈干活，菜篮子从不离身。每天放学哪怕摸黑也要挖一篮猪菜回家，因为猪是我和哥学费的来源，是全家人过年一双新鞋的指望。就这样，我带着父母的期望，背负着学习和家务的双重压力，承受了三年困难时期带来的饥寒，艰难地读完了小学。读完完小，我又准备考初中了。我考的是离家十多里地的南河中学。在家念书，有时还能帮家里做点家务，放学回来还能挖点菜什么的。这一上初中必须住校，家务没人帮着做了，还要交住校费，真是难上加难。这书还能不能念？父亲认为：读了完小，一般的字也能认识了，信也能写了，就行了。可我不甘心，我恳求道：让我去考吧，通过考试可以检验我五年书（一年级未读）究竟念得怎样，考上不念也行。母亲担心：如果不让她考，小二会恨我们一辈子的。父亲母亲最后取了个折中的意见："让她考，考不上不会怨我们的。""考上呢？"父亲追问。母亲说："考上就让她念，我们一辈子吃不识字的苦，我就是再累也不能再苦孩子了。"母亲很干脆。"你一个人能吃得消？"父亲担心母亲。母亲笑笑："这么多年，不都这样过来的。"

回忆中，我们看到了一个为帮助孩子入学读书，排除万难的强大的母亲。叶珍对女儿的爱化为支持与理解，也为女儿打下了人生的根基。所以，母亲的爱也是有格局的，一位眼界开阔、心胸宽广的母亲再贫不会贫教育，再累不会拖累孩子。在一斤猪肉三五毛钱的50年代，即使借高利贷也要凑够二十二元四角让孩子上学；在靠工分生活的年代，宁愿自己忙得歇不开手、累得直不起腰也要送女儿上学堂，这样的母亲是尊师重教，是目光长远，但默默辛劳、慢慢坚守的背后一定是对子女的无私的爱。

（2）反哺之情，孝之始也

"孝"从何来，是在一句一句苦口婆心的说教中吗？虽有，但可能收效甚微。"孝"是在爱的滋养下生长于繁密大树上的一片绿叶，没有爱的浇灌就不会有孝道的坚守，亲情的可贵。爱是最高尚的品质，因为有爱才能孕育万物。一棵道德的高树，一定是有了爱的滋养，才能枝繁叶茂，熠熠生辉。叶珍对子女的无私奉献，在潜移默化中成了最好的爱的教育。

叶珍爱自己的孩子，她的爱也深深地影响着这个大家庭，触动了每位孩子的心弦。她的儿女个个孝顺，心疼母亲，想母亲之所想。不需要什么孝道的灌输，叶珍对子女的默默付出他们看在眼里，疼在心里，继而升腾成了反哺父母的浓浓孝情，成了维系大家庭团结和睦的强劲纽带。一如朱文泉上将所言："重亲情讲团结，早已成为我家的世代家风。"

叶珍的孙媳妇肖喻馨女士在《奶奶的传家宝》一文中写道："奶奶带着两个姑姑割麦子，姑姑累了就闹情绪不想割了，奶奶心疼她们年龄小就让她们休息一会儿，自己继续往前割，当姑姑看到奶奶弯着腰背上已经湿透，她们又心疼妈妈，赶紧劝妈妈也休息一会；以后在田间劳作，姑姑知道妈妈干的活多、活重，都主动为妈妈擦汗，而不再是让妈妈为自己擦汗。"

叶珍长子朱文泉在《拐磨》一文中回忆："我有点不高兴了，不拐了。不得已，母亲只好一个人拐。看着母亲一个人拐太吃力，心里舍不得，便主动放下书本和作业，帮助母亲完成当天的任务。看着母亲的微笑，我知道这是满意的微笑，也是对我的奖赏。"

小时候就深种在心里的种子，只会随着岁月的沉淀而更加厚重。从小就知道疼惜父母的儿女们，一辈子不忘父母恩情，《家风》里有这样一段话：

久病床前无孝子，这话有一定道理，但也不尽然。1999年下半年，妈妈哮喘病复发我即将她接到南京治疗，一家人悉心照料，不敢有半点怠慢。文俊、文芳有召必到，照顾母亲的起居、洗漱、服药，洗衣洗澡，陪同拉呱聊天，推着轮椅晒晒太阳，可谓无微不至。文兵弟一家凡春节必到南京，带来很多爸妈喜欢吃的土特产，陪同二老高高兴兴过新年。后来爸爸住院，气管

107

切开，卧病在床，生活不能自理。两个妹妹和弟媳轮流到病房值班、昼夜护理，及时为爸挂营养液、配药、磨药、吸痰，还为爸爸梳头、洗脸、刷牙、洗脚、擦身、按摩、换尿布，防褥疮、防肺炎、防血栓、防尿路感染，不怕脏、不怕累、不嫌弃，三年如一日尽心尽孝。

根扎得越深，枝叶才能伸展得越茂。子女有了对母亲的爱，才有可能去爱他人、爱家庭、爱社会、爱国家。在二老的潜移默化、言传身教下，子孙后代夫妻相敬，姐弟相亲，遇事商量在先，遇难帮衬在前，互相理解、互相支持、互相鼓励。

朱文泉上将说："我沐党恩国恩，忝为上将军，事于亲，事于国，笔于文，须臾不敢懈惰，虽老骥仍志在尽孝。其他诸亲亦然：有全国优秀党务工作者、全国先进宣传工作者，有省市劳动模范，亦有其他多项先进获得者，在部队、地方企事业单位、党政机关等各行业都有建树，皆为国家繁荣富强、奔向小康添砖加瓦，这些都是孝道的延续。"

"父之所贵者，慈也；子之所贵者，孝也。"所以说，爱是最珍贵的品质，父母之爱对子女的道德品质培养影响深远，始于孝顺而终于无限……

（3）启示当下

当下，家长、学校、社会等会用很多方式来帮助孩子懂得感恩，比如，老师会利用母亲节布置学生回家为妈妈洗一次脚，学校举行演讲报告会等。这些感恩教育活动，在一定程度上确实触发了学生的感恩情怀，但从发展的角度来说，感恩教育是一项长期工程，应该伴随在孩子成长的全过程。本质上来说，要学会感恩，首先得先学会爱，而学会爱又不得不建立在被爱的基础上。只有在爱的滋养下成长起来的孩子，才会主动孝顺，而不是被动、应付甚至是作秀。凡·高说："爱之花开放的地方，生命便能欣欣向荣。"朱家的儿孙是幸福的，也是幸运的，因为他们就生活在、成长于这样的被爱的环境之中。

有些父母存在着这样的误区：亲情是与生俱来的，不管是父子之情、母子之情，还是兄弟姐妹之情，都是依赖于血缘关系而建立起来的。其实不然，亲情，也是需要母亲去培养和经营的。通常，孩子和家人的情感出现问题时，母亲会有以下四种不同的反应：

第一种，一味忽视型。这类母亲总是不去关注、了解孩子的内心情感，当孩子遇到挫折，产生一些消极情绪时，她们往往不是积极去为孩子提供必要的帮助，而是抱着无所谓的态度去淡化、忽视孩子的心绪，把关注点和解决方式放在外在的东西和物质供给上。

第二种，暴力相向型。这类母亲缺乏对孩子的耐心和同情心，自认为"棍棒底下出孝子"，觉得最佳教育手段是批评和惩罚。一旦孩子表现出消极情绪时，她们会采取痛打或谩骂的方式来压制孩子正常的"情感叛逆"。

第三种，盲目包容型。这类母亲爱心泛滥，不管孩子如何无理取闹，如何目无尊长，如何自私狂妄，她们一律听之任之，放任自流，甚至大加袒护。她们认为孩子还小，不能太"严肃"对待，这种态度，反而会令亲子关系慢慢疏远，并且扭曲孩子的品格。

第四种，理性指导型。这类母亲重视孩子的情感教育，并且注意观察孩子日常的情感细节，她们会从细微处体察孩子的情感动态，引导孩子正确处理和家人的关系。她们不会做孩子的"代步工具"，她们会交给孩子一支画笔、一张纸，让孩子自己去认识世界。

叶珍虽不识一个字，未念一天书，却是一位优秀的"理性指导型"长辈。在对待孩子的问题上，她从未采取粗暴、忽视、盲目的处理方式，同时还尽量说服丈夫多体谅理解孩子。朱文泉上将从小喜欢滚铁环，妈妈便主动为他争取：

母亲看到我扫兴的样子，劝我说，乖，别扎了，还是买一个吧！晚饭后，桌子上拾掇干净，煤油灯一闪一闪，听爸爸妈妈对话。

妈妈先开口："小大（我的乳名小大新）喜欢滚铁环，你给他买一个吧。"

爸："小孩谁不喜欢玩，滚铁环能滚出什么名堂？"爸把身子一转对着我说："好好读书！"说完便到东头房睡觉去了。

我望着妈妈无奈的样子，又感激，又气愤。便嘟囔着走向西头屋：我长大了不是买一个铁环，我要买一百个铁环！

后面几天，妈妈对爸爸没有好脸色，我也不愿跟他在一起，吃了晚饭我就进西屋。一日晚饭后，爸妈又开始对话，我便蹑手蹑脚走到门旁，伸长脖子侧耳细听。

爸若无其事地说：你好像不高兴？

妈："孩子不高兴，我怎么高兴，买个铁坏有什么了不起？"

爸：我不是怕影响他念书嘛！

妈：你不买他就念书啦？这两天他用柳条、铁丝做铁环都没做成，就是想有个真铁环滚滚，你买给他，他不就安心读书了嘛，你不买，他反而不好好念书。

爸：非要滚铁环吗，踢毽子、跳绳不也行嘛！

妈：踢毽、跳绳是可以，女孩子更喜欢，男孩子喜欢追逐、斗胜，滚铁环更适合他们！

爸：滚铁环能滚出什么本事？

妈：怎么不是本事，你推独轮车不是本事吗，开始你推盐左右摇晃不敢多推，推了几趟不就稳平了吗，滚铁环也是这个理！小孩多运动，长身体，运动以后读书灵，这不就是长本事嘛。

爸：这话倒不假，我怕他玩出瘾来。

妈：不会的，也不是常玩。小孩玩东西都是一阵一阵子，过一两年长大了，兴趣可能又变了呢。

爸：嗯。

我听得入迷，满脸都是泪水。

又过了三天，爸爸从街上带回一副铁环。

朱文泉上将在《滚铁环》的文末深情地说道："我感激妈妈的爱与信任，也感激爸爸听从妈妈的劝说。一位社会学家说得精辟：母亲可以没有文化，但要有智慧。我母亲就是这样一位有智慧的人。"

在亲子关系中，有两句话是万恶之言，一句是："我这样做是对的。"另一句是："我这样做都是为了你好。"每位母亲都应该成为"理性指导型"的长辈，让孩子说出自己的感受，不要代替孩子成长，试着让孩子用画笔了解、明白大人的世界和情感，并描述自己的感受，如此，亲子之间才会产生信任，才能绽开爱的花朵。作为母亲，应该多多自我反思，要明白亲情的流失和亲情教育息息相关。一个缺乏美好情感体验的孩子，将缺失对自我价值的认识，并逐步失去爱的能力。

总之，亲情的培养，离不开母亲创造的滋养土壤和母亲对待孩子情感问题的态度。

2.友亲睦邻

三年经济困难时期的苏北农村，家家户户食不果腹，每年三四月间青黄不接，多数人家缺粮断炊，叶珍看在眼里，急在心里。当时，尽管自家也很困难，但她还是一心想着帮助比自家更困难的邻居。她让自家的几个孩子到田里去挖野菜、采树叶充饥，把节省下来的粮食接济给他人。一次，他们偶然间发现了喂羊的豆秆草里还有一些黄豆，于是苦费周章打出了二十来斤黄豆。对于几个天天喝稀粥的孩子来说，这些黄豆粒子稀罕如"金豆"，珍贵无比。叶珍心疼孩子，但比起即将被饿死的乡邻，她还是选择耐心向孩子们解释："乖乖，有的人家已经几天没粮下锅了，光吃野菜怎么行？我们应该帮帮他们。你们虽然吃不饱，但比没得吃的要好多了，人要从小学会做好事，做善事……"最终这二十来斤黄豆被分成几份，送给了几家特困户。在那一斤萝卜三元钱，一月工资只能买一担菜的饥荒年代，能把黄豆送人，这是多大的爱心啊？

笔者把这个故事讲给家人听，家人听后纷纷感慨，这位老人太不简单啦，给别人藏起来还来不及呢！是啊，家人的反应太真实了，在那个缺吃少喝的岁月，家里好吃的最怕被别人分享了去，谁第一个想到的不是自己呢？对比之下，叶珍的仁义善举实在是不能不让人肃然起敬啊！

马斯洛需求层次理论把需求分成生理需求、安全需求、爱和归属感、尊重和自我实现五类。通俗理解：假如一个人同时缺乏食物、安全、爱和尊重，通常对食物的需求量是最强烈的，其他需要则显得不那么重要。此时人的意识几乎全被饥饿所占据，所有能量都被用来获取食物。在这种极端情况下，人生的全部意义就是吃，其他什么都不重要。只有当人从生理需要的控制下解放出来时，才可能实现更高层次的精神追求。

但是，叶珍的选择超越了马斯洛所说的层级进阶，在那个每一粒米、每一口粮都是用来救命的年代，她不是关起门来自家过，也不是嘴说好听行事难，而是宁愿挖野菜、采树叶，也要用省下来的粮食帮助别人渡过难关。食不果腹又怎样，饥肠辘辘又怎样，生根于骨子里的厚德良知让这个被饥饿胁迫着的家庭依然选择伸出双手，解他人之困，救燃眉之急。

叶珍常对子女们说："亲帮亲，邻帮邻，哪家没有遭难的时候呢？能帮一点是一点吧。"她的友亲睦邻的善举，真乃令天地动容！所以，说叶珍的善举是友亲睦邻好像显得太过轻描淡写，这种有着强大精神力量作为内在动力的崇高美德就是真正的舍小家顾大家的无私奉献。

　　像这样的无私奉献，叶珍做得太多太多了。在食物匮乏的20世纪60年代初，身在月子里的叶珍毫不吝啬地把自己的馓子分给邻居韦兰珍；"春荒"时节，把刚出锅的饼全部端给了因老婆生病，劳力减少而粮食不够吃的邻居薛银生家，而自家就咸菜喝稀粥；当外地亲戚前来借粮时，叶珍先是拿出玉米种子磨成玉米粉招待客人，等到亲戚走的时候又把剩下的半口袋玉米连同一口袋山芋干都给了揭不开锅的亲戚……这样的帮助数不胜数，她总是怀着一颗悲天悯人的心，尽自己所能在别人最需要的时候给予最大的帮助，而且从来不图回报。

　　3.一心为公

　　（1）一心为公

　　叶珍对邻里倾力帮助，对队里、对国家更是克以奉公，处处体现大局思想。叶珍的丈夫在生产队当队长，一心扑在队里的工作上，家中事少有管理。为了让丈夫一门心思抓工作，她几乎包揽了全部家务，即使是修房子这样的重活也由她完成。对此，叶珍从未抱怨，满心支持，处处带头以实际行动落实队里的要求，锄地要比别人宽，交肥要比别人优……

　　叶珍次子朱文兵回忆过往生活时说："'锅里有，碗里才有。'这是妈妈的至理名言，是教育我们的嘴边话，是影响我几十年的教诲。"叶珍是这么说的，也是这么做的。

　　20世纪六七十年代，农村是社会主义集体所有制，生产队是最小的行政单元。土地除了宅基地外，每人留有二分田作为自留地、菜园子，其余的土地一律归生产队集体耕种。收获的粮食先交足公粮，再留够集体，剩下的按人口和贡献分配给每家每户。叶珍是村里有名的积肥能手，积造的肥料在全队名列前茅，尤其是积造的猪脚肥不仅数量多而且质量好。向生产队交肥时，她总是把家里最优质的猪脚肥、厕所里的人粪肥全都交给生产队。

朱文兵见了不理解，悄悄跟妈妈说："为什么好的肥料全都交给生产队，留些放到自家地里不好吗？"叶珍思量片刻对儿子说："乖乖，你还小，有些道理你还不太懂。打个比方说，大河有水小河流，锅里有了碗里才会有。好肥交集体，队里丰收了，家家户户才能多分粮，年终决算才能分到钱。如果家家好肥自家用，劣质肥料交集体，或者没有肥料交，大田产量上不去，不仅国家征购任务完不成，各家分得的口粮也就少，生活也就没保障，这个道理你长大了慢慢就会明白。"听了妈妈的一席话，朱文兵心中有所感悟：爸爸当队长，整天顾不了家，妈妈里里外外一肩担，吃了很多苦，受了很多累，还是全力支持爸爸，这正是先为了"集体的锅"。

（2）耳濡目染，不学以能

著名的瑞典教育家裴斯泰洛齐非常注重家庭生活在教育中发挥的作用，他认为家庭是开展教育最理想的场所，而父母作为家庭中的灵魂，他们的一言一行都在潜移默化地影响着孩子。从一次次乐善好施的善行，到一句句"人行好事，不问前程，哪家没有难的时候啊，我们省省就过去了""大河有水小河满""锅里有，碗里才会有"的善言，叶珍夫妇的无私奉献在子女的成长过长中起到了不可替代的价值导向作用，教育影响了子女的一生，凝聚成了弥足珍贵的精神财富。

朱家子孙在潜移默化的影响之中，不学以能，一言一行依循着这盏明灯继续前行，不忘初心。朱文兵写道：

妈妈"锅里有碗里才会有"的这句话，让我时刻鞭策自己，要爱国家、爱集体、爱岗位，爱身边的每一个人。我八九岁时以爸妈为榜样爱集体，上学途中见到牛粪，随手捧到生产队的大田里，做得久了，习惯成自然。在我三年级的时候，我的言行被作为好人好事向学校和大队做了汇报，那是学雷锋学"毛选"的时代，那年我被评为学校的"学雷锋积极分子"。在那全民学"毛选"和读毛主席的书、听毛主席的话、做毛主席好学生的氛围中，我熟背《为人民服务》《愚公移山》《纪念白求恩》等毛主席著作，以雷锋为榜样，关心集体，帮助他人，克己奉公，做好事不留名……后来被评为学习毛主席著作积极分子，多次到大队、公社和县里的会议上做事迹报告。

参军以后，我把妈妈"锅里有碗里才会有"的大局思想，应用到加强集体主义观念，全面加强部队建设，开展比、学、赶、帮、超的活动中去。不断增强集体荣誉感，把提高个人素质和部队全面建设联系起来，处处做表率，受到首长和同志们的一致好评。当兵第一年被评为优秀共青团员，两年后光荣地加入了中国共产党。当班长以后，所在班多次被评为先进集体，1982年荣立集体三等功。

福思说："社会结构中真正的三角是由共同情操所结合的儿女和他们的父母。"在家庭的三角结构中，父母永远位于三角形底边的两端，是整个家庭关系的基础，撑起子女的"现在"和"将来"。父母要想在行为上正向影响孩子，就要先树立正确的观念，形成良好的道德品质。因为榜样的力量是无穷的，不管是在生活中，还是在学习中，父母都应该给孩子树立一个好的学习榜样。这样，孩子就可以在榜样的身上看到自己未来的样子，就可以学到对人生有价值的东西，就可以在竞争的世界里充实自己、锻炼自己，从而不断获得进步。

（3）启示当下

在我国，家庭德育方法大多是以"说教"的方式进行的，父母会在生活中直接告诫孩子什么应该做，什么不能做。但是对于孩子而言并没有学会自己判断对错。那么在这样的德育方法下，孩子会暂时性地遵守道德，父母会错误地以为自己德育方法是正确的，但实际上这种德育方法是片面的，没有深度的，也不能达到真正的德育效果。就如武志红所说："世界上最无效的努力，就是对孩子掏心掏肺地讲道理，你讲的道理越多，孩子越反感，更不愿意和你沟通。"

现代社会，不管是家庭还是学校，从不缺少助人、奉献的思想教育。但缺少"身教"，只是单纯口头上给孩子进行思想灌输终究难以以理服人。相较于叶珍的想人所难，身体力行，现代父母更多的是苦口婆心跟孩子讲各种大道理，但自己却没有做到位，甚至很多时候采取双重标准，只要求孩子，自己却不做好表率。最后，教育的结果是只将奉献精神停留在口头和思想意识上，难以逾越观念与行动之间的鸿沟。

孩子的成长过程主要靠模仿，尤其是对家长的模仿。因此当孩子出现说脏话的现象时，往往最先是从父母口中听到；孩子在课堂上一些不好的行为，其实也大都是跟父母有样学样的结果。因此即便父母说得再天花乱坠，但如果在孩子面前是一个坏榜样的话，照样无法教育好孩子。身教大于言传，一位优秀的家庭教育者一定是一位优秀品质的践行者，也只有这样，才能对孩子的道德品质培养产生深远的影响。

无私奉献，用毛主席的话说，就是"毫不利己，专门利人"。由此，我们也可以看到，无私奉献的精神从来都是做出来而不是说出来的。回顾当年的革命斗争，多少革命志士，基于自己的坚定信仰，为革命事业奉献了自己的一切。无论是二万五千里长征中爬雪山、过草地的英雄壮举，还是在抗日斗争中与侵略者奋力拼杀的时刻，都彰显了英雄们无私无畏的品格。正是由于他们的无私奉献，中国革命才从胜利走向胜利，最后赢得了中华民族的独立与解放。时代向前，岁月向好，吾辈青年更要做奉献精神的践行者，奋勇向上。

二、勤俭：幸福生活的基石

叶珍为子孙后代留下了丰富的精神财富和崇高的人格风范，其中，勤俭品德也十分可贵。叶珍站在为家为公的立场践行勤俭，表现出勤俭持家、精打细算、责任担当的三重境界，展示了鲜明的传统美德和奉献精神。这种品德不仅引导着后代儿女勤俭生活和有度持家，而且指引着他们不倦求索、努力工作、艰苦创业，彰显了勤俭的社会价值，为严谨做人、担责尽职树立了崇高的榜样。

1.勤克万难，以俭守家

在中华民族5000多年文明史中，"勤俭节约"有着极其重要的地位。无数历史经验教训启迪我们，勤俭节约是海晏河清之基，奢靡享乐是灾祸危亡之根。勤俭节约精神与个人修养、家庭和睦、社稷兴衰紧密相连。

叶珍对勤俭有独特、深刻的理解。她把吃苦耐劳、永不言累视为"勤"的核心含义，站在大局、大势、长远、进取、奋斗的高度崇勤反惰。她赋予"勤"广泛的内涵，"眼怕手不怕"。在叶珍看来，勤与苦紧密相连，但是，勤不尽苦，困难是暂时的，总会过去，人啊，站得高，才能望得远。勤于奋斗的人必定历经千辛万苦。她把爱惜、节省、细水长流视为"俭"的核心含义，站在自律、责任的高度崇俭反奢。她赋予"俭"广泛的内涵，"富日子要当穷日子过，要省省在囤尖上，等吃到囤底再省就来不及了"。在叶珍看来，俭与朴紧密相连，但是，俭不尽朴，干有利于他人、有利于社会的事情则会毫不吝啬；朴必定从简，只有不慕荣华、不图享受才能充实快乐。

叶珍一生都是践行勤俭的典范。在朱家，她是家里干活最多、承受最多、付出最多的人。天未亮就起床，打扫庭院、归整家什、生火做饭，样样有条有理，纹丝不乱。拐磨、担水、劈柴、一日三餐、一力承担；养猪、积肥、种菜，四季轮回，一刻不停；自留地、公家田，收、割、刨、种，样样争先；就连盖房子、泥墙、摞草垛、起猪粪等重活、脏活、险活，她都从不畏惧、从不言难。就这样，从早忙到晚，从春忙到冬，从年少忙到耄耋。叶珍不是顶天立地的大丈夫，却胜似顶天立地的大丈夫。她用自己的辛劳撑起了一个温馨的家，让丈夫安心跑集体的事，让孩子毫无牵挂地在外学习，让每个家庭成员都能享受到温暖和舒适。

朱文俊在《写给妈妈的信》里回忆叶珍女士在家里所承担的事务：

在家里您是持家好手，在队里您是干活能人，拾棉花、捉豆蝉、掰玉米等等，您眼疾手快，无人能比，往往是两人都不如您快；薅地时比别人薅得宽、薅得快、薅得干净；抬肥、抬河泥时，您把筐系拉到自己跟前，每筐送到大田中央去。为了队里耕牛备冬草，您带我们跑十多里路到战斗村去割草，那儿草多、草好，但路远，要蹚几条河，您小脚、重负，多有不便，我劝您别去，您总是说："累一点没事，歇一会就好了。"队里负责过秤的陈兆海常说："您跑那么远，又背这么多，不要命啦！"您总是乐哈哈地说："没事。"

后来，生活条件好了，搬到小尖后，没有了责任田，也不需要割猪草、沤绿肥，但叶珍依旧操守着勤劳的美德。天天扫地、擦桌子地忙个不停，家里无论什么时候都是窗明几净、一尘不染，扫了屋里扫院子，擦了桌子擦玻璃，没有一刻闲着。为了贴补家用，也为了让几个孙子孙女经常有点小小的惊喜，六十多岁的叶珍还自己在家制糨糊，做出针脚密实的鞋垫在镇上出售。

叶珍在生活上十分节俭。最困难时期，她这近十年不添一件衣，一条单裤从春夏穿到秋冬。数九寒天，冷得不行，把压板了的旧棉胎缝在单裤里，棉胎直接贴身体。她经常教育孩子的就是穿不在华而在洁，和有钱人穿绫罗绸缎比，我们比不了，但我们穿得干净、整齐、服帖，走出去同样有精神。看人不单是看外表，主要看他肚里有没有货。有些富贵子弟穿金戴玉，但肚子里都是稻草糠又有什么用？有时候反而给人家当笑话谈。在叶珍的影响下，在20世纪五六十年代，"新三年，旧三年，缝缝补补又三年"成了俭朴的一条常例，成了居家过日子的传家宝。全家人无论大人小孩都不讲究穿什么，而在于有得穿就行。

叶珍的外孙林大会在《浪费遭天谴》中写道：

勤俭节约的思想在她的心里根深蒂固。家里烧草锅时候，舅奶每次在外面看见树枝、废纸都会顺手捡回来，一路走来就会捡上一小捆，回到家里堆放到锅灶后面。烧煤球的时候，舅奶总是把买回来的煤球整齐地堆放在屋檐下，还要盖上一块油布，防止淋雨受潮。烧的时候，舅奶一定要等到炭炉里的煤球烧到不得不换的时候，才会去换下一块。换煤球需要掌握好时机，换早了，炉子里的煤球未烧尽，浪费；换晚了，炭炉里的煤球火力不够，就点不燃下一块煤球，炉子会熄火；引煤炉生火就更麻烦，所以每次快到换煤球的时候，舅奶总是时不时地提起炉子上的水壶看一下。很早，舅奶就坚持垃圾分类，能回收、能卖钱的绝不"放过"。家里的瓶瓶罐罐在她眼里都是宝，大的瓶子用来装咸菜，小的瓶子用来装盐放油。

舅奶看不惯糟蹋粮食的行为，她老人家是"文明餐桌"的坚决执行者，经常教育我们："能省就省，我像你们这么大的时候连顿饱饭都吃不上。"搬到小尖的时候，在院子里弄个小花池，种一些时令的蔬菜，院子里的地面全部浇铸水泥后，她就用破旧的脸盆装上泥土，种上几棵大蒜或者小葱。洗菜水、淘米水用来冲厕所、浇菜。吃饭的时候，绝不允许我们吃饭掉"碗跟脚"（剩饭）。吃不完的饭菜用罩子盖好，留着下顿再吃。掉在桌上的饭粒或掉到地上的食物，她都要捡拾起来，吹一吹或者洗一洗就放在碗里。我有时看到就会说："舅奶，掉地上的东西全沾上灰了，不能吃啊。"舅奶说:"这粮食不全是在地上长的,从播种到结果,不都是跟泥巴在一起的,弄干净了有什么不能吃的啊。"

勤俭品德一直伴随叶珍的一生。全国解放后,她想着共产党的好,新社会来之不易,要格外珍惜,为自己取名为"叶珍"。其实,"叶珍"的名字何尝不是她一生崇尚勤俭的写照呢?

2.精打细算

叶珍一辈子埋头苦干,克勤克俭,不仅身体力行地勤俭,更把勤俭精细化、规划化。在生活经验的日积月累下,勤俭的美德中还充满了生活的智慧,就像叶珍经常说的:"宁将有时想无时,勿将无时想有时。""吃不穷、穿不穷,计划不周一世穷。""要省,省在囤尖上!"

家里用水,是从远处的池塘一桶一桶抬到水缸里,再用明矾净化,节约用水自不必说。早上锅膛的余火把瓦罐里的水煨热后,全家人用来洗手洗脸,尔后又把小瓦罐放到锅膛里,待早饭后碗筷收拾完,再把瓦罐掏出来,淘淘抹布,用来擦桌子。擦完后,瓦罐还放着,等里面水凉了,再浇到菜地里去。洗脸、抹桌、浇菜一水三用,一点都不浪费。

叶珍的孙女婿杨京浴写道:

奶奶的口头禅是"穿不穷、吃不穷,计划不周一世穷"。奶奶最善于"计划",一年能收多少粮食,全年要吃多少粮食,多的怎么安排,不足的怎么弥补,都计算得妥妥当当。例如,农忙季节要吃得扎实些,多点细粮;农闲时要吃得省一些,稀一些,多些粗粮,多采些酸溜之类的野菜搭配着吃;灾荒年呢,弄些黄豆磨成末,放些山芋干,或山芋取汁后剩下的渣子,再多放些野菜,取名"山芋渣子",早上起来熬一锅,一家人可以吃一天。孩子们不愿意吃,奶奶就把山芋干挑出来给孩子们吃,自己全吃野菜,并说:"乖乖,来年丰收了就有好吃的了,眼下不在乎吃什么,有得吃饿不死就行。"有时还会说"比上不足，比下有余，外村有好多人都出去要饭了，咱们算是好的呢"。她还提倡"富日子要当穷日子过，要省省在囤尖上，等吃到囤底再省就来不及了"。

用，怎么解决？奶奶的办法有三：养鸡养鸭，鸭蛋家里吃，鸡蛋吃一些、卖一些，一个鸡蛋三四分钱，一斤鸡蛋能卖三四角钱，用以解决平时的火柴、油盐酱醋之开销；精心种好自留地，水肥土种管样样到位，基本能保证年年丰收，解决相当部分的口粮。那么大田分得的粮食除了补充口粮，急用钱时也可变卖一点；超前预测行情，把猪养好，这是家庭收入的主要来源。

叶珍虽不懂市场经济学，但她能预测行情，打好时间差，哪年肥猪值钱养肥猪，哪年仔猪值钱养母猪。肥猪育肥出栏快，母猪一年能产两窝崽。养猪的同时搞积肥，青稞杂草、沟塘淤泥、菜根树叶、生活垃圾与猪粪、猪尿、雨水一起沤，垒堆发酵制成优质肥料，既可家用又可换工分，谋求效益最大化。每年积造的猪肥、绿肥能比人家多几倍，仅此项一年可挣六七十元，这在当年算是可观的收入。

全家仅有的几分自留地，在她的手里也变成了聚宝盆。瓜果蔬菜一年四季不用买，旺季吃时令菜，淡季吃干子，吃不了还送给邻居家。为了积攒零花钱，叶珍还把当季吃不完的蔬果晒成干，急需用钱时背到街上卖。

或许对于有些人来说，精打细算显得十分狼狈，而且显得很不大气，在生活方面让人觉得很辛苦。对于这种思想，我们更应该厘清精打细算和小气是不对等的。对于小气的人来说，不管对谁都不大气，往往把精力放在了计较上。而精打细算却是不同的，如果在该花的钱上花钱，在不该花或者该省钱的地方，适当地计算一下，就会为整个家庭节省很多成本，以至于让人收获更多成就感。

3.责任担当

叶珍时常教育子女"锅里有，碗里才有"，她不仅勤俭为家，更是无私为公，为队里和集体的公义尽心出力，展现了强烈的责任担当。

生产队集体的事她走在前干在前，处处做表率，用自己的行动去影响和带动别人。薅草时别人一趟薅四尺宽，她一趟薅五尺宽；抬粪时她把扁担往自己身边拉……每天还协助干部把好农活质量关。叶珍所践行的勤俭精神，已经超脱了国人传统的勤俭持家的人生志向，转变了一己之私的价值取向，走向了勤俭为公的宏大情怀。

叶珍对自己的勤俭与对他人的慷慨形成了鲜明的对照，就像张謇说的："应该用的，为人用的，一千一万都得不眨眼顺手就用；自用的，消耗的，连一个钱都得想想，都得节省。"面对揭不开锅的亲戚邻居，叶珍毫无保留地拿出自家的种子粮、刚出锅的馒头饼相接济；三年灾害，她主动将豆秸垛里收取的二十来斤救命豆分给左右邻居……

境界决定人生。叶珍把勤俭置于恰当的家庭和集体关系中，修身、齐家，担责，充分释放了勤俭内蕴的力量，也成了儿孙后代修身、齐家、理政的方向盘、压舱石。

4.崇勤尚俭，教化之功

一粥一饭，当思来之不易；半丝半缕，恒念物力维艰。勤劳节俭，在朱家代代相传，继续光大，照亮了全家人前进的航程。

在母亲的熏陶下，叶珍的儿女们知道困难不可畏，"眼怕手不怕"，只要伸出双手就可扭转乾坤，改变世界、创造奇迹。从小，他们没有被割麦子、刨山芋吓倒，长大后，他们更不会被困难打倒。"我们都赞成要用'手不怕'去教育'眼怕'，要用勇敢去战胜胆怯，只有这样，我们才是真正的劳动者，幸福的创造者。"

　　叶珍的孙子回忆和奶奶相处的二十五年，体悟最深的便是勤劳俭朴、用心持家。他说："奶奶常说新三年、旧三年，缝缝补补又三年，一件棉袄正常穿九年。在奶奶的影响下，我从小逐渐懂得'成由勤俭败由奢'的道理，也养成了节俭的好习惯。据爸爸讲，我小时候铅笔总是用到快握不住了，还舍不得丢掉。是啊，我那时想，铅笔头分为上截和下截，下截又分为上半小截和下半小截。如果每半小截都把它用足，一年可以省好多铅笔！用铅笔如此，用其他物件不也一样，这不就是奶奶要求的节俭嘛！所以我每次到最后半小截快用完了，还是舍不得扔，铅笔头虽小，但节俭的精神却意义重大。"

　　叶珍的孙子在耳濡目染中真切地感受到了居家之道唯有崇俭方可长久，所以他谨遵奶奶教诲，戒奢从俭，精打细算，高站位，严要求，生活上如此，工作上亦然。

　　我在旅团工作时，上面千条线，下面一根针。千头万绪、点多面广，比管理一个家庭复杂得多、严密得多，但我始终将奶奶的话记在心里、践行脚下，既抓住大的方面，又管好小的方面，努力像奶奶那样当好"管家"。不论在哪个工作岗位，我都坚持勤俭节约，精打细算，努力当好一个单位的"当家人"，当好"金算盘""红管家"。作为一名军人，我要带兵打仗；作为一名领导，我要精于管理。那些年，我秉持一个原则，财力物力向打仗聚焦，让每一分钱都化成战斗力。只要与打仗有关的事，我大胆投入，与打仗无关的事，一分也不花，大力压缩行政性、日常性开支，真正把经费管出效益，管出战斗力来。

　　台湾幼教专家江慧说过："家长的心态决定孩子的状态。"老师教给孩子更多的是知识，而父母教给孩子的，是看待世界的角度，是为人处世的方法。叶珍对子孙后代强调勤俭，意在通过勤劳来开源并创造劳动成果，通过节俭减少物质的消耗从而保存家庭实力。更为重要的是，希望子孙后代认同勤奋能创造价值的正确劳动观，从而践行"生命不息，奋斗不止"的道德意志，通过每个成员的努力，使家庭生生不息，繁荣昌盛。

5.启示当下

勤俭是孩子成才的必修课，但在现实生活中，部分家长却不以为然。他们觉得生活水平提高了，吃喝玩乐属于个人私事，与社会发展无关，他们铺张浪费，虚荣心高涨，享乐主义思潮膨胀。甚至有人认为时代进步发展了，艰苦奋斗、勤俭节约已经过时了。这些看法看似新潮，实质上是将是非、善恶、美丑的界限颠倒模糊了。如果父母所持的都是这样扭曲的价值观，又怎么让孩子树立正确的勤俭观呢？

很多家长在勤劳价值观的培养上是存在误区的，比如有的家长口语间存在对普通劳动者的歧视。部分家长经常教训孩子说："你现在不好好学习，长大了没出息，就让你去扫马路、当工人！"这无疑在孩子的潜意识里播下了"体力劳动不光彩"的种子。有的家长怕孩子干不好带来麻烦，就取而代之，剥夺了孩子劳动的机会。有的家长怕劳动影响孩子学习，选择取而代之。家长最经典的一句话就是："只要你好好学习，其他什么都不用你管！"这些家长把劳动当成负担，怕影响孩子的学习，什么活都不让孩子干，结果孩子什么都不会干。有的家长认为没必要。一些家长认为，现在生活富裕，自动化程度越来越高，没必要让孩子劳动。其实，高科技前提下的劳动不仅动手，还要动脑，不经过一定磨炼，光有知识没有技能也很难胜任。还有一些家长怕孩子吃苦受累，放弃了劳动教育，甚至连学校布置的家务劳动作业，也帮孩子弄虚作假，甚至还跑到学校去替孩子值日。

同样，对于孩子的节俭教育也有很多的错误认知：一是节俭意识淡薄。部分家长认为家里不缺钱，孩子要啥给啥，不谈节俭。二是补偿心理。家长自己小时贫穷，现在富裕了，生怕孩子受屈，一味满足。三是攀比心理。虚荣心作怪,盲目攀比摆阔。四是理财教育缺失。不少家长没有理财教育的意识,因而孩子花钱无计划无节制。当孩子花钱大手大脚成了习惯,就如同洪水猛兽,想堵就困难了,没钱时有可能铤而走险,走上犯罪道路。

20世纪90年代,有标语:"再穷不能穷教育,再富不能富孩子。"但是流传至今却变成了"再穷不能穷孩子",因而当前社会上出现了一个新的群体,叫穷人家的"富二代"。指的是许多穷人家的孩子却沾上了富二代的毛病,其最主要的原因就是家长的虚荣心作怪,怕孩子因穷被同学看不起。宁愿全家人吃苦受累、省吃俭用,也要超水平供养孩子,结果孩子不仅学习没上去,而且缺乏勤俭精神,四体不勤,只知索取,不懂感恩。

勤俭教育被错误对待而导致的教育缺失将对孩子的素养养成产生严重的危害:

一是缺乏勤俭的意识。许多孩子认为,自己唯一的任务就是学习,家务劳动是大人的事,大人伺候自己、供养自己都是应该的,因而心安理得地享受生活,甚至"油瓶倒了都不扶",不愿动手,不会动手,随意消费的现象非常普遍。

二是缺乏实际动手能力和生活自理能力。湖南省华容县的魏永康,4岁上小学,8岁上重点中学,13岁考上重点大学,17岁时又以优异成绩考入中国科学院高能物理所,硕、博连读。当时全家为之自豪,全县轰动,名震全省,举国瞩目。但是20岁时因生活不能自理,无法正常完成学业,被中国科学院劝退。

魏永康的母亲一心想把儿子培养成科学家,她经常教育儿子:"万般皆下品,唯有读书高""只要学好数理化,走遍天下都不怕""你不需要学做家务,你以后成了科学家,所有的家务都由保姆做!"因此,魏永康从出生到大学毕业,一切生活起居全由母亲包揽。上大学了,魏永康连系鞋带、扣扣子、挤牙膏都不会。读研究生时，学校不允许陪读。离开母亲，他生活不能自理，不能按时上课、按时交作业，考试挂科，最后被劝退回家，神童成了落魄之人！

《工人日报》2009年有报告显示，中国大学毕业生中有多达16.51万"啃老族"，近年来有增无减，他们大多是因为找不到工作而"啃老"。为什么找不到工作？排除社会因素，其中一个重要的原因就是不愿出力还想拿高工资，大钱赚不来，小钱不屑赚。

当前，青少年勤俭观念淡薄、动手能力差已成为不争的事实。不少家长希望自己的孩子成为"白领"，但是缺少基本的勤俭能力，结果"白领"当不成，"蓝领"也无能。

三是出现人格方面的问题。例如，懒惰自私、怕苦怕累、贪图享乐。现实中，许多孩子学习不好，甚至厌学，懒惰是一个主要原因。试想，一个孩子一直生活在饭来张口、衣来伸手的环境中，等形成懒惰的习惯了，到上学学习时，需要自己动手、动脑，自然难以适应，进而导致厌学；挥霍浪费现象比比皆是。曾有报道，有个初一学生将一个20多元的饭盒扔进垃圾箱，原因是长时间没洗，长绿毛了。一次夏令营活动时，一个初二男孩把价值2000多元的手机丢了，大家都为之惋惜，帮助他四处寻找时，他却说："没事，大家别找了，我正想换个新的呢！"学生食堂的浪费现象更是让人心疼，大块馒头、半碗米饭、鸡蛋、肉都倒掉，学生们却不以为然，有的孩子甚至以此摆阔。还有的学生衣服穿脏了不愿意洗就扔掉。有同学认为，东西是我花钱买的，我爱怎么处理是我自己的事。此话差矣！东西是你买的，你有支配权，但资源属于社会，你没有浪费的权利。今天我们强调节俭，是因为发生在我们身边的浪费正在撼动我们赖以生存的根基。地质学家经过几十年的勘测证实，我国已成为"资源弱国"。单就水资源来说，我国是世界上最缺水的国家之一，人均水资源不到世界平均数的1/4，很多城市供水不足，我们不该节约用水吗？

缺乏勤俭教育使不少孩子形成自我中心，缺乏责任感。许多孩子对家里的人和事不管不问，"油瓶倒了都不扶"。有家长反映：下大雨，孩子都不知道将晒在外面的被褥收回、窗户关上；经不起挫折。不懂勤俭的孩子往往难以承受挫折和磨难，一遇挫折就采取极端行为，偷盗、抢劫、离家出走，甚至自杀、杀人；违法犯罪。近年来，"富二代"犯罪问题引起社会的极大关注。温州曾有一个千万富翁家16岁的千金小姐，外号"小飞鸽"，因犯抢劫罪被抓。原因是她衣食无忧，无所事事，生活无聊，所以用抢劫寻求刺激，当上了她认为很"酷"的"大姐大"。

俗话说"饱暖思淫欲"。"富二代"犯罪的一个重要原因就是他们没有勤俭的习惯，过着衣食无忧、不劳而获的寄生生活，品尝不到人生的艰辛，因而生活奢靡，精神空虚，情感扭曲，导致犯罪。

富裕并没有错，但是因富裕而产生的不良品质却是罪恶的。所以，我们千万不能让孩子在未学会赚钱之前就变成挥金如土、只懂享乐的寄生虫。

怎样培养孩子勤俭的好习惯呢？家长更应该以身作则，教育孩子，端正理念，养成习惯，培养能力。家长要用身边的事实说明勤俭对于社会、对于国家、对于家庭和个人的意义，教育孩子树立"以辛勤劳动为荣，以好逸恶劳为耻""以艰苦奋斗为荣，以骄奢淫逸为耻"的荣辱观。让孩子养成勤俭的好习惯，进而内化为勤俭的好品质。劳动、节俭的程序、操作要领、技巧都需要让孩子逐步掌握，逐渐形成能力。家校要形成合力，教育孩子逐渐养成：自己的事情自己做，家里的事情主动做，集体的事情积极做，不会的事情学着做，热爱劳动，积极进取。

通过劳动教育，孩子就会体会到劳动的艰辛，懂得吃、穿、用来之不易，会更加珍惜物品，然后从节约一滴水、一度电、一张纸抓起，再进行节俭教育就会顺理成章。同时，再对孩子进行一些理财方面的教育。比如正确认识钱的来源，不义之财不可取；如何货比三家，买到物美价廉的商品；计划用钱，学会积累，以备急需；量入为出，合理消费；等等。

人们都渴望得到幸福，但是，幸福从不会从天而降，只能靠勤劳去创造、靠节俭去维持。一个家庭，不论富裕还是贫穷，父母都要义无反顾地承担起培养孩子勤俭习惯的责任。

三、正直：勇往直前的捷径

孔子说："人之生也直，罔之生也幸而免。"意思是说：人凭着正直生存在世上，不正直的人也能生存，那是靠侥幸避免了祸害啊！孔子的这句话告诉我们，做人最基本的品质就是正直。一个人一旦具备了正直的品德，就会更加严格要求自己，不谋私利，不刻意隐瞒自己的观点，当然更不会偷奸耍滑，从而故意阿谀奉承他人。正直的人在处理事情的时候，敢于伸张正义，主持公道，不惧怕来自别人的打击报复，因为他们是在堂堂正正地做人。孔子向来认为，人生在世最重要的就是光明磊落和正直端庄，这样才不会虚度年华。相反，那种扭曲人性、委屈做人的人，简直就是生不如死。与枉曲人性之人相比，正直的人行事正直给人正义的形象，灾祸一般都很难上身。不正直之人私欲杂念较重，满嘴谎言，非常容易招来他人的反感和打击，他们之所以暂时没有受到这些灾祸，很多时候也仅仅是因为侥幸而已。

叶珍虽没有读过孔子说的这句话，却有着和孔子一样的共识，并且深谙正直的道德修养对一个人立身处世是多么的重要。她一生为人正直，而且打小就教育孩子"瓜干可以有坑，品行不能有坑"。

1.严于律己

朱文泉在《家风》一文中记录了父母公而忘私、廉洁自律的三件事：

干部党员上门做工作，保证壮劳力不外流。同时挖掘生产潜力，搞好生产备耕，留足种子，由党员、诚信可靠之家代储，确保万无一失。爸妈以身作则，在自家也很困难的情况下，拿出救命口粮接济他人。一日，三个妹妹饿急了想偷吃家里代储的两大囤种子粮，刚爬上囤头，妈妈发现了严厉批评说"公家粮食一粒不能动"。她看看孩子又不忍心，便转换口气说："乖乖，妈知道你们饿，你们就到水缸多喝几口水吧。"当种子粮上交过秤时，我家的种粮一斤不少，该有的自然损耗也不要，受到全队人的好评。由于上下勠力同心，攻坚克难，终于战胜了长达三年的经济困难，基层干部成了民众生产生活的稳定器、定盘星。

爸爸在基层干了三十年之久，为官清廉，有口皆碑。有一次，有人悄悄送一袋粮食到家里，爸爸问清情况后劝诫道："生产队粮食不能动，我们有过这方面的教训，否则社员就不信任我们。你把粮食放回原处，下不为例。明天我还要去检查。"事虽小，但身正影不斜意义重大。

有一年，三妹文兰生病，请来医生诊治。医生带来一条口袋，索要生产队公粮。爸爸说公家粮食，我无权动用，我把家里粮食匀一点给你，不要嫌少。结果医生不满意，敷衍几日，三妹病情加重才开始挂水，先挂完半瓶，剩下半瓶放在窗户台上，第二天再挂时，三妹嘴吐白沫，顷刻而逝。这件事，使爸爸痛心疾首，但于公，他问心无愧。

正直就是要不畏强势，不掺私情，敢作敢为，坚持正道。叶珍夫妇坚守严于律己的信念，排除万难，坚持做不损害集体利益的事，在需要的时候义无反顾，公而忘私。"乖乖，妈知道你们饿，你们就到水缸多喝几口水吧。"让人潸然泪下的话语里包含了多少对孩子的愧疚、不舍，亲情难以割舍，但原则决不可抛,立场决不更改,雷池坚决不越。因为,困难终究能够度过,雷池一越便再难回头。

2.遵规守矩

《家庭教育》一书中写道:有规矩的自由叫作活泼;没有规矩的自由叫作放肆;不放肆叫作规矩,不活泼叫作呆板。世间万物,皆有规矩,规矩,是一种准则,更是一种分寸。正所谓国有国法,家有家规,无论是国家还是个人都离不开规矩。人若没有规矩,容易走入困境;家若没有规矩,容易支离破碎;国若没有规矩,容易走向败亡。规矩,是每个人一生的必修课,一个人想要成功,需遵守规矩,一个家庭想要兴旺发达,更需有规有矩。《叶珍家教思想研究》一书中虽未正面描写叶珍夫妇遵守家庭规矩的典型事例,却通过对孙儿的教诲,侧面塑造了夫妻二人一辈子常怀敬畏之心、长携和谐之情的言行举止。这些规矩字字是精华,句句藏智慧,历久而弥新,最后变成了值得后代子孙永远珍藏的无价之宝。

叶珍的孙子林大会感言奶奶的教诲:

我们一大家子虽然没有写在纸上的家风家训,却有严格的家庭规矩。虽没有孟母三迁其居、择邻而住的良苦用心,也没有岳母刺字的伟大,让后人津津乐道,但与舅奶生活的十几年里,我最深刻的体会就是行为举止必须有规矩!"小孩子从小看大,吃要有吃相、走要有走相、站要有站相、坐要有坐相。"舅奶经常用这些话来教育我们。

吃,要有吃相。我们家的饭桌是一张木质的四方桌,舅爹舅奶的座位在北边,面南而坐,我的座位在南边,面向舅爹舅奶,每个人的座位都是固定的,十几年来一直如此,所以我在饭桌上的一举一动都在舅爹舅奶眼里。有一天,突然发现院子里的水缸多了几只稀有的动物,舅奶说:"这是'魔鱼'(鳗鱼),你大舅专门托人从福建带回来的。"看着这修长的魔鱼在水里穿来穿去，我心想，这鱼能吃吗？魔鱼真的有魔力？我就一直盼着哪天能尝一尝。没过几天，水缸里的"魔鱼"真的变成桌子上的美味了。我直接上桌开吃，筷子在盘子里挥舞起来，旁若无人地尽情地享受魔鱼的美味，三下五除二，搞定了。饭后，舅奶找到我，说："大会啊，魔鱼好吃不？""好吃啊！"我意犹未尽地答道。"好吃的东西，不能自己一个人独吞，要想着他人。"舅奶不急不慢地说道。"还有，我看你平时吃饭还不丑，这回怎么吃饭的规矩全忘掉了啊？一点'吃相'都没得了。"舅奶接着说道。当时，我感觉自己脸上跟针刺一样，火辣辣的，无地自容。现在想想，遵守吃饭的规矩贵在平时，难在坚持，特别是当你不经意、随意的时候，就能暴露出吃饭的功夫有没有练到家。走入社会后，吃个饭远不止舅奶说的吃有吃相，还有很多"规矩"，哪些饭能吃、哪些饭不能吃，怎么个吃法，稍不留神就会"犯规"，绝不能吃饱了肚子，丢失了品德操守。

走，要有走相。上小学那会，我走路很随意，走起路来，一摇三晃，好像整条马路都是自己家的路一样。舅奶有时看到了，总会提醒我："小孩走路不能低头哈腰的，要抬头挺胸，目视前方。"我根本就没放在心上，心想，走路，谁不会啊，同学都是这么走的。只要遇到水坑总是要去踩两脚，就喜欢走不好走的路，依旧我行我素。有一次放学的路上，我跟同学玩起了赛跑，为了能赢，专挑不好走的近道走，一不留神摔倒，趴在水坑里了，泥巴沾满裤腿，胳膊摔破了，脸也破相了。回到家后，舅奶看到我一副落难的样子，惊讶地问道："大会，怎么的啊？""走路不小心跌倒的。"我哪敢说实情啊。舅奶会意一笑，说道："你看看，不听老人言，吃亏在眼前吧！"我无以应答。现在想想，走路，就如同人生一样，路有千万条，条条通罗马，但每一步都要走稳，才能到达目的地！

站，要有站相。小孩子站的时候，一般就是怎么舒服怎么来。小时候，家里客人走了以后，舅奶总要"点评"一下我的表现，尤其是站的样子：腰没挺直、腿没并拢、手没放好等等。那时还小，每次听完后，也没什么大的改观，不太明白其中深层之意。有一次冬天的午饭后，刚下完雪，我们一家人站门口晒太阳，我倚靠在墙上，身体"一弯三折"，一副懒洋洋的样子，还不时地和边上二姐挤地方。站在一旁的舅奶发话了："小孩，站没得站相，跟蛇一样！"当时，我愣了一下，站还得有站相？腿能把身体支起来，不就是站嘛！我就稍微收敛了一点。"小树不把它掰直了，大了以后，就难掰直了。"舅奶接着说道。从那次起，我就有意识地注意自己站的姿势。到部队以后进行军姿训练时，不少同志要么腿并不拢，要么腰挺不起来，我却没有这些问题。这得益于舅奶对我的塑造，趁我没有完全定型的时候，把我掰直了！人之初、官之初一定要把一些小毛病、小习气改掉，时间久了，习惯了、成形了，再去改变就难了。

坐，要有坐相。家里有条小板凳，板凳面和板凳腿的接合部有点松动，往上一坐稍微一动就会咯吱咯吱地响。每次我朝上一坐，总是不安分，一抖腿，板凳就开始响，越响我的腿就抖得越厉害，感觉很爽。有一次，我又像往常一样，屁股往上一搭，在板凳上开始"荡秋千"。不知什么时候，舅奶走到我跟前，说："大会啊，坐正了，别抖腿，把板凳弄得咯吱咯吱响，难听！""这板凳本来就会响。"我故意岔开话题。"你坐正了，腿别抖，看这板凳还响不响。"舅奶说道。我故作镇静了一会，为了能让板凳再响一下，证明确实是板凳的问题，小腿还在抖，但是板凳真的不响了。"是你自己没坐正，抖腿，还怪板凳响，那我们坐怎么不响的。"舅奶走之前，又嘱咐了我，坐正了，别晃啊。原来，我身体坐正了，坐实了，身体不晃，板凳是不响的。长大以后，渐渐明白，不论坐在哪里，高低宽窄也好，不论坐在什么上面，软硬好坏也罢，只要自己保持正直，就不会发出杂音。

自己正在经历的事情或经受不经意间的教育，往往经过时间的沉淀后，会变得越来越清晰，会觉得弥足珍贵。舅奶经常放在嘴边朴素的话语，表面上是对我们行为上的规范，实质上更多的是对内心道德品质的规范。把这些基本的行为规范刻在骨子里，再由内而外散发出个人有涵养的气息。"吃有吃相、走有走相、站有站相、坐有坐相。"由表及里，相定乾坤，老话有理！

一位心理学曾说："播下行为，收获习惯；播下习惯，收获性格；播下性格，收获命运。"朱家的子孙后代在耳濡目染的教诲中将良好的言行举止变成自然的行为习惯，也正是在这些良好的行为习惯的长期熏陶下，他们才能做到不偏不倚，合乎规矩，才会基于整体中正而散发儒雅风度。规矩在无形之中影响着我们每个人的命运，一个家庭想要拥有好的前途，必然离不开规矩。有规矩的家庭即使再穷也会发家，因为心存敬畏，敢于担当，没有规矩的家庭纵然再富也会败光，因为家风不正。好的家风，才是一个家庭最宝贵的财富！

3.不慕名利

克己方能奉公，奉公而后忘私。叶珍夫妇公而忘私、廉洁自律的背后是与利己惯性斗争的胜利，是和名利诱惑斗争的胜利。他们虽生于战乱年代，饱尝心酸苦楚，但面对美好生活，他们仍旧从容淡定，不慕名，不争利。

20世纪六七十年代，叶珍第一次被大队评为"先进生产者"，她在高兴的同时又有几分疑虑，因此问丈夫说："你们是怎么评的？我被评上先进是不是有所照顾？如果那样，我宁愿不要。"丈夫朱建成说："你放心吧！这是大家一致讨论决定的。我从来不会为你去争彩头，你应该是知道的。"以后被评为先进的次数多了，她仍勤勤恳恳、低调做人。

20世纪80年代中期，叶珍一家从老家搬到小尖镇上来，老人家的空闲时间多了，串门溜门变得经常起来。有时亲戚邻居来家里闲话长短，她就在一旁安静地听着，从不与人攀比，也不在背后指责他人。随着长子的职务越来越高，上门寻求帮助的亲戚朋友也越来越多，叶珍都是好言相慰，以表同情；有的亲戚比较"较真"，认为这么小的事情，一定能解决，非得让她应允帮忙。她也只是微微一笑，说："我非常理解你，但能不能办，我也不清楚，有机会的话，我问问文泉看看。"她从不说满话、假话、恶话，她相信，自己说过的话不是没人知道，"天知地知我知"，他人也会知，所以她一辈子谨言慎行，不慕虚名，更不让子女炫耀"吹"名。

农村未实行分田到户时，到了收获的时候，生产队就按照人头、工分把地分到每家每户，分到的田地里的收成就归自己所有。当时叶珍一家分得的田地收成总是不好，比如，收山芋时，别人家地里刨出来的山芋个大量多，而他们家刨出的山芋小的像小癞咕，而且量少。对于女儿的不解，她说："你爸是生产队长，如果把好地分给我们，人家肯定有意见。"当继续被问道："那也不能总是把差的地给我们自己啊。"她笑着说："闺女，我们靠多种地、多得工分，也不比人家差多少。"

在小尖街上卖鞋垫的时候，她的鞋垫总是比别人便宜。亲戚朋友说："朱二奶，您的鞋垫质量比别人好，一针一线都是手工做的，可以卖贵点啊！"对此，她总会微微一笑，说："挣点辛苦钱就行了，主要是找点事做做。"遇到衣衫褴褛的人或者家境不好的亲戚朋友过来买鞋垫，她还会直接送给他们，一分钱不要。吃亏能长远，讨巧待不长，这是她的"得失观"，一辈子从不占别人的便宜，也生怕占别人的便宜，得之坦然、失之泰然，只图个心安理得。

《增广贤文》有言："事业文章，随身消毁，而精神万古不灭；功名富贵，逐世转移，而气节千载如斯。"如果一个人被评价为是正直的，那将是对他最高的赞誉。没有任何颂词比这个更难得！叶珍夫妇可堪此赞誉！

4.诚实守信

诚实守信是中华民族的传统美德，也是推崇高尚道德品质的基本因素，是一个人对自己言行负责的伦理规范。孟子说："诚者，天之道也，思诚者，人之道也。"鲁迅先生曾言："诚信为人之本。"从古至今，人们都将诚信视作修身养性、立业交友的根本，只有以诚待人，以信立业，才能赢得他人的尊重和信赖。

叶珍夫妇一辈子重信守诺，坚守做人的道德底线，同时也不忘教育子女真诚做人，真诚待人，不弄虚作假；在工作中坚守职业道德，牢固树立诚实守信的价值观。

朱文泉上将回忆自己六七岁的时候和邻居花小哥砸饼坨，因此而把箩筐里的地瓜干掏出一个坑。某日晚饭后，妈妈把我叫到箩筐前问道："小大子，地瓜干怎么少这么多？"我不想说谎话欺骗她，也不敢说真话怕挨训，只好噘着嘴不吭声。稍许，妈妈换了个口气："乖，你在家看家，也很听话。地瓜干少了事不大，你给妈说实话就行。"我就从头到尾把事情经过全部告诉了妈妈。妈妈说："你是好孩子，其实你不说说妈也能猜到八九分，前几天妈就发现了，妈没说。花小哥没得吃，给他一点也没啥，但是要跟妈妈讲，事虽小，勿擅为。开头就讲是诚实，现在讲也是诚实，当然开头就告诉妈妈更好，诚实是人生的路单。"

叶珍夫妇还经常教育在银行上班的女婿："小郑啊，你是干银行工作的，整天和钱打交道，你可要把握住自己，不能掉到钱眼里去，切不可在钱的问题上犯错误。""我们家的人，向来是挺直腰杆做人，小心谨慎做事，从来不取不义之财。"

上好"诚信"这一课，叶珍不仅善于捕捉细节、循循善诱，更懂得世界上最好的诚信教育，就是不放过生活中的每一个小细节，让孩子看到父母是怎么做的。父母的行动对孩子来说是无声的语言，有形的榜样。父母要培养一个以诚待人的孩子，就要以身作则，做诚实的表率。

朱文俊小时候除了读书，还要挑菜拾草、带弟弟妹妹、忙家务。为了提高积极性，叶珍对女儿说："你好好挑猪菜，养好猪，等小猪出栏时，给你做件花棉袄。"以后的数月里，大女儿的心里一直憧憬着能有件新棉袄，小猪出栏卖钱时，心里记着妈妈的话，但又不敢说。没想到叶珍还记着这件事，对丈夫说："小猪卖了，给小二买块花布，做件新棉袄，是我以前允她的，跟孩子说过的话一定要兑现。"后来，女儿终于穿上了新棉袄，尽管颜色不太中意，幸福感还是满满的。

20世纪六七十年代，穿衣还是问题，叶珍无法保证每年给儿女做件新衣服，但她承诺每年给每人做一双新布鞋。为了兑现承诺，她常常几个月前就开始做准备，抽不出整时间去做针线活，就利用零散时间忙里偷闲带着做。有一年，农活太忙，眼看春节将至，她就利用年三十晚上守岁干了一个通宵。大年初一早上，每个人的床前都摆了一双崭新的布鞋。

一件棉袄、一双新鞋是母亲对儿女爱的表达，但母亲说到做到、言而有信在母子之间建立起了真诚与互相信任的桥梁，更是给孩子树立了真诚待人、诚实守信的榜样。

诚实守信是无形的力量，也是无形的财富，一个偷奸耍滑、背信弃义的人，为了眼前利益而损人利己，泯灭良知，表面上是得到了"实惠"，实际上却为了这点实惠毁了自己的声誉，得不偿失，一损俱损。

5.淳朴家风育子孙，浩然正气代代传

一棵小树的生长尚且需要用竹竿在两旁拉直，父母作为家庭的灵魂，对子女的主观感知和行为表现有着直接且深远的影响。一个拥有正直品格的长辈能通过以身作则在无形中为孩子树立道德模范，匡正不良癖好，端正成长方向，培养正向意识，继而形成端方品行。

叶珍的女婿说，从那以后，我牢记岳父母的教诲，严格自律，教育员工，不钻钱眼。所以，当"假鬼子"给我设计陷阱的时候，我第一时间想到长辈的告诫，想到银行的规章，分清"碗里碗外"这条红线，不越雷池一步。当然，陷阱、泥坑不是一次两次，也不是一个两个，我在银行工作长达二十五年之久，各种诱惑不少，但都嗤之以鼻，面对重金不动心，避开陷阱走正道。因此，多次立功受奖，各种奖状、荣誉、证书足足有一大提包，并获得过盐城市五一劳动奖章、国家工商总行优质文明服务标兵称号。

叶珍的孙子朱大治回想自己的成长经历，奶奶小时候的告诫没齿难忘："小孩子不能油嘴滑舌，带人要谦虚，做人要低调，交友要谨慎……"正是得益于这些教诲，让他始终以"小学生"的心态，低调做人，积极做事，学文化，学打仗，苦干实干，逐步走上并适应当时的旅团主官岗位。

叶珍丈夫能守住底线，不为利益所动的廉洁自律也成了飘在儿孙心中的一面红旗。

朱大治说：爷爷曾对我说过："大孙子，你长大要记住'人脸'最重要。孔圣人一日三省，为的就是一张脸，一个好名声。你将来不管做官不做官，都要重视名声、口碑。"爷爷的话对我很管用，我在部队工作时，无论在营、团、旅哪个岗位上，都谨言慎行，老老实实按规矩办事，把"三省吾身"当成习惯，化为自觉。现在我转到地方工作了，灯红酒绿诱惑多了，我要保持清醒头脑，时刻辨别方向，识别好坏，不为诱惑所动，日夜惕厉，不负祖辈、父辈的养育之恩，不负党的培育之恩，不负妻儿的所期所盼，保持内心世界的朗朗乾坤。

6.启示当下

父母如何帮助孩子发展正直的品格呢？

首先，在帮助孩子学习正直的时候，要接纳孩子，给他一个犯错误的机会和空间。当孩子犯了错误，要学会宽容。当他战胜了自己，要学会赞赏。当年幼小的朱文泉因为错摘瓜花担心挨打，叶珍却十分宽容，弯下腰说："乖别怕，妈不打你，你还小，不知好歹。"稍许，又指着花蒂说："这个不能摘，摘了就不结瓜。番瓜是好东西，灾荒年能救人的命。"叶珍的宽容，在一个孩子的心里种下一颗爱的种子，也擦亮了孩子的向上成长的心灵。

其次，就是给孩子做好榜样。托尔斯泰说："全部教育，或者说千分之九百九十九的教育都归结到榜样上，归结到父母自己生活的端正和完善上。"孩子的正直意识，是从他的人生经历中逐步看会学会的。父母以身作则去做一个正直的人，孩子也会成为家长的复印件，成为一个正直的人。现如今，人们开始注重传统价值观的宝贵，重拾传统美德。构建美德的基本要素非常简单，都是我们熟知的品格，如诚实、忍耐、谦卑、守时、坚定、善良、节制等。对于这些道理，我们早已耳熟能详，但问题在于我们是否能在行为中体现这些美德。

我们要在小事上就锻炼自己成为正直的人，首先，就是要有一颗诚实善良的心和率真的性格；其次，就要公正，坚持真理不动摇；再次，就是要勇于实践正直的品德。能保有正直，成为孩子称重中的一面旗帜，即使在财富地位上没有大收获，内心也是快乐和满足的。

四、进取：奋勇向前的动力

习近平总书记指出："中华文明具有突出的创新性，从根本上决定了中华民族守正不守旧、尊古不复古的进取精神。"中国传统文化认为，既然天地万物都在日新月异、新陈代谢，身处其中的人自然应当积极有为、不断进取。进取心是指一个人追求目标、积极主动、勇于挑战和不断进取的精神和意愿。拥有进取心的人通常具有积极的态度和高度的自我激励能力，他们不满足于现状，努力追求更好的成就和未来。

进取心是一个人积极向上、主动拥抱机遇、勇于挑战和不断进取的精神表现。在个人的成长和发展中，进取心是一种宝贵的品质，它能够带来积极的影响，让人们在面对生活的各种挑战和机遇时更具有活力和动力。

这种奋发进取的精神在叶珍夫妇的身上展现得淋漓尽致，并且成为激励子孙后代不懈奋斗的永动机。

1. 奋发向上

20世纪50年代末，朱二爹在社员的推举下当选了全队的队长。当队长的20多年里，他一心想的和做的就是"要改变落后面貌，改变社员生活，要把我们队带成先进集体，成为全村乃至公社的一面红旗"。为了吸取成功经验，少走弯路，他亲自到射阳新潮九队、江阴华西村等地学习取经。他还组织大家学习大寨人移山造田艰苦奋斗的精神。为了实现更好的丰收，他付出了20多年的辛劳，每天天不亮就起床，巡视每一块地。许多农活，他都亲力亲为，做出示范，严格要求。大家都知道朱队长做事认真，严格要求，奖勤惩罚，言必信，行必果，所以大小农活无人偷懒。由于他领导有方，生产内行，又严于律己，所以指挥得心应手，全队的生产形势向好，劳动氛围浓厚。粮食产量由原来的亩产三四百斤提高到七八百斤，社员每人每个工分值（分红时十分工的价值），由原来的三四毛钱提高到八九毛钱，最高达一元两角。全队的犯罪率几十年为零，夜不闭户、路不拾遗的淳朴民风深入人心。红旗一队的变化有目共睹，周边队来学习取经，公社组织参观学习，介绍增产经验、以秋补夏经验……红旗一队真正成了农村基层单位的一面红旗。

几十年间，叶珍夫妇所受表彰奖励最多，不仅有生产队的、大队的，还有公社及县政府的。20世纪70年代初，叶珍被评为响水县农业生产先进个人，获得了一只大花瓷盆，这只"只有朱二奶才配得上"的大奖品，不是因为它有多么贵重，而是因为它成了叶珍奋发向上、积极进取精神的象征。

叶珍对自己要求进步，凡事敢为人先，她争当乡劳动模范，她想入党……她对子孙后代更是孜孜教诲，循循善诱，希望子女和她一样走在前面。我认为，她的奋发向上的进取精神对子女产生的一个重大影响就是落实在了她对子女教育的重视上。叶珍的儿女们在饭都吃不饱的艰难条件下个个接受了学校教育，其中伟大的母爱是强大支撑，但不得不说，叶珍的目光长远，积极进取也是不可忽视的重要原因。她知道，自己一辈子吃了不识字的苦，儿女们不能再重蹈覆辙，被陷于此，而走得出去的路唯有一条，就是读书。当朱文泉上将第一次离开家乡上响中时，叶珍站在家门口，挥着手向他喊道："小大子，朝前面走，走到最前面去……"

2. 乐观积极

叶珍虽未上过学，没有文化，但她思想进步，乐观积极，善解人意，是位善于做劝慰工作的高手。许多邻里矛盾在她的劝慰下得到化解，不少家庭夫妻不和在她的劝解下重归于好，一些自暴自弃的青年在她的劝说下迷途知返，丈夫在她的宽慰下度过熬过批斗、走出丢钱的自责……她无数次善解人意的宽慰就是乐观积极的一面透视镜。

"文化大革命"开始后，有的人想借机发泄心中的不满，私下走动撮合了几个人，找了几十个"问题"，写了上百张大字报，挂满了生产队的队房，有的还用绳子扯到家门口。尽管都是些不实之词，有些是牢骚怪话，但那阵势还是让人有些震撼。尤其是叶珍的丈夫，白天东跑西奔忙队里的事，晚上回家还要面对这些大字报，心里很窝火。他不肯吃饭，也不说话，只是闷头抽烟。

一天晚上，叶珍搬条凳子坐到丈夫对面，指着门外的大字报，坦诚地说："我知道，你是因为这些大字报心里过不去。我也一肚子气，但静下来想想，不就是一些批评意见吗，你也是时常批评别人的人，允许你批评别人，就不允许别人批评你呀，挨几句批算什么？有就改，没有，左耳听右耳出，没必要较真。你要分清，这些只是那几个小青年所为，大多数贫下中农心里有数，上级心里也有数，只不过时机不对，不好出面说而已。只要你把生产抓好，粮食丰收，家家有余粮，年底分到钱，他们就没话可说。"叶珍的一席话终于解开了丈夫的心锁。以后的一段时间，尽管大字报掉了贴，贴了掉，时有增减，朱建成全然不顾，全身心地抓好工作，全队的农副业生产形势始终领先于周边社队。

20世纪80年代中期，朱二爹带着家里七拼八凑的120元钱去盐城采购零头布做鞋垫。谁料，这笔钱在汽车上被人全部偷走。为此，朱二爹自责万分，茶饭不思。叶珍得知丢了这么多的钱，也心疼。因为那年头，120元相当于现在10多万元呢。但她没有抱怨，没有责怪，而是用平和的语气劝慰说："人非圣贤，哪能事事料到。这事不能怪你，只能怪那没良心的小偷。现在再懊悔，钱也回不来。不就是百十块戏吗？钱是人苦的，别跟自己过不去。"叶珍的包容和劝慰，让丈夫的心情宽解了许多。

叶珍常对子女们说："有些事不是输给别人，而是输给自己。所以关键时刻要沉住气，冬天过去，春天就到。"在叶珍的身上，我们看到"积极乐观"不仅是一种生活的状态，更是一种生命的态度。一个积极乐观的人，才能于困难面前不断调整心态，微笑以对，才能不断奋发向上、努力进取。面对生活中的不如意，叶珍始终保持积极心态，于灾难中看到了希望。

3.后浪奔涌，薪火相传

孩子的心理状况和父母的养育方式息息相关，想要养出乐观进取的孩子，父母也要具有积极思维。最成功的养育，莫过于父母在孩子心里留下一颗种子，彼此相连，互相信任。它将是孩子积极的动力，也将是孩子自信和勇气的最大源泉。

"走到最前面"这一句话，一直印在朱文泉上将的心中，也足足影响了他的一生。朱文泉上将说:"在我五年的中学生涯里,在我当兵的几十年里,母亲的话语激励着我,鞭策着我,使我在前进的道路上,无论遇到多少困难和挫折,都始终充满信心和勇气,都始终朝着'最前面'的方向坚定地苦旅跋涉。几十年来,母亲的话成了我奋斗的目标,成了我前进的动力,也是不让我懈怠的一根鞭子!"

叶珍"走在前列"的思想,在子女身上得以实现,也成了全家最宝贵的精神财富,成为留给儿孙们永恒的家族遗产,成为世代培育孝子贤孙的家训!

叶珍的孙子朱大治说,"走在前列"的思想,也影响着他的军旅人生。当营长,他抓战备训练,处处以身作则,以临战状态、一流标准抓建设,见红旗就扛,见第一就争;当团长,他抓实兵演习,时刻钻战谋战,以招之即来、来之能战、战之必胜的标准练兵备战;当旅长,他以更加强烈的紧迫意识和使命意识,抓战备抓演习,尤其是首次率队代表中国军人出征俄罗斯,参加国际军事竞赛,力拔头筹、荣获奖章,为国争了光。

现在,我虽然转换岗位,但奶奶倡导的"走在前列"精神,仍然时刻激励着我,它如春风化雨,融入我的血液,滋养我的生命,它如我终生的心灵指南,是一道永远执行的无声命令!

叶珍老两口对孙子们最大的期待,也是对他们赶学比拼、不断奋斗的激励。孙子们领悟了奶奶"谁最大"的含义,在各自的人生目标前不断攀登,朱恒毅说:"几个哥哥告诉我,他们都有人生目标,大治是努力工作,快乐生活,培养子女,幸福美满;大鹏是顾大家、爱小家;大会是做一个对社会有用的人,经常梦想着自己哪一天有能力、有本事了,可以造福一方;我的人生目标是当工程师,做个有作为的公司经理,让公司不断发展壮大。这些目标,看似平常,并不惊天动地,但要实现它并不容易,因为它是人生的'珠峰'，必须进行长远谋划、锲而不舍长期奋斗。要从自己的实际出发，正确选择实现人生目标的途径，要控制好求学、求职、升迁进退、婚姻、家庭、子女教育等重要节点，跨越金钱、美色、逆境三大陷阱，拼意志，拼吃苦，拼耐力，往直前登上心目中的'珠峰'，实现人生的价值。"

4.启示当下

父母唯有不断进取，才能通过人格力量去获得孩子的钦佩和敬爱，继而帮助孩子获得面对未来挑战的信心和能力，同时也会更加乐观、积极地面对生活中的各种机遇和挑战。

培养孩子的进取精神，首先要培养积极向上的家庭生活态度。家庭作为影响孩子的最重要因素，家庭氛围塑造了孩子的性格和"三观"，往往决定孩子的人生走向。家庭是孩子的锻造场，积极向上的家庭生活态度，有利于培养孩子进取精神。孩子在家庭生活中得到熏陶，进取精神就会融进血液之中，成为左右一生的因素。

培养孩子的进取精神，家长要树立可供孩子学习的好榜样。教育家陶行知先生说过："父母之言行举动，子女多于不知不觉中被其激触，效而尤之。"可以说，父母就是子女的镜子，映照个人的言行举止。好的父母，可以成为孩子的学习榜样，引领他们健康成长；不好的父母，只能让孩子沾上不良的生活习气，形成不健康的生活态度。所以，父母要在孩子面前树立积极的榜样，要努力成为孩子效仿的对象。一方面，父母要建立良好的生活方式和乐观的生活态度，如多读书、常锻炼、少玩手机多参与子女的学习、成长，等等，树立作为父母应有的积极上进的榜样；另一方面，父母要成为孩子最忠实、最有力、最及时的支持，成为孩子成长的最坚强后盾，鼓励孩子敢于挑战困难，不断超越。

第六章　父母的行为对孩子的影响

——叶珍家庭教育思想研究之行动篇

众所周知，父母是孩子的榜样，其言行举止也是孩子模仿的对象，大多数孩子都会受到原生家庭的影响。因此父母对孩子的成长具有决定性的作用，父母好的行为示范带给孩子良好的心理健康和性格。

一、做孩子的榜样是最好的家庭教育

南朝宋范晔的《后汉书·第五伦传》："以身教者从，以言教者论。"《庄子·天道》中也有这样的表述："语之所贵者意也，意有所随。意之所随者，不可以言传也。"榜样的含义就是用自己的语言教育人，用自己的行动带动人，用自己的做法感动人，用自己的表现启发人。卢梭有句名言："你要记住，在敢于担当培养一个人的任务以前，自己就必须要造就成一个人，自己就必须是一个值得推崇的模范。"

《触龙说赵太后》中有言："父母之爱子，则为之计深远。"也有人说，最好的教育是陪伴。我认为，榜样教育是最好的家庭教育。一个人的教养深藏

在每个行为背后，而父母的榜样教育不能缺席。一个家庭的风气，是一种潜在无形的力量，塑造着人格、熏陶着性情。在家庭教育中，家长的榜样教育非常重要，家长的一言一行、一举一动都看在孩子的眼睛里、记在孩子的心里，并被孩子有意或无意地模仿着。很多家长在与孩子相处中不经意间暴露的缺点，也许会在某一日被放大到孩子身上。

大多数官宦之家，盛不过三代。但曾国藩及其四兄弟的家族，绵延至今190余年，子孙八代，名人辈出，比如数学家曾纪鸿、教育家曾宝荪、学者曾约农……有名望的子孙240余人，没有出过一个败家子。如此长盛兴旺之家，在古今中外皆属罕见。原因就是曾国藩教子有方。

有人说，教孩子是学校老师的责任，现在家长上班工作那么忙，哪有时间教？曾国藩经常忙得饭都吃不上，但他一刻也不忘对子女的教育。曾国藩对子女的要求是很严格的。他不准许子女睡懒觉，不准子女积钱买田，不准子女穿漂亮的衣服，不准子女欺负仆人、轻慢邻居。一定要敬老爱幼，不能仗势欺人。在家里男要扫地、种菜，女要做饭、织布。这样的要求，放到现在，其实很多子女都是做不到的，比如做家务、穿着朴素、不睡懒觉……为什么曾国藩的子女能做到？因为父亲曾国藩为他们树立了优秀的榜样。曾国藩堂堂三公，一品大员，日常饮食，家里这么多人，一顿只吃一个荤，除非有客人来才加菜。他穿戴更是简朴，一件青缎马褂一穿就是三十年。

这就是所谓的榜样的力量，既然提倡勤俭谦劳，反对奢侈懒惰，那自己就得先有个勤俭谦劳的样子。曾国藩一生谦虚诚敬，整肃端庄。他教育子弟待人宽厚，设身处地推己及人。只要掌握了这六字真言，一定可以把孩子培养成一个优秀、正直、对社会有贡献的人。在封建社会谋出路的捷径就是做官，当时官僚子弟都想凭借权势挤入官场，曾国藩却说：我不愿儿孙为将领，也不愿儿孙为大官，只希望成为饱读诗书、明白道理的君子。自曾国藩兄弟之后，曾家再没出领兵打仗的将领。他们绝大多数留学英、美等国的名牌大学，学贯中西，成就卓著，成为教育界、科技界、艺术界的名家，做出了许多贡献。曾国藩家族之所以能成为百年家族，与曾国藩榜样教育的教育思想是分不开的。

文俊说：

小时的记忆印象最深的就是"规矩"二字，一切生活都在"规矩"之中。比如，吃饭时大人未上桌，小孩不可先开席。夹菜只能夹自己面前的，不可以夹碗尖的，更不可翻江倒海，在盘中夹来夹去。落座时不许跷着二郎腿，更不可不停抖动，否则让你当场"好看"。家中来客人，见面要问候，离开要道别。出门衣帽要整理好，纽扣要扣齐，衣角底边要服帖。走路要抬头、挺胸，不可双手背后或手插裤兜、虾腰驼背更是不行。说话时要轻声慢语，言语得体，不可毛毛糙糙、急急慌慌，说假话、谎话那是绝对不允许的……规矩之多，开始让我们话都不知怎么说，走起路来很小心，特别是在爸妈面前。对于子女的种种要求，父母首先做到。这种规矩的养成，让孩子们学会了循规蹈矩，学会了三思而行。

榜样教育作为一种启蒙，对孩子的成长影响深远。榜样教育是一体两翼的关系，其根本目的是通过家长的言语表达、示范与榜样作用促进孩子的全面健康成长。只有语言与行动相互作用，才能真正发挥家长的模范和"重要他人"的价值。

榜样教育对孩子的影响是一个渐进的过程，孩子一开始也许只是机械地模仿某个行为，但通过孩子能够理解的言语告诉孩子"为什么这样""怎么办才能更好"等，持续地教诲和示范，很快就会影响到孩子的精神层面、心理层面以及价值观的形成，这些影响将最终成为他们人格特征的组成部分。只有当孩子真正地感到家长言行一致、严于律己时，才会产生对家长的敬佩与信服之心，言和行才能真正有效地结合，从而在潜移默化中培养孩子良好的品格与健全的人格，达到"蓬生麻中，不扶而直"的教育效果。

其实，教育孩子的过程，也是让孩子这面"镜子"映照家长，积极调整、不断自觉提升的过程，更是让父亲或母亲担起巨大责任的过程，"每瞬间，你看到孩子，也就看到了自己；你教育孩子，也就在教育自己并检验自己的人格"。托尔斯泰认为："教育孩子的实质在于教育自己，而自我教育则是父母影响孩子的最有力的方法。"在家庭中长辈的榜样教育对子女的思想具有潜移默化的示范作用。因此，作为家庭教育中施教者的长辈要以身作则、严于律己，为子女做出榜样。

受到网络与新媒体的影响，榜样教育也无形中打上了时代的烙印。一些家长认为，"好的教育机构＋好的老师＋好的培训"就一定能培养出优秀的孩子，这种简单的思维方式缺乏对教育职责的应有承担，容易导致孩子遭受意外伤害，产生心理疾病、焦虑、厌学、自杀等问题。殊不知，随着时代的发展，父母在家庭中的"榜样教育"作用显得越来越重要。

"榜样教育"作为一种家庭教育方式，越来越受到父母的关注。叶珍女士，一位平凡而伟大的母亲。从2016年始，朱文泉动员全家三代二十五人，用了六年多时间，写了九十九篇文章，讲述一百多个亲历故事，汇编成《叶珍家教思想研究》一书。当今父母都担心孩子输在起跑线上，叶珍便是至于出发线上的"起跑器"。朱文泉希望孩子们能读到她，读懂她，获得助跑的力量。《叶珍家教思想研究》一书，是培养良好家风的难得范本，是教育子女成才的生动教材，是走好人生道路的有益指南，是弘扬中华美德的明亮镜子。叶珍女士用"榜样教育"把两代儿女个个都培养成出类拔萃的人才，她引领了一个家族的兴盛。

《滚铁环》《摘瓜花》《拐磨》和《温馨的瓦罐水》，一事一篇章，一篇一意韵。文字简朴真切，情感真切明透。无论是诉说父母对儿女的爱，还是母亲对生活、世事的坚韧明理及质朴的长远和透彻的悟白，都写出了作为母亲的一个普通女性为人的尊严、传统和远识。朱文泉曾说："父母言须在意，不能左耳进，右耳出。父母是最早的人生导师，他们的叮咛有深情，有厚爱，有期盼，是我们成长的营养钵，前进的动力源。"希望每一位读者都能从本书中读到收获。

二、榜样的力量

家庭教育，就其本质而言，是指父母对其子女所实施的教育行为。家庭是孩子学习生活和认识社会的第一所学校，而且家长成了他们无法选择的第一任教师。基于孩子的一切学习都始于模仿的天性，所以在受教于父母时则必然将他们视为自己的榜样，时时学习，事事模拟。这充分说明，父母之榜样，不仅是一种客观存在，而且对教育子女来说，实有其不容忽视和轻视的重要作用。

我国著名教育家蔡元培先生曾说："家庭者，人生最初之学校也。一生之品性，所谓百变不离其宗者，大抵胚胎于家庭之中。习惯固能成性，朋友亦能染人，然较之家庭，则其感化之力，远有及者。"在我国有着悠久的重视道德家庭教育的传统，重视家庭教育以及家庭教育对个体思想品德形成的重要作用，《礼记》中讲："一家仁，一国兴仁；一家让，一国兴让。"（《礼记·大学》）更是把家庭道德教育提高到关乎国家兴衰存亡的高度。

对家庭教育来说，所谓"父母做榜样"，则是指他们在日常生活中有意识地自构其在孩子心目中的"人格形象"，以使之成为有助于子女健康成长的"参照坐标"，以及对其子女实施教育的有力根据。所以，父母作为"榜样"对其子女的影响，无论是对孩子本人的人生还是社会的未来发展，都显示出奠基开路的巨大作用。因而使之更具深远的意义，更具重要性。

　　《叶珍家教思想研究》一书卷一的卷首语说："相夫教子"是名典。相者，辅助也。何以辅助？贤妻有三：辅助丈夫，以智辅，以德劝，妻贤夫少祸；教育孩子学会做人，参与家务，引导读书，营造学习氛围，胜过数个优秀老师；孝敬老人，始终如一。叶珍女士用她的言行成为孩子们的榜样。

　　（一）家庭中榜样教育的实现途径

　　家庭中榜样教育的实现是通过在家庭中个体对其他家庭成员价值观念和态度的接受要通过自上而下的榜样示范来实现。家庭教育主要通过亲子之情的感化激励、家庭生活的渗透、熏陶以及家长的榜样教育起作用。

　　如《周易》就非常重视家长的身教作用。《家人》卦卦辞曰："九五，王假有家，勿恤，吉。""假"与"格"古字通用，有感格之意。意思是说君王用美德感格家人，然后保有其家，无须忧虑。九五阳刚中正居尊位为家人之主。表明作为一家之长自身行为要端正。

　　《颜氏家训》中说："父不慈则子不孝，兄不友则弟不恭，夫不义则妇不顺矣。"在这里"父""兄""夫"分别作为"子""弟""妇"的榜样对后者的行为规范、价值观念起到榜样示范的作用。

　　在《雷池》一文中提到：国民经济三年困难时期，爸爸是生产队长，爸妈是全队的爽直无私之人，所以我们家每年为生产队代储粮。公粮进家时，父母就给我和文兰、文芳交代："这是生产队的公粮，你们谁都不许动。"公家的粮食，父母视为"雷池"，绝不允许家人染指，损公以肥私。因此，春种上交公粮时，我们家的存粮一斤未少，受到全队人的一致赞扬。长女文俊在写这段文字时，骄傲之感自然流露，她为有这样的父母感到自豪。试问在这样的家庭氛围中，家中的孩子怎么能不公正无私呢？

　　（二）榜样教育中的母教作用

　　《说苑·杂言》中说："一室之中必有主道焉，父母之谓也。"《说文》中释"父"时说："父，矩也，家长率教者，从又举杖。"《白虎通·论六纪之义》

中释"父子"时说:"父子者,何谓也? 父者,矩也,以法度教子也。子者,孳也,孳孳无已也。"也就是说,教化子女的是父亲。但古代对子女进行训诫教育不仅仅是父亲的职责,母亲在其中也扮演着重要的角色。

"三年困难"时期,叶珍女士守着代储的两大囤种子粮,对饿极了的孩儿说:"公家的粮食一粒不能动。""乖乖,妈知道你们饿,你们就到水缸多喝几口水吧!"慈母的正气,形成了伟大的气场,子女们能不心领神会,如鲲鹏展翅,"抟扶摇而上者九万里"! 在叶珍女士两代儿女中,谁会否认这样一位平凡的母亲在他们的人生中所起到的巨大作用呢?

刘向的《列女传》是我国最早的妇女人物传记,分为《母仪》《贤明》《仁智》《贞顺》《节义》《辨通》《孽嬖》等七门,亦即七篇,七大类,共记载了一百零五名各类妇女的事迹。随着历史的发展,后来又有人在《古列女传》的基础上增写了历代知名妇女的人物传记,名为《续列女传》《列女传增广》《广列女传》等。其中《母仪》篇是《列女传》一类的人物传记中的重要篇目。《母仪》即母亲的榜样。"母亲"一词是针对子女而言,是指有子女的妇女。《母仪》篇实际上是专门介绍历代良母教育子女的事迹。《列女传》作为"女子无才便是德"的时代女子基本上唯一可读的书目,其写作的目的显然是为了给广大的女性做出行为规范,起到榜样的作用。

在我国还流传着许多教子的故事。如孟轲小时候看到东邻杀猪,问母亲东邻杀猪做什么。孟母随口说:"杀猪给你吃肉。"说完孟母自觉失言,为避免给儿子造成言而无信的不良影响,真的买肉给他吃。母亲的言而有信,才是儿子学习的榜样。

叶珍女士"站到前面"的信念,出自内心的善良,不求回报的爱心,为人处事的宽容,解决难题的睿智,终生保持的俭朴,等等。她独自挑起家务重担,确保丈夫全身心投入生产队的领导工作;她注重榜样教育,把两代儿女个个都培养成出类拔萃的人才；她的女儿发病，医生带着口袋要拿生产队存在朱家的种子粮，母亲公私分明，说公家的种子粮一粒也不能动，结果得罪了医生，影响了治疗，女儿不治身亡；她面对春荒，自己忍饥挨饿，却拿出自家的玉米种子接济更困难的人；她家不算太穷，但灶头瓦罐里的热水，每天先用来洗脸，然后擦桌，最后还端出去浇菜。正是母亲在生活中全方位的影响，才让孩子们逐渐养成良好的习惯和高尚的品质。

任何家长，无论文化程度与其社会地位如何，也不管是何处境以及职业地位如何，只要敢于正视人生并自珍自爱，都可以自树"榜样"并发挥其在教育子女问题上的积极作用。

《温馨的瓦罐水》叙述一水三用：洗脸、抹桌、洗菜，告诉我们水很金贵，万物皆珍，从小要养成节俭的习惯。《眼怕手不怕》讲暑天割麦的故事，告诉大家，许多事情看起来很难，做起来就有收获。《又到枇杷成熟时》，叙说孙儿孝敬奶奶，以寸草心报三春晖。《黑色的1963》是说人在痛苦中要选择坚强，在艰难中要选择拼搏，如是，就没有过不去的坎。《药罪》写朱建成先生克己奉公，不谋私权，因而遭到报复，失去女儿的故事。这些无不是父母用自身的言行给孩子们树立的榜样。

父母在家庭教育中的"榜样"实非可有可无的东西。它既是一种客观存在，又具有极大的实用价值，不仅直接影响子女的健康成长，甚至在一定程度上决定着孩子未来的命运。但是，充分发挥这一"榜样"的根本前提却是"榜样"自身的真正树立。正如马克思恩格斯所指出的那样："孩子的发展能力取决于父母的发展。"因此，无论是为了使其子女成才的愿望得以实现，还是为了避免孩子误入歧途给家庭带来不幸，作为家长，则着实应该在日常生活中努力学习，加强修养，力争以具有历史眼光的卓识远见，在进行自我塑造的同时，自觉而积极地利用"榜样"的力量培养教育其子女成为

21世纪祖国各项事业的接班人。

（三）榜样也需自我提升

1.父母求知善思往往不仅成就了孩子，也成就了自己

渴求知识、善于思考，这是人们开阔视野、建立良好知识背景、创造性地解决问题的前提。家长应成为家庭中学习的主体，不仅要带头学习，为孩子做学习的表率，而且和孩子一起学习，相互学习。只有继续学习，父母才能承担"教育者"的角色，与孩子共同成长。我们都明白，温馨的家庭生活和良好的家庭学习氛围是孩子成长的阶梯。在这样的环境中，孩子心情舒畅，精神振奋，容易产生愉快的情绪体验和积极向上的学习需要。在这种环境中成长的孩子往往具有较强的进取心和探求欲望，往往也能充分认识自我价值，其发现、探索和解决问题的能力可以得到较好的发展。

在朱文俊看来，母亲常用交心的方式鼓励他们学习。母亲常跟孩子们说："我们农村人出路在哪里？在念书。只有念出书来，才能走出去。你看你爸爸，大家都说他人品好，心眼正，有经验，有能力，就是缺文化，不然，可能早就当上公社干部或县里干部了。如果真是那样，我们家就不是现在这个状况。你们一定要好好学习，这是我和你爸的唯一希望。"母亲常常让孩子们心服口服，暗下决心，定下小目标，尽力向前奔，决不辜负爸妈的期望。正是在母亲的鼓励下，全家人才能齐心协力，始终坚持学习，在未来成为有用的人才。

2.父母积极主动的人生态度为孩子掌控自己的命运奠定了基石

父亲抓生产从来都是一丝不苟，严格要求，容不得半点马虎。可就是在这样的情况下，父亲还是被有些人诬陷成走资本主义道路的当权派。父亲并没有因为所谓的"胳膊拧不过大腿"而屈服，而是据理力争。最好经过查实，父亲完全没有问题。事后，父亲对我们说："共产党员要光明磊落，有错

即改，但也不能抛弃原则，随波逐流，叫你承认什么你就承认什么，这等同于贪生、变节，这是更大的'雷池'，宁死也不能跨越半步！"

在那样的年代，父亲都能坚持原则，积极主动地对自己的人生负责，使孩子们深受教育，将始终坚持原则作为自己的人生信条。

有这样一句格言：每个人都是自己命运的设计师。那我们如何才能掌控自己的命运呢？自控力不强的孩子又如何能掌控自己的命运呢？掌控人生命运的法则就在于四个字——积极主动。也就是思想上积极、行动上主动。

被誉为世界 CEO 的杰克·韦尔奇谈到了他读高中时的一件事。当时他是校冰球队的队员，在一次联赛中，他们开始连赢了 3 场，但随后却连输了 6 场比赛，而且其中 5 场都是一球之差，所以在最后一场比赛中，杰克·韦尔奇极度地渴望胜利。在上半场杰克·韦尔奇就独进两球，但下半场对方却连进两球，将比赛拖入了加时。加时赛开始没多久，对方又进了一球，比赛结果为 2 : 3。杰克·韦尔奇愤怒地将球摔向了对方场地，怒气冲冲地进了更衣室，当时整个球队都已经在那儿了。就在这时，门突然开了，他母亲大步走了进来，一把揪住他的衣领，冲着他大吼道："你这个窝囊废！如果你不知道失败是什么，你就永远都不会知道怎样才能获得成功。如果你真的不知道，你就最好不要来参加比赛！"杰克·韦尔奇在他的朋友面前遭到了羞辱，但他从此就再也无法忘记母亲的话，是他的母亲让他懂得了在前进中接受失败的必要，这也为他日后的成功打下了思想基础。南非前总统曼德拉说："生命中最伟大的光辉不在于永不坠落，而是坠落后总能再度升起。"可见父母积极主动的人生态度对孩子的影响是多么重要，他们不但为自己找到了生命中的贵人——有积极主动心态的自己，而且为孩子找到了在人生中取胜的法宝、取胜的力量。

就家庭教育问题上子女下意识"复制"父母"榜样"这一点而言，顽强勇敢、富于追求、勤奋精进和节俭朴素的习惯，恰是孩子成才的强力杠杆；好吃懒做、贪图享受、秽言妄行和损人利己的毛病，则是导致孩子误入歧途的根本原由。由此可见，父母的习惯，不仅对其子女的成才至关重要，而且实属影响家庭教育成效的决定性因素。世代相传"己不正焉能正人"之古训，正是对教育中榜样作用出自历史总结的充分肯定。虽然它是就其广义而言，但对家庭教育同样适用。

在《陷阱》一文中，女婿郑余华正是时刻谨记岳父母的教诲，才免于犯错误。

岳父说："人，从小不学好，点子不正用，小时偷根针，长大偷条牛，最后违法犯罪，蹲班房。"接着对我说："你是干银行工作的，整天和钱打交道，你可要把握住自己，不能掉到钱眼里去，切不可在钱的问题上犯错误。"在一旁静听的岳母，也有感而发："我们家的人，向来是挺直腰杆做人，小心谨慎做事，从来不取不义之财。"事后我在想，岳父母不懂银行业务，但他们的话和银行的规章核心竟然相同，这使我领悟到不管做哪个行业的工作，廉政勤政的本质要求是一致的。

从那以后，郑余华牢记岳父母的教诲，严格自律，教育员工，不钻钱眼。所以，当"假鬼子"给他设计陷阱的时候，他第一时间想到长辈的告诫，想到银行的规章，分清"碗里碗外"这条红线，不越雷池一步。他在银行工作长达二十五年之久，各种诱惑不少，但都嗤之以鼻，面对重金不动心，避开陷阱走正道，因此，多次立功受奖，各种奖状、荣誉、证书足足有一大提包，并获得过盐城市五一劳动奖章、国家工商总行优质文明服务标兵称号。

父母这一特殊"榜样"的形象构建，其实质无疑是一项以"自为"树立"自我"的"人格自塑"工程 。所谓"人格自塑"，它是基于人所固有的社会性本质而被普遍重视且致使人人有意识地不断孕育、培植，令其滋长形成的一种本能；为适应社会生活而富于创造性地发展其性格、才能，并在与社会偕同的前提下促进其不断进步和日趋文明是其本质内容；立足社会发展，信守正义平等的人类社会生活通则，以严格的自律精神力求道德上的不断自我完善则是其主要途径。不可否认，在"人格自塑"的问题上，由于多受其习性与所处生活环境不同条件的制约和驱使，致使每个人的具体表现都与众不同，不仅各有观点，看法不一，而且所达到的水准也程度不等。然而，以遵循通行的社会行为规范为其核心内容的道德观念修具，却是其个性化"人格自塑"所具有的共同特征。

当然，我们还需要尊重孩子的个性和选择。每个人都是独立的个体，孩子也是一样的，每个儿童都应有自己的自主权和发言权，父母应当加强与孩子之间的沟通交流，了解孩子的想法和感受，倾听他们的心声和需求，不轻视或者否定他们的感受或者想法，如孩子有自己的看法或者建议，可以认真地听取并且给予反馈、赞同或者批评，当孩子遇到困惑或者烦恼，可以耐心地倾听并且给予安慰、指导或者帮助。当朱文泉想要铁环时，作为母亲，叶珍不仅没有阻止，反而帮助儿子做铁环，甚至为儿子争取买一个铁环。这样一个善于倾听并对孩子充分信任的母亲，怎么能不受到孩子们的尊重呢？

同时父母也需要尊重孩子的选择，让他们拥有相应的决策能力，让他们在适当的范围内做出自己的决定，并且承担相应的后果，如孩子要选择自己喜欢的衣服、玩具或者食物，可以给予一定程度上的建议但不强加自己的喜好，如果孩子要面对一些生活中的问题或者挑战，可以给予一些参考信息但不替代他们的思考。

尊重孩子的个性和选择是一种重要的家庭教育方式，这意味着父母需要认识到孩子是独立的个体，有自己的想法和喜好，尊重他们可以帮助其建立自尊和自信，培养他们的独立性和创造性，增强他们的社会适应性。但尊重孩子并不意味着放任孩子，而是要在给予孩子足够空间和选择权的同时，给予他们合理的指导和规范，尊重孩子也不意味着迎合孩子，而是要在了解孩子的需求和兴趣的基础上，鼓励他们尝试新事物，挑战自我，发展潜能。

在《拐磨》一文中，父亲白天忙农活，晚上要组织生产队开会，没有时间做家务。小时候，拐磨的任务常常落在朱文泉的肩上。有时拐急了，就没命地拐，想一阵子把它拐完。母亲看他闹脾气了，常哄道："乖乖，不拐，没得吃啊。""妈妈一个人哪里拐得动？你稍微撑个劲，妈妈就好拐了。"想想母亲一个人那么辛苦，又继续拐。拐着拐着就累了，母亲常常鼓励我说："乖乖，再拐一会就拐完了。"甚至为了调动兴趣，说："再拐五十下，妈就不要你拐了。"一下、二下、三下……一直数到第五十下，可还是没有拐完。不得已，母亲只好一个人拐。看着母亲一个人拐太吃力，心里舍不得，便主动放下书本和作业，帮助母亲完成当天的任务。看着母亲的微笑，我知道这是满意的微笑，也是对我的奖赏。

做任何一件事，都要站在孩子的角度想一想，帮助孩子想办法解决问题，同时对于孩子的表现，要及时给予鼓励，这样才能调动孩子的积极性，更好地完成一件事。

三、环境熏陶

家庭对孩子来说是最重要的生存环境，孩子在生活的一点一滴中成熟成长。家庭环境的影响，会伴随孩子一辈子，也会影响孩子一辈子。所以家庭环境对孩子的成长有着至关重要的影响。

鲁迅的《少年闰土》中，当鲁迅学成归来，再见昔日要好的伙伴闰土时，两人变得疏离，没有共同语言。可见，不同的环境造就了不同的性格，成就了不同的人生。我国古代教育家特别重视环境教育在榜样教育中的功能。不论古人提出的性善性恶，不论所谓"性相近，习相远"或是"近朱者赤，近墨者黑"，都说明了古人注意环境对人的思想是很起作用的。人很容易受到自身生活地区的风俗的影响感化，而有着仁厚风俗的地方对人成长显然是有积极意义的。中国古代"孟母三迁"的故事，孟母尤为重视周围环境对孟子的直接影响。"三迁"是为了孟子有一个良好的成长环境，充分说明了家庭成长环境对一个人的性格塑造和情感发展的作用很大。

书中有一篇文章叫《爸妈的爱》。朱文俊描述父母的爱情是"爱一辈子、气一辈子、恨一辈子、疼一辈子"。文中列举了父亲和母亲的种种生活中的事。朱文俊总结出他们相处的一个特点：只要有人来，吵打立即停止，装着没事一样；无论怎么吵打，母亲仍然按时把饭菜送到父亲的面前。我想，作为父母，他们深知家庭和谐的重要。为孩子们营造和谐的家庭氛围，对孩子们的成长是至关重要的。当然，他们也把自己的生活经验传给子女们。朱文芳在《三条忠告》里说，出嫁前，父母专门找她谈心，给了她三条看似平白如话的忠告。这三条忠告成了朱文芳搞好家庭关系的法宝。因为他们都知道家庭环境对孩子成长的重要性，所以始终将家庭和睦当成人生中重要的一课。

（一）营造终身成长的父母榜样环境

与家人朝夕相处就会被潜移默化，父母是青少年最重要的模仿对象。调研发现，一些父母的积极心理资本水平较低，自我接纳较少，容易否定自己，生活中韧性水平低，生活方式消极，很难适应迅速发展的社会环境，难以给孩子传递积极心理能量。父母不仅要更新家庭教育观念，充分认识到孩子的社会适应和积极品质发展的重要性，并结合子女的身心发展特点进行教育。父母终身学习和成长是解决家庭问题和孩子教育问题的关键因素。哪怕父母曾经受教育程度不高，或者有文化但不懂教育，只要父母以身作则、终身学习，就能逐步改变家庭环境进而影响孩子。父母不仅要督促孩子认真学习，更重要的是成为孩子热爱生活、热爱学习、终身成长的榜样。

父母要树立"成长型思维"方式，把"每天进步一点点"作为生活和学习的目标，摒弃颓废和懒散，始终保持学习进步、积极进取的状态。

学习这件事，是朱家的头等大事。在当时的条件下，读书可以算得上是一件奢侈的事，一户人家有一个孩子上学就已经是了不起的了，更何况让所有的孩子都读书。经济困难绝不是阻拦孩子们读书的绊脚石。正是吃过没有文化的苦，他们才深知让孩子们读书是多么重要的事情。"要有出息唯有读书"是朱家人共同的信念。即使作为父母的他们没有文化，但是对孩子们学习上的要求却一点不放松。督促孩子们学习，帮助孩子们解决学习中的困难，对书本的爱护，等等，这些都可以看出读书在这个家族中的地位。只有父母积极进取了，孩子们才能受到感染。

父母要树立"任何问题有3种以上解决方法"的积极理念，对意想不到的逆境积极回应，不把自己看成"受害者"，而把遇到的挑战看作成长和进步的机会，想尽办法寻找资源去解决困难，给孩子树立积极应对困境的处事榜样，促进青少年积极心理资本的不断提升。

有时候，文俊也会因为没完没了地挑猪菜和永远也做不完的家务事耽误学习而烦恼，甚至发脾气。每当此时，母亲没有批评和责骂，总是心平气和地摆现状，给我讲挑菜与养猪的关系，养猪与我上学的关系。她说："我们家的现实就是这样，绕不过、躲不过，只能面对现实去克服。不管怎样，妈妈陪你慢慢往前走。"当遇到困难的时候，父母没有第一时间代替孩子去做，也没有让孩子自己去处理，而是耐心开导，共同寻找解决问题的办法。这不仅能解决问题，也能帮孩子树立信心，培养孩子自己思考解决问题的能力。

（二）营造边界清晰的家庭成长环境

个体社会化需要经历三个阶段，其中初高中青春期是个体人格和世界观

159

定型、社会知识与社会行为规范掌握时期。调研发现:"控制型"父母要求孩子进入青春期后仍然绝对服从,以"都是为了你好"为借口包办一切,严重侵犯青少年人生边界,剥夺他们独立成长的机会;"放任型"父母对自己的人生责任边界不清,对孩子"只生不教,甚至只生不养",不仅把抚养责任交给他人、还把管教责任交给他人,导致部分青少年或缺爱或缺教养。

实践出真知,青少年成长都离不开亲身实践和体会。父母要树立"孩子的人生属于孩子,父母得体退出就是培养锻炼孩子"的积极理念。第一,父母要跟孩子建立清晰的责任边界,明确要求青少年自己照顾生活、自己去做事情、自己解决困难,仅在遇到较大难题或孩子提出需求时,父母才协助指导解决,助力孩子提高能力、提升积极心理资本。第二,父母要跟孩子建立清晰的权力边界,教会孩子决策自己的人生并勇敢承担相应后果。最晚从初中开始,父母就必须从小事开始,让孩子学会选择、学会决策,并为自己所做的决定担当,让青少年在决策和担当中提升积极心理资本。

在父母良好的教育下,朱家兄妹四人全都读了高中,有的读了大学,成了国家工作人员。在许多人眼里,这是个了不起的家庭,有意无意说些溢美之词。但他们十分低调,总是说:"这是党和国家的培养,是孩子们自己的努力,也与邻里乡亲的帮助分不开。"并多次告诫我们,不要扛着大哥的旗子张扬,唯恐人家不知。直到晚年,在病床上还要求我们:"你哥当官,全家维护。没有特殊情况别去干扰他工作。"每个人都是一个独立的个体,都有自己的思想。作为父母,绝不能仗着自己的身份对孩子们的生活过多干涉,甚至指手画脚。父母与孩子都需要守好自己的边界,这样才能更加和谐。

(三)营造坚强乐观的家庭心理环境

家庭心理环境对青少年积极心理资本影响巨大,和谐的家庭气氛、父母正确的教育理念、积极的家庭情感沟通,才能让青少年有力量勇往直前、做更好的自己。调研发现：离异单亲家庭的普遍问题是精神内耗严重，遇到问题或挫折时习惯于指责他人，习惯于"跟问题一起打败家人"。有些哪怕离婚了，仍不放过对方，在孩子面前诋毁甚至侮辱对方，在孩子"内心伤口"上继续"刀割火烧"；农村留守青少年的普遍问题是亲情疏离，孩子严重缺爱、缺少必要的管教，容易导致青少年偏离方向，出现心理、学习、生活、安全等问题。

第一，父母要坚强地与自己和解。要放弃对孩子愧疚和亏欠等想法，告诉自己在当时的能力和环境里，已经做了最正确的决策和行为。

20世纪六七十年代，穿衣还是问题，作为母亲，叶珍无法保证每年给孩子们做件新衣服，但她承诺每年给每人做一双新布鞋。为了兑现承诺，她常常几个月前就开始做准备，抽不出整时间去做针线活，就利用零散时间忙里偷闲带着做。有时农活太忙，眼看春节将至，她就利用年三十晚上守岁干了一个通宵。大年初一早上，孩子们都能惊喜地发现，每个人的床前都摆了一双崭新的布鞋。这是普通的一双鞋，但却浸透着母亲的爱，比海还深的爱。在当时的社会条件下，这已经是母亲能为孩子们做的最大的努力了。正是因为如此，孩子们才如此感念母亲的付出，都积极为这个家庭付出。

第二，全家共同乐观面对家庭未来。学会建立家庭目标，让全体家人不迷茫、不颓废；学会直面问题，闯过一个个难关；学会告诉自己"人生是马拉松，努力后一切皆有可能"，永远对未来充满期待。

眼怕，人常有之；手不怕，才是解决困难的关键所在。叶珍用"眼怕手不怕"的传世箴言，为家人们道出了破解难题的方法。眼怕，是因为眼睛只是个"观察家"，如果观察得不全面，就会产生不应有的喜怒哀乐，甚至产生畏惧心理。但我们的双手却是个名副其实的"实干家"，握紧双手，可以抓住事物本质，扭住事物关键；伸出双手，可以改变世界、创造奇迹。无论面对什么困难，叶珍都始终坚持这句箴言，迎难而上，积极想办法解决问题。在她的影响下，孩子们都成长为品质坚毅、敢想敢拼的人才。

家庭教育环境是孩子最早接触的也是最重要的环境。家庭是孩子的第一所学校，也是孩子终身受教育的地方。孩子良好的行为习惯、优秀的道德品质以及健康的心理品质，离不开家庭成员的榜样教育，更离不开家庭中民主、和谐的家庭氛围。家庭成员之间相互关爱、相互理解、相互支持的良好家庭关系，对孩子形成良好的性格品质有潜移默化的影响。

家庭教育环境是孩子成长过程中重要的教育资源，也是一座丰富的教育宝库。作为家长，我们一定要充分利用这一重要而优质的教育资源，充分挖掘这一教育宝库，让它发挥最大的教育作用，为我们的孩子提供一个积极健康、民主和谐、温馨幸福的家庭教育环境，使每一个孩子都健康成长。

四、习惯养成

孩子从小到大的成长过程中，家庭教育与学校教育都扮演着至关重要的角色，二者都不可或缺。良好的家庭教育将给孩子带来良好的品行与乐观的态度，并为孩子初步建立良好的人生观、价值观和世界观。良好的家庭教育将会使孩子在校园生活和学习中更为出色，更会在以后的人生路上让孩子受益无穷。在家庭教育中，父母作为主要的施教者，其教育理念和做法将会对家庭教育的成功与否起到决定性作用。

我们以为，孩子的好习惯不仅仅是等到入学了接受学校教育之后才开始培养的，而是应该在入学之前要加以重视，而其中，家庭教育显然占据了主导地位。在培养孩子习惯的过程中，父母是孩子的第一任老师，且是终身的老师。父母的一言一行，孩子都看在眼里。父母言行举止是文明礼貌的，孩子很小的时候就懂得谦让有礼；父母是斤斤计较的，孩子往往也嚣张跋扈。在孩子很小的时候就需要开始培养孩子的是非观，什么是对的，什么是错的，要指出来，讲得清清楚楚，不要模棱两可。切不可因小失大，一时的得失不要紧，孩子学坏了，再要纠正就难了。俗话说，"三岁志老"，说的就是这个理。小时候的品行教育，大部分是靠父母在潜移默化之中造成的影响。

《打皮猴》中说道：

大会想先玩然后再写作业。可是舅奶严肃地说"从小看大，要养成好的习惯，干什么事情不能拖！""该学习的时候用功学，该玩的时候放心玩。"其实就是什么时候该干什么事，就干什么事，学生时代就必须认真学习，不能因为贪玩而荒废学业。后来，在各阶段的学习过程中，大会一直保持着作业不写完不玩，功课不做好不玩的习惯，无论是周末还是寒暑假，真正从启发走向自觉。姊妹仁小时候没有染上任何不良的习惯，这和舅奶日常的教育督促、悉心教导是密不可分的。

老人家没上过学，但懂得学习对孩子的重要性。老人家没有文化，却又是最有文化的，是良师，更是智者，她知道什么时候该干什么事，懂得爱玩是孩子的天性，更知晓从小就要培养孩子良好的习惯。

常常听到家长说："孩子现在还小，等他长大了自然就会懂了，现在没有必要上纲上线严格要求。"其实这种观点是不可取的。甚至可以说，这是部分家长为自己过分宠爱孩子找的借口之一。每一个年龄阶段的孩子所需要学的都是不一样的，在孩子还小的时候，对于知识的学习是不作要求，但是行为习惯、优秀品德和良好三观的习得是最为重要的，更是最不容忽视的大问题。"没有规矩不成方圆"，就算是吃饭、洗手、说话等小事，都要当大事来抓，什么该说，什么该做，除了要跟孩子明确之外，还要督促他自己的事情自己做，力所能及的事情学着做，助人为乐的事情争着做。

家庭教育在孩子习惯养成的过程中担负着至关重要的作用。如果说，人生是一场旅行，那么童年生活，是孩子成长的奠基石，孩子童年的基础打得越好，未来漫长的人生路上楼房才能建得更高，建得更牢，建得更好。

（一）行为习惯的概念界定及特点

行为习惯是行为和习惯的总称。综合心理学家的解释，它具有以下几个特点：首先，习惯是自动化的；其次，习惯需要长时间逐渐养成，与人后天条件反射系统的建立有密切关系；再次，习惯不仅仅是自动化了的动作或行为，也可以包括思维的、情感的内容；最后，习惯满足人的某种需要，由此习惯可能起到积极和消极的双重作用。用孔子的话说："成若天性，习惯如自然。"通俗地讲，行为习惯的养成需要长时间、有意识地训练和潜移默化地影响，当孩子养成良好的行为习惯后，能够形成一种惯性力量，对他的行为起到动力作用，从而影响孩子的学习和生活。

《砸饼坨》一文中，叶珍教会了朱文泉诚实的品质，交给了他"瓜干可以有坑，品行不能有坑"的道理。《走到最前面》一文中，叶珍的话成了朱文泉奋斗的目标、前进的动力。坚持原则、爱国爱家、勤俭节约、传孝承善等，都是《叶珍家教思想研究》一书中传达出的优秀品质，这些品质贯穿每个孩子的一生。

（二）家庭教育在孩子行为习惯养成中的意义

家庭作为行为习惯养成最重要的场所，在孩子成长过程中起关键作用。《中华人民共和国家庭教育促进法》指出："父母或者其他监护人应当树立家庭是第一个课堂、家长是第一任老师的责任意识，承担对未成年人实施家庭教育的主体责任，用正确思想、方法和行为教育未成年人养成良好思想、品行和习惯。"可见，家庭环境对于孩子的成长具有至关重要的影响力，父母对孩子行为习惯的养成担负着最重要的责任，而小学是行为习惯养成的关键期，学校和家庭要明确各自担负的职责，加强沟通，共同为培养儿童良好的行为习惯、形成健全的人格而努力。

（三）在家庭教育中如何促进行为习惯养成

行为习惯养成教育，既要关注外部行为习惯的形成，也要关注内部健康心理活动的发展，通过统一把握内部心理活动与外部行为习惯，在内外部的协调背景下，既形成学生良好的行为习惯，也促进学生更好地开展社会生活与个人学习。具体来说，在家庭教育中，可以从以下几方面着手，营造适宜的育人环境，促进孩子良好行为习惯的养成。

1.提高认识，激发兴趣

培养孩子的行为习惯，要建立在尊重孩子的基础上，让孩子充分认识到行为习惯的重要性。在方式上，家长应采用符合孩子年龄特征的方式，尽量避免说教，建立在兴趣之上的行为习惯养成，可以事半功倍。我们都知道，要培养孩子勤俭节约的习惯不是一件容易的事。大多数家长都会从金钱方面入手，让孩子们懂得成果来之不易，从而达到让孩子们勤俭节约的目的。

而文泉先生在《温馨的瓦罐水》中，精确细致地叙写了当年："全家脸都洗完了，母亲又把小瓦罐放到锅膛里，待早饭后淘淘抹布，用来擦桌子。等里面水凉了，再浇到菜地里去。这里有营养，浇菜菜肯长，同时也为了节省每一滴水，一举三得。"母亲勤俭持家的用心和智慧，天然闪光。曾读到一首咏唱萤火虫的诗："最数流萤心事重，提灯彻夜绕家山。"朱家的平凡母亲，就这样提着小小的"心灯"，照拂着家里家外、点点滴滴。

2.目标导向，明确要求

培养好习惯需要有明确的目标和要求，有计划、分阶段培养。家长可以与孩子一起讨论制定行为目标，细化要求，跟孩子一起制作奖罚单，明确目标行为，让孩子明晰养成某个良好习惯的具体标准。

朱文泉先生年少时，带着全家的"无限希望"，奔赴响水中学求学。他与考取的同学一道，沿着河堤往前走。母亲站在家门口，眺望着，眺望着，远了，远了，于是挥手喊道："小大子，走到最前面去！"这是激励儿子时刻争先的叮咛，这是"游子"奋发前行的动力和鞭策。小鸟要放飞了，将面临风风雨雨，为娘的能不牵挂？但是，在确立人生目标的根本性的尺度上，慈母是从严从难的，必须"走到最前面"！面临如是情境，"慈"和"严"就辩证升华了。朱家慈母的"解题"办法是：以身作则。

3. 建设环境，潜移默化

家庭环境包括硬环境和软环境。家庭硬环境是指特定的物质条件，它是人得以发展的基础条件。物质不必奢华，但必备的物质需要齐全，比如，书籍、孩子的活动空间。家庭软环境指笼罩着特定场合的特殊气氛或氛围，它诉诸人的内在情绪和感受，对人起着潜移默化的作用，是家庭生活中人与人之间相互联系时所形成的一种气氛。

"历览前贤国与家，成由勤俭破由奢。"这句话正是被叶珍女士实践检验过的真理。一个国家，因"勤俭"而成，因奢侈而败，一个家庭亦如此。朱家之所以兴盛，"勤"与"俭"就是"宝"，尤以"劳动"为宝中宝！

从培养子女角度看，"做家务"就是叶珍女士的传家宝。她不仅自己忙，也要带着孩子们一起忙。长辈都是从小一起做家务，忙农活。朱建成先生小时候割草放牛、拐磨、挖野菜样样都干，如今五个手指上还有割草时留下的九道疤痕；朱文俊十岁已经是把好手，拐磨、做饭、养猪、割麦、掰稻拐、抬水扫地，还能边带妹妹、边学文化知识，简直无所不能！后来文俊去上学，文芳又开始帮奶奶的忙，挑猪菜、割菅草、刨山芋样样会做，就连别人家要男人干的摞草垛子、和泥糊墙这样的事，都是叶珍带着文芳完成的。家里最小的男孩是文兵，虽然年岁小也少不了要干活，每天放学回家路上都要捡柴火，捡到牛粪还要捧到生产队的田里，这样的克己奉献也是深受奶奶的影响。

而今，生活条件好了，孙媳肖喻馨认为他们这代人没吃过苦，从小到大生活在糖罐里，十指不沾阳春水，家务活儿都可以外包出去。没有了当年的压力，似乎不用再为生活所迫。但她坚持让孩子和她一起做家务。家中的成员都相信父辈们的劳动实践，相信自己的体验，而孩子在劳动中的学习和成长是非常惊人的。朱建成甚至认为做家务虽然苦，但做完之后做作业脑子特别灵，背书背得快。

曾经有新闻报道说一位贫民妈妈培养出了三个上了耶鲁大学的高才生，其中两个是亿万富豪。媒体采访时，几个儿子不约而同都把自己的成功归功于小时候妈妈对他们的家务劳动教育。

4.持之以恒，长期培养

"吃有吃相、走有走相、站有站相、坐有坐相。"这是叶珍经常放在嘴边朴素的话语。表面上是对我们行为上的规范，实质上更多的是对内心道德品质的规范。把这些基本的行为规范刻在骨子里，再由内而外散发出个人有涵养的气息。经过时间的沉淀后，会变得越来越清晰，会觉得弥足珍贵。由表及里，相定乾坤，老话有理。而朱文泉家一直以来都始终坚持着。

美国心理学家研究发现，初步养成一个习惯需要 21 天，而形成一个稳定的习惯需要 90 天，前三天最关键。不同的行为习惯形成的时间也不相同，坚持的时间越长习惯越牢。三个月或半年培养一个习惯最适宜。行为习惯的养成是一个长期的过程，为了避免孩子出现厌烦情绪，根据不同习惯的具体要求，家长可以有意识地运用一些有趣味的方法，比如，用游戏代替单调的行为训练，创设教育情境，发挥情境熏陶作用，让孩子自然地受到暗示、感染和熏陶。值得注意的是，习惯要求过多可能会导致忽视差异阻碍个性的发展，习惯培养的最高境界是人的解放而非束缚，养成习惯而不束缚于习惯，保持心灵的自由。

5.及时评价，正面激励

对孩子来说，养成好的行为习惯一开始并不容易，有时需要家长采用一定的强制手段，而且习惯的养成和巩固需要三个月时间，漫长的过程让孩子容易产生厌烦情绪，因此家长需要及时评估孩子的行为习惯养成效果，多从正面鼓励，让孩子有获得感，由此产生继续强化的力量。爱和赞赏是最有效的强化手段，对孩子而言，鼓励比说教和惩罚更有效，家长要牢牢抓住孩子的这种心理，不吝啬表扬孩子，以促使他们长久保持这种良好的行为习惯。

大多数的孩子都有过自己想做一件事，却因为种种原因而被父母阻止的事。《自己包的饺子吃着香》中，林静看大人包饺子好玩、好奇，也想包饺子。可是妈妈却嫌她笨手笨脚想让她走开。此时，作为外婆的叶珍却说："想包是好事，就让她包着玩吧。"虽然包出来的饺子外形不够美观，却让林静体会到了"自己包的饺子吃着香"。外婆的及时评价和鼓励，让林静对"一分耕耘一分收获"有了更深刻的认识。不吝啬表扬，时常鼓励，这会大大增强孩子的自信心，从而对将来的生活和处事产生积极的影响。

五、奖惩分明

（一）奖励与惩罚

青少年家庭教育专家孙云晓说："没有惩罚的教育是不完整的教育。"惩罚和表扬、奖励一样是一种常规的教育手段，它是对儿童问题行为的强制性纠正，能够起到教育和警示作用。陶行知先生提倡"要教人求真，教人做真人"。这句话所表达的含义就是，在教授知识前，要先教会孩子如何做人，若只注重孩子的学习成绩，则是本末倒置，对其将来的发展而言有害无利。学会如何做人是人生的第一堂课，也是人一生中需要不断摸索和学习的重要内容。家长可采用鼓励与惩罚相结合的方法，培养他们的良好行为习惯，对于他们的不良行为要委婉指出，适当惩罚，当他们积极改正并获得成效时，要及时鼓励，激发其上进心。

表扬奖励和批评惩罚作为一种重要的教育方法或手段，不仅是学校对学生进行有效教育和管理的手段，而且也是家庭教育的有效手段之一。然而，在目前的家庭教育中，有众多的家长未能正确运用奖惩因素，导致了家庭教育的低效、无效，甚至适得其反。

奖励是正强化的一种方式，心理学家斯金纳认为在操作性条件作用中，后果决定了行为再次发生的频率。不同类型的后果可以增强或者减弱行为。斯金纳区别了两种类型的强化：正强化是当环境中某种刺激增加而行为反应出现的频率也增加；负强化是当环境中某种刺激减少而行为反应出现的频率增加。换言之，正强化是通过呈现想要的愉快刺激来增强行为反应出现的频率，负强化通过消除或终止厌恶、不愉快刺激来增强反应频率。而惩罚能够减弱行为或者降低反应的频率。

农村人对孩子教育有两种观念：一种是"牛大自耕田"，人大自成人；一种是"树条乘嫩育"，严师出高徒。朱爸朱妈属于后一种，但爸妈的教育理念又有所不同，爸爸信奉的是棒打出孝子，以严苛管教为主。妈妈则以说理引导、启发自觉性为主。在教育子女这方面，母亲的教育方法占主导地位。

表扬是对儿童最常见的一种正强化方式。邢淑芬、林崇德（2011）研究发现，接受能力取向表扬的儿童在遭遇失败后表现出无助取向的反应模式，接受努力取向表扬的儿童表现出掌握取向的反应模式，接受能力取向表扬的儿童倾向于采取防御性的失败归因策略。

（二）关注家庭中的惩罚机制

1.没有惩罚的家庭教育

在访谈中，70%的家长都表示没有惩罚措施。他们认为孩子大了，不适合打骂了，在他们的心中，惩罚就只有打骂；部分家长只关心孩子的学习成绩，而没有针对其他教育目标的惩罚措施；大多家庭经济条件很好，觉得没有必要在孩子的教育上采取惩罚措施；父母在惩罚措施的使用上存在分歧，一方的惩罚被另一方所阻止，惩罚无法实施，时间一长就没有了惩罚措施；一些家长没有正确理解赏识教育、鼓励教育等教育方法，一味赏识和鼓励；家长工作繁忙，不能适当关注孩子的教育。没有惩罚措施，孩子在学习方面及其他行为方面的不良表现或是缺点，不能得到有效的矫正，甚至是越积越深，养成习惯，最终会影响孩子的健康成长。

《亦刚亦柔》中记叙了朱文泉上高小时路上下雨，就到附近同学家打象棋的事，几天后被父亲知道了，用浸湿的草绳狠狠地抽了他一顿。同时还记叙了五弟喜欢"掼宝"便把一笆斗"宝"藏在草堆肚里的事。父亲发现后，将他拖到屋里，把门一关，结结实实地揍了一通，还让他把"宝"撕了吃下去。父亲这种体罚式的简单教育，在过去农村很多，但爸爸不轻易用，用的目的主要是让你长记性，其实他心里比谁都疼。

在家庭教育中，惩罚教育是必不可少的。惩罚不代表不爱，相反，"爱之深，责之切"。一味地用讲道理的方法有时不一定能起到作用。惩罚作为一种反向刺激，有时会起到很好的效果。

2.极端打骂的家庭教育

一些家长文化素质低，想不出除打骂外的其他的惩罚方法；一些家长工作繁忙，在家庭教育中倾向于使用打骂这种"立竿见影"的教育措施；很多家长崇尚传统家庭的教育方法，认为"棍棒底下出孝子"；极少数家长工作压力大，打骂孩子成为其缓解压力的手段。这是最严厉的惩罚措施，经常使用它，不但失去了其应有的严厉性，而且伤害了孩子的心理健康，助长了孩子不适当的反抗行为。

《亦刚亦柔》一文中，每次爸爸打完，妈妈总会把我们拉到一旁，耐心地做开导工作。她一般都要先问问我们为什么会挨打，错在哪里，然后她再给我们讲道理，要我们理解爸爸打我们是因为爱我们，希望我们走正道。爸妈这么一打一揉，把我们心头的怨气和委屈就化解了大半。打骂是一种教育手段，但是极端的打骂和打骂之后的任意发展，会给孩子带来极大的心理阴影。适当的惩罚之后，孩子也需要安抚，适当的话语能起到事半功倍的效果。

（三）奖惩的注意点

为了使家庭教育获得相对较好的效果，就必须明确和注意奖惩的适用范围、程度、时间、依据和使用比例等诸多方面。

1.奖惩须适度

在家庭教育过程中，针对儿童的言行，该赏则赏，该罚则罚。同时若奖励过度，可能会使儿童产生自满、自负、自傲、抗挫折力弱等不良品质。过度的惩罚是对儿童言行的强烈否定，可能使孩子产生自卑、恐惧、焦虑、负疚的心理体验甚至于形成心理创伤。奖惩须依据儿童的言行状况和心理发展规律，恰当而适度地运用。

《叶珍家教思想研究》一书中，惩罚主要来源于父亲，且不到万不得已，不使用惩罚措施。每一次的惩罚都是因为孩子犯了大错误，要让孩子认识错误、改正错误。因此，惩罚不用多，关键时刻使用反而能起到意想不到的作用。奖励一般来源于母亲，且但凡做得好，都可以得到母亲至少口头上的夸赞。每一次的奖励，都能很好地调动孩子的积极性。

2.说明奖惩物以及原因

奖惩时,需要让儿童了解和明确奖惩的目的性,应向儿童说明清楚奖励的是什么、惩罚的是什么,这会大幅提高奖惩的有效性。针对不同儿童的不同喜好或厌恶,以及儿童对于这些不同东西或方面的喜好或厌恶程度,父母可以设置不同的奖惩物,并且可以把奖惩物分成不同的等级或程度,以增强教育的针对性。其次,父母在每次对问题施加奖惩之前,需要告诉儿童因何奖励和因何惩罚,这样才能使儿童真正意识到哪些言行是需要发扬的,哪些言行是需要避免或改正的,这可以提高儿童保持正面言行的积极性,也可以提高儿童改善负面言行的有效性。

朱文俊小的时候除了读书,还要挑菜拾草、带弟弟妹妹、忙家务。为了提高她的积极性,母亲说:"你好好挑猪菜,养好猪,等小猪出栏时,给你做件花棉袄。"以后的数月里,她心里一直憧憬着能有件新棉袄。后来小猪出栏卖钱时母亲对爸爸说:"小猪卖了,给小二买块花布,做件新棉袄,是我以前允她的,跟孩子说过的话一定要兑现。"后来,她终于穿上了新棉袄,尽管颜色不太中意,但是幸福感还是满满的。正是母亲的鼓励和奖励,提高了她的积极性,使她更好地忙家务。

3.以奖励为主,以惩罚为辅

对子女进行惩罚往往可以获得立竿见影的效果。但惩罚的目的虽在制止儿童的不良言行,但惩罚的程度和频率把握不好的话,很容易会伤害儿童心理,造成心理创伤,儿童也可能对父母心生不满甚至怨恨。此外,惩罚仅仅只能让儿童减少或避免不良言行,并不能增强或发展良好言行。相比之下,奖励的效果一般优于惩罚,可以引导、发展或增强儿童的良好言行。因此,通常应该较多运用奖励的方式。奖励同时可适当指出不足,以防儿童过于骄傲;惩罚时要肯定优点,以防止儿童自卑。

无论是奖励还是惩罚，在朱家所产生的效果都是一样的，孩子们对自己的认识更加深刻，向更好的自己迈出了一大步。朱建成的严厉，叶珍的慈爱，两者相辅相成，取得了较好的教育成果。

六、说服教育

"说服教育与环境熏陶相结合的原则"是家庭教育基本原则的第六条。这个原则要求家长朋友们在教育子女时，既要注意以理服人，正面引导，又要注意以身作则，身体力行。

（一）说服教育，循循善诱。

对孩子要进行说服教育，不可动辄打骂，这已是不言而喻的道理了。因为打骂孩子非但达不到好的教育效果，反而会对孩子的心理、性格的成长带来负面的影响，有百害而无一利。所以明智的家长、有学识的家长已摒弃了"不打不成才""棍棒下面出孝子"等陈旧的观念。

但是当我们面对子女要进行说服教育时，又常会感到力不从心，语言贫乏、苍白，效果不大。这就需要我们的家长朋友不断学习、努力，提高自己的教育水准。

1.讲究语言艺术

"一句话使人笑，一句话使人跳""良言一句三冬暖，恶语伤人六月寒"，指的就是不同的语言会产生不同的效果。

书中《三次挨打》一文中，第一次朱文泉因为吃豆荚而挨打，叶珍说："妈没事。乖儿，你爸打那是为你好。咱们种田人不容易，你把人家豌豆荚吃了、麦子踩了就会减产，灾荒年好比要人家的命，人家能不告状吗！"后欲止又说："至于去一次、去多次没啥区别，只要去就是个错；别人找你去的，这也说不过去，做坏事别人叫你去你就去啊；你要想吃，告诉妈妈到自家地里摘一点不也行吗，人家以为偷吃他的、省自个的，损人利己影响多不好！"后又举例：从小偷根针，长大偷头牛。东太庄魏小七从小就好偷东西，长大了抢银行逃到潮河北，后来给政府抓回来枪毙了，嘴馋、手馋都是诱惑，是万恶的根，你可要记住。离开时，又强调："做坏事绝不能有第一次。"听母亲说完，朱文泉立即表示一定听母亲的话。没有批评和指责，既指出了错误，也提出了解决方法，甚至举了类似的例子，孩子一下就认识到了自己的错误。这样的教育方式虽温和，却起到了应有的作用，这就是语言的艺术。

教育孩子时我们采用的语言，可以称为"教育性语言"，在运用上要注意以下几忌。

忌唠叨。不少家长，尤其是母亲，喜欢唠叨，一件事情，总要反反复复说个没完，结果使孩子生厌，起不到教育的作用。心理学告诉我们，唠叨是一种重复刺激，重复刺激多了，会在大脑皮层上产生保护性抑制，再进行刺激就变成了一种无关刺激物。常有这样的情形，母亲越说越不听，这是因为此时孩子已经产生了逆反心理。

忌命令。这是不少父亲喜欢采用的一种教育语言。简单生硬，必须执行，没有商量的余地，没有回旋的余地，语调冰冷，词语干瘪，缺乏生气，缺乏人情。孩子也会从心理产生反感，即使勉强遵命行事，也是不得已而为之，有时还会表面假意逢迎，实则依然故我。

忌挖苦。有些家长语言除了生硬之外，还含讥诮讽刺，这是必须避免的。孩子在犯了错误，有了委屈之后，是非常希望家长能善待自己的。可是有些家长偏偏愿意简单粗暴，奉劝家长朋友，在教育子女时不要冷嘲热讽挖苦孩子。须知，这样做的结果不仅伤害了孩子，还会影响孩子，久而久之他会不自觉地沾染上说话刻薄、喜好挖苦的毛病。

唠叨、命令、挖苦，可是说是绝大多数家长的通病，总认为不多唠叨几句，孩子会记不住；不下命令，孩子会不当一回事；不挖苦就不能激发孩子的自尊心。父母的出发点总是好的，殊不知好心不一定能办成好事。凡事都要讲究方法和度，要在孩子可以接受的范围。《叶珍家教思想研究》一书中的众多故事，虽然距离我们已经有一定的年头，但是从叶珍身上所体现的教育思想和理念却一点也不落后。在教育子女上，叶珍始终秉承着鼓励和讲道理的原则，让孩子们乐于接受自己的错误，在错误中不断成长起来。

家长朋友的"教育性"语言要尽可能和颜悦色，语气要柔和，语调要动听，用词要斟酌，要能像杜甫笔下的春雨那样"随风潜入夜，润物细无声"，要多学习掌握语言的技巧，多选用选择问句，委婉的祈使句，用商量的口吻，等等。有时"无声胜有声"，一个眼神，一个微笑，会比滔滔不绝的长篇宏论还要奏效。

长女文俊写道："爸爸以严苛管教为主。妈妈则以说理引导，启发自觉性为主。""我也会因为没完没了地挑猪菜耽误学习而烦恼"，妈妈说："我们家的现实就是这样，妈妈陪你慢慢往前走。"这就是母亲的"慈"。一个"陪"字，的确如春晖融融，化入心田。而且，别着急，咱娘儿俩"慢慢"来，日子总会有盼头。母亲用春雨般的话，让我重拾生活的信心，勇敢克服困难继续往前走。

2.做到入情入理

除了要掌握一定的语言艺术，还要具备一定的发现问题、分析问题、解决问题的能力。与孩子交谈时一定要入情入理，提出的建议和要求孩子才会乐于接受，从而取得预期的教育效果。

以择友交友为例，不少家长朋友都有这样的体会，孩子渐渐长大，与家长有时会慢慢疏远，有什么事也不愿意和家长谈。有时孩子在写日记，家长一来便捂起来，同学在一起嘻嘻哈哈，无所不谈，家长一来却鸦雀无声。其实这种现象也十分正常。年龄增长，孩子要挣脱父母怀抱，去寻找自己的社交圈，作为家长要理解、支持他们的正当要求。如果简单的"你不行，不准，不许"一概否定、指斥孩子的要求，只会伤害孩子，进一步拉大家长与孩子的距离。此时，家长应该讲清择友的要求、择友的方式、择友应注意的问题、异性择友的分寸感等。相信经过这样条分缕析、入情入理的讲解，孩子一定会乐于接受的。

在《滚铁环》一文中，我终于得到了心心念念的铁环，晚上妈妈说：你爸今天高兴，铁环买了，你也会滚了。妈妈希望你除了比赛铁环不能带到学校，在家滚时间不能太长，念书要比以前更好。我想这是妈妈的"约法三章"，我说妈妈放心，我能做到。当孩子体会到了铁环的来之不易，体会到了母亲对滚铁环的看法，感受到了母亲对我的爱，自然而然地能够接受母亲提出的合理要求。

更美妙的是，长子文泉有一回竟然认乎其真地跟母亲讨论父亲们喜欢"运用"的"黄荆条"："我不解，问'黄荆条'是啥样子？妈：就是树条子、柳条子。我好奇，又问黄荆条真能出好人吗？妈：真不真，你爸相信。"这可是平等的探讨。"慈母"，不仅仅表现为"临行密密缝"的"手中线"，而且显现为"春风发微笑"式的、朋友般的推心置腹和莞尔交谈。这样的推心置腹和莞尔交谈，在《叶珍家教思想研究》一书中随处可见。叶珍女士用入情入理的语言很好地诠释了"润物细无声"的力量。

家长要坚持正面的说服教育，用文明的生活方式、和谐的家庭氛围来影响孩子的思想情感，促进孩子的成长发展。

3.通过鼓励式教育帮助孩子建立信心

鼓励式教育又叫赏识教育法，是指一种在宽松、和谐、愉快的气氛中使孩子以自信、自强、进取的态度去完成学习任务的教育方法。鼓励式教育有利于孩子塑造良好性格，培养他们的责任感、创造力和合作精神。鼓励式教育也可以帮助孩子克服困难，提高自我效能感和成就感。这种方法更加符合儿童的身心特点，也是最容易被孩子接受的一种方法。

在家庭教育中，鼓励是用积极的语言和表情来赞扬孩子的优点和进步，正如《叶珍家教思想研究》中，用许多积极的语言来肯定孩子，这种方式可以帮助孩子建立信心，在这之后需要给孩子适当的挑战和支持，让他们有机会尝试新事物，发现自己的潜能，在这个过程中如果碰到孩子难以解决的困难，家长也需要及时给予帮助和引导，正如文章中母亲带着文芳捞水草的经历。文芳总是把握不住时机，母亲割了很多，她只拉上来一点点，不是被水冲走了，就是从耙齿间滑了，干得很累却没有什么成果，又白白浪费了母亲的精力，不禁心生愧疚，也渐渐失去了耐心，好几次都想把耙子扔了不捞了。母亲看出我的烦躁，把镰刀担住苲草对我说："闺女，做事不能急，心急吃不了热豆腐。静下心来，跟着我镰刀走，先用耙子叉住苲草，水流大的时候，按住了不要动，等水流小的时候，再慢慢用力往上拉，这样就能把苲草拉上来。"经过母亲的指点，文芳慢慢地掌握了方法，时间不长，独轮车就堆满了。

回去的路上由文芳推车，一脚高一脚低的，从田埂子上往回推。有几次连这个推小车子的老手都差点把不住翻了，苲草还不停向下滴水，走不多远衣服鞋子就都湿了，鞋子上全是烂泥。收获的喜悦早就荡然无存，文芳不耐烦地向母亲抱怨，明天还怎么上学啊，已经两天没去学校了，我家的活就是比人家多，生活也过得不好，还要养猪、养猪！母亲说："闺女啊，不要怕吃苦，吃得苦中苦，方知甜中甜。养猪就是为了卖点钱给你们上学，穿衣吃饭都要钱，没钱怎么办。现在有困难是暂时的，总会过去，人哪，站得高，才能望得远。"

叶珍总是能把深刻的道理用最朴素的语言说出来。当孩子们面对困难而显得不耐烦时，她没有抱怨和指责，而是对其加以一定的引导，让孩子们乐于接受困难，解决问题。这种方式可以让孩子感受到尊重，进一步激发孩子的潜能。

在日常生活中，孩子如果表现出了自己的兴趣或者特长，父母可以用支持和鼓励的方式来培养他们的潜能和创造力，如为孩子提供相关的资源、设备和环境，让他们自由地探索、实践和创造，也可以与孩子分享自己的经验、见解和建议，让他们感受到自己的价值和意义。

七、共同实践

（一）基本形式

学校是正规的专门的教育机构，其教育意图主要是通过课程与教学活动展开的。而作为非正规形式的家庭教育，家庭不能像学校那样有正规教室、固定的时间、正式的"课程和教学"。但家长是如何将自己的"教育意图"见之于孩子的呢？鉴于家庭教育与家庭生活、家庭教育与学校教育的复杂关系以及家长对教育的意识程度，家庭教育实践活动形式主要有如下四种。

一是无教育意识的生活教育。教育活动完全融入家庭生活之中，有什么样的生活就会产生什么样的教育影响，生活的意图涵盖了教育的目标，家长并不在意如何育人，而主要在意如何生活。当选择了合理的生活时，儿童就受到合理的教育，当家庭生活不合理时，儿童就受到了不合理的教育。这是没有经过反思的最朴素的家庭生活教育。人类早期的教育就具有这种特征，教育活动与氏族的狩猎、采摘等生产性活动、仪式等精神性活动，以及战争、冲突等社会性活动之中。现实中，依然存在这样的家庭。

二是有意识的生活教育。家长有明确的教育意图，能够认识到日常生活对孩子的教育影响，注重发挥生活的育人价值，能够将教育的意图和生活的意图很好地结合，帮助孩子理解"挑菜担水皆是妙道""酸甜苦辣都有营养"。在这类教育活动中，家长一方面通过设计合理的生活来达成教育意图，另一方面结合生活开展有针对性的指导。在生活中明理，在生活中学会生活，如同古人说的"即事穷理"。

"劳动"是叶珍给朱家带来的传家宝。在朱家，人人都能认识到劳动的好处。肖喻馨曾经总结道：劳动有利于培养孩子的责任感；有利于学会关爱他人；有利于形成理解人、包容人的同理心；有利于促进孩子的大动作和精细动作技能的发展；有利于给孩子带来幸福感。朱家四代人，时间跨越百年，在培养孩子方面，一直坚持着让孩子做家务劳动，在劳动中获得成长。

三是独立形态的家庭教育活动。家长教育意图明确，并且有意地将教育活动与日常生活剥离开来，比如让孩子识字、背诵诗词、弹琴，指导孩子做饭菜，给孩子讲生活、学习、待人接物中的道理，为孩子立规矩等，家庭教育活动涉及孩子的认知、情感、品德、身体、审美等方面。

在那个缺吃少穿的年代，叶珍吃过的苦、付出的劳累，是普通人难以想象的。苦归苦、累归累，对几个孩子的教育，她是一点儿都没放松。她教育孩子，人要有志向，凡事要争先，就是一群孩子一起去上学，她也要求儿子走在最前面……家里虽然没什么钱，但孩子们的衣服总是干干净净，就是补丁也缝得周周正正。她还经常把家里省吃俭用节余下来的一点点粮食拿去接济更贫穷的人。她虽然没有什么文化，但每天孩子们写作业，她都在煤油灯下纳鞋底、缝衣服，默默地陪伴，有时也忙里抽空上夜校，学识字。

对孩子们的教育，叶珍总是放在首位，即使自己的文化水平不高，也仍然关注孩子们的学习，给孩子们讲生活中和学习中的道理，并不断提升自己来更好地教育孩子。

四是配合完成学校教育任务所开展的各种教育活动。这类活动的教育意图是学校教育，这种意图得到家长的认同，家长出于责任或者认同而予以配合，比如督促、指导孩子完成学校作业，引导孩子养成良好学习习惯和生活习惯；或者接送孩子上下学、参与学校家长委员会、担任家长志愿者等行为。

在那样一个年代，虽然不像现代的教育那么先进，但是叶珍总是在尽自己最大的努力督促孩子们学习，监督孩子们完成学校布置的作业。但凡为了学习好，即使家庭困难，她也一定想方设法让孩子们接受教育。能够让所有的孩子都有书可读，在当时就是一件了不起的事。

（二）优化实践活动

首先，注重家庭教育实践活动的道德性。习近平总书记指出："家庭教育涉及很多方面，但最重要的品德教育，是如何做人的教育。"家庭教育要以立德树人为根本任务，结合家庭生活，给孩子"讲好人生第一课""帮助扣好第一粒扣子"。这一切都要回到生活之中，因为生活的内核是品行，生活的外部表现是生活方式。鲁洁先生说："道德教育的根本作为就是引导生活的建构，它所指向的是更有利于人之生成和发展的好生活。"立德树人的教育，就是要用"德"来树人，用行（生活）来践行"德"，通过教育实现美好生活。"德"的内容很多，既有私德，也有公德，还有美德。《家促法》列举了家庭教育立德树人的方方面面，但一定要从习惯养成开始，防微杜渐，通过落小落实落细，遵循从外化到内化的过程。

叶珍经常教育子女，不能浪费，浪费会遭天谴！就拿她自己来说，因为早年生活的不易和艰辛，让勤俭节约的思想在她的心里根深蒂固。家里烧草锅时候，她每次在外面看见树枝、废纸都会顺手捡回来，一路走来就会捡上一小捆，回到家里堆放到锅灶后面。烧煤球的时候，总是把买回来的煤球整齐地堆放在屋檐下，还要盖上一块油布，防止淋雨受潮。烧的时候，也一定要等到炭炉里的煤球烧到不得不换的时候，才会去换下一块。很早，叶珍就坚持垃圾分类，能回收、能卖钱的绝不"放过"，家里的瓶瓶罐罐在她眼里都是宝，大的瓶子用来装咸菜，小的瓶子用来装盐放油。生活中处处不浪费，也在用自己的行为教育子女们不要浪费。

其次，注重家庭教育实践活动的生命性。生活教育的基本逻辑是遵循生命成长规律，儿童的世界是色彩斑斓的，他们的生活是多姿多彩的。让教育充满生命气息实质上就是要让教育充满着生活的气息。生活是围绕生命而开展的各种活动，生活是教育之本，美好生活是奋斗目标，也是教育的途径。从主体维度看，大人有大人的生活，孩子有孩子的生活，不能用大人的标准理解、衡量、要求孩子的生活。从时间维度看，不同生命周期阶段生活的主题会有不同，婴幼儿有婴幼儿的生活，小学生有小学生的生活，青春期有青春期的生活，不能用明天的生活来否定今天的生活。从生活内容看，学习是生活，劳动是生活，交往是生活，阅读是生活，休闲是生活，但万变不离其宗的是，生活一定是围绕着生命价值而存在的。自私的、放纵的、贪图享乐的、精致利己的都是不道德反教育的生活。

再次，注重家庭生活教育的建构性。回归德行的生活也罢，回归儿童的生活也罢，关键一点需要家长的引导、约束、规范。家庭教育实践的本质特征是生活与教育的高度统一，是教育的法子与生活的法子有机结合，这种结合主要体现在两方面。其一，要注重生活的设计和引导。生活设计是由生活目标所决定的，生活方式是由价值观念所决定的，家长要学会将核心价值观融入日常生活之中，内化于心、外化于行，家庭生活教育的落脚点是生活而不是接受知识，是通过设计合理生活实现理想的教育。其二，要注重引导发挥孩子在生活中的主体性。生活教育实践活动的关键是培养孩子的"生活力"，最终将孩子培育成为生活的主人，这是家庭素质的具体体现。在引领孩子生活实践的过程中,"帮助学习者学会关注、反思、改变生活,提高他们的生活建构的品质和能力"。

最后,注重发挥家庭教育实践活动的独特性。一是要发挥家长耳濡目染、潜移默化的作用。"从对教育的原型讨论可知,教育是以儿童发展为结果的生活交往活动。"马卡连柯说过,家庭教育中没有什么灵丹妙药,首要和最主要的方法就是"父母对自己的要求,父母对自己家庭的尊重,父母对自己一举一动的检点",教育不在于与孩子寸步不离,不在于谈话的内容,而在于对生活"最严肃的、最朴实的、最真诚的态度",而在于"组织您的家庭生活、您的个人生活和社会生活,在于组织孩子的生活",因为家长怎样穿衣、怎样与别人交谈、怎样谈论别人、怎样高兴和忧愁、怎样对待朋友和敌人、怎样笑、怎样读报等,都具有教育意义。正是叶珍的以身作则,子女们在她身上学到了很多优秀的品质。二是要发挥家庭非正式教育的优势。虽然父母可以对孩子进行一些直接、正式的教育,但是现实中大多是非正式的、没有明确教学目标的教育,这是"父母具有的一个优势,他们能在非正式学习和伴随式学习这些神秘领域中有效地发挥作用"。有时候,在非正式学习背景下,孩子们学习的效果会更好,因为教育意图越强烈,越会让人感受到"被"教育的色彩,从而产生抵触情绪。

八、现实意义

党的十八大以来,习近平总书记在多种场合反复强调注重家庭、家教、家风。2018年9月10日,习近平总书记在全国教育大会上提出"办好教育事业,家庭、学校、政府、社会都有责任"。2021年10月23日,习近平总书记签署主席令公布《中华人民共和国家庭教育促进法》。党的二十大报告将"加强家庭家教家风建设"列入文化强国的战略部署。在习近平总书记的大力推动下，我国家庭教育事业进入了蓬勃发展期。习近平总书记关于家庭教育的重要论述在理论上和事实上都成为我国当前家庭教育事业发展的指导思想，对其重要论述的整体把握是行动的前提。

习近平总书记关于家庭教育论述较多的是做人教育和品德教育，具体包括"爱国爱家""向上向善""相亲相爱""共建共享"，也有学者特别指出了其对"劳动教育是家庭教育的必修课"的关注。

这些现在看来较为先进的教育理念，在几十年前，在一个文化程度不高的农村妇女身上就已经体现了出来。叶珍，用她独特的教育方法，培育了朱家几代优秀的人才，并且，她的教育思想将会一直流传下去，继续造福朱家的后代子孙。

习近平总书记关于家庭教育重要论述的大语境和大宗旨，家庭教育并不拘泥于一个个小家庭的发展和孩子的健康成长，更成为治国理政的重要抓手，"家庭的前途命运同国家和民族的前途命运紧密相连"。"是国家发展、民族进步、社会和谐的重要基点。"

家庭教育是一种技术性的、操作性的、经验性的工作，属于习焉不察、日用不知的一类存在。虽然伴随着我国经济社会的快速发展与社会转型，家庭教育领域发生了诸多引发讨论的现象和问题，但被党和国家的最高领导人如此关注，在中华人民共和国的历史上还属首次。

习近平总书记高度注重家庭教育，明确提出："青少年是家庭的未来和希望，更是国家的未来和希望。""要在家庭中培育和践行社会主义核心价值观，引导家庭成员特别是下一代热爱党、热爱祖国、热爱人民、热爱中华民族。""长大后成为对国家和人民有用的人。"反观现实，家庭教育的目标被升学绑架、孜孜以求个人的出人头地；家庭教育的实施几乎全由家庭承担、缺乏必要的社会支持；家庭教育的结果具有随机性、与国家期望存在距离。这反映出家庭教育所受到的重视、所得到的支持与其功能地位的国家意义不相符合、不相匹配。

正是由于良好的家庭教育，朱家涌现出了一批对社会、对国家做出巨大贡献的人才。

第七章　清音渺渺慈母意 春风化雨巧育人

——叶珍家庭教育思想研究之语言篇

　　语言是人类社会生活中最重要的交际工具，也是人与人之间表达自我、相互沟通的最主要表达方式。在社会发展的历史长河中我们能够意识到人们会借用语言保存和传递人类文明的成果。语言是人们交流思想的媒介，它必然会对政治、经济和社会、科技乃至文化本身产生影响。而在一个不起眼却很重要的领域，语言常常被忽视了其重要的作用，这就是——家庭教育领域。

一、概述：语言在家庭教育中的意义

　　语言表达是人与人之间、人与群体之间思想与感情的传递和反馈的过程，并以此来求得思想上达成一致和感情上的通畅。我们所指家庭教育语言在这里主要指的是成人，也就是父母长辈对孩子的语言表达，不管是哪一种语言表达都会影响到孩子的心理健康，在孩子的成长过程中，语言的作用虽然不是外显的，却依旧是非常重要，同时也是衡量孩子心理健康的指标之一。

然而在重视家庭教育的今天，我们更多重视了教育的方式方法，却忽视了语言潜移默化的影响。家庭中的语言本应该是家庭成员之间相互沟通表达情感的载体，但很多父母却利用语言来伤害孩子。随着时代的发展，现在社会上家长的教育意识不断提升，运用体罚的现象越来越少了，但是父母对孩子的语言虐待反而在增加。

通过粗暴的、羞辱性的、威胁性的语言来"管教"自己的孩子，这种现象已经严重影响了孩子的心理健康。无数的真实案例也证明，独裁专制的家长常会用呵斥、命令、威胁甚至用武力去制服孩子，这样不但解决不了孩子存在的问题，还极易损伤孩子的自尊心，使其产生逆反心理，进而破罐子破摔。

体罚更多伤害的是孩子的身体，其痛苦可能是短暂的，但语言暴力的伤害却是长久的，不仅侮辱了孩子的人格，损伤孩子的自尊和自信，摧残孩子成长的心理健康，严重的还会导致孩子心智失常，丧失生活勇气，引发厌学、违法犯罪、自杀等严重恶果。近年来，尽管青少年的人口总数在下降，但被法庭判刑的未成年罪犯的数目却增加超过一倍。研究表明，在中国青少年犯罪与童年时期遭受语言暴力之间有非常密切的联系。

随着社会的发展和进步，追根溯源，我们发现绝大多数教育问题的源头来自家庭不当的语言教育。正是因为语言有如此大的威力，家庭实施教育的第一步就是要学会运用语言艺术，而哪些语言艺术是可以借鉴的呢？下面我们将借鉴"一个平凡而又伟大的母亲"——叶珍的家庭教育的成功典范谈一谈语言在家庭教育中须承载的教育思想以及家庭教育的语言艺术。

二、从叶珍语言看叶珍之家庭教育思想

教育应该是一个系统的工程，需要有一系列教育思想引领。如果没有一

定的思想做引领，那么所谓的"言传"就会变成婆婆妈妈的唠叨或者鸡零狗碎的废话。不仅起不到教育孩子的作用，相反还会引起孩子的反感，甚至影响孩子的性格。平凡的母亲叶珍虽然没有读过多少书，但她平凡朴实的语言里却将中国几千年来的传统德育思想融会在日常的语言中。

1.家国情怀

"家是最小国，国是千万家。"家庭是每个人精神成长的沃土，家国情怀的逻辑起点在于家风的涵养、家教的养成。"没国哪有家"，可以说，家风家教的"家"，既是家庭的"家"，也是国家的"家"，把家国情怀注入家风家教，家教才会更朴实、更博大，家风才会更高尚、更持久。中华民族历来崇尚家国大义，坚持"小家"同国家同声相应、同气相求、命运相系。陶母教子、岳母刺字、姚母试子……千百年来，家国情怀早已沉淀为支撑中华民族生生不息、薪火相传的重要精神力量，成为家庭家教家风中不可或缺的存在。

习近平总书记指示："要动员社会各界广泛参与家庭文明建设，推动形成爱国爱家、相亲相爱、向上向善、共建共享的社会主义家庭文明新风尚。"树立良好的家庭教育观，注重培育孩子的爱国主义情怀，为孩子的健康成长竖起第一道防线，是家长责无旁贷的责任。

《叶珍家教思想研究》卷五卷首语有这样一段文字：

虎门销烟、驱荷复台、五四运动、抗击日寇，是爱国；淮海支前、送子参军、修筑总渠、劳动翻身，亦是爱国。勤俭持家、劳动致富、分担家务，是爱家；修身齐家、培养子女、承担责任，亦是爱家也。

家国一体，相依相存。爱国也爱家，爱家必爱国。

父母要使孩子从小就知道爱祖国，要引导家庭成员特别是下一代热爱党、热爱祖国、热爱人民、热爱中华民族，传承尊老爱幼、男女平等、夫妻和睦、勤俭持家、邻里团结的中华民族传统美德。把爱国当作是生活的原生态，如涓涓细流，点点滴滴融汇在日常生活中，从自己的身边爱起，身体力行。

1948年，11月关乎国共双方生死的大决战淮海战役拉开序幕。"兵马未动，粮草先行。"六十万大军加上一百多万民工每天需要消耗粮食三百万斤左右，而战场区域内的大部分地区原先都是国民党重兵驻扎的国统区，人民解放军在战场区域内没有系统的组织机构和人民群众支前系统，所需粮草、弹药等物资仅凭自带、自筹和战斗中缴获是远远不够的，主要靠后方组织运送。中共中央及中央军委早有预判，早在一个月前就号召解放区人民大力筹粮筹物支援前线。

动员令传到盐阜大地，早已获得翻身解放、分得土地的老区人民纷纷响应，男人踊跃报名参加支前队伍，女人们不分白天黑夜拐磨、烙饼、缝军衣、做军鞋。叶妈妈虽是十月怀胎即将临产之人，仍然和其他妇女一样赶制支前物资，她找出自家的旧衣、旧布、旧被单用以糊骨子（俚语。用糨糊把数层布料粘在一起，晒干后制作鞋底、鞋帮），做军鞋，拿出面粉烙饼……尽管腿肿腰酸、气喘疲惫，却全然不顾。1948年11月中旬，区委号召青壮年组建民工运输队送粮上前线。一贯积极要求进步、努力争取入党的朱爸爸，一心想在战火中接受党的考验。但妻子分娩在即，他走了家中无人照应，尤其是农村医疗条件十分差，产妇只能在家里接生，这让他十分为难。叶妈妈看出了他的忧虑，主动劝他："你放心去吧，我能行。解放军为老百姓出生入死去打仗，不能让他们饿肚子，你们去送军粮也就是送胜利，只有解放军打胜仗，共产党坐天下，我们才有好日子过，孩子们将来才有好光景。"在叶妈妈的一再劝说和坚持下，朱爸爸最终狠了狠心踏上了支前的路。

淮海战役的胜利是毛主席人民战争思想的伟大胜利，陈毅元帅说："淮海战役的胜利，是人民群众用小推车推出来的。"正是由于千千万万像叶妈妈、朱爸爸一样拥军爱国、不怕牺牲、无私奉献群众的支持才取得了这场以少胜多战争的伟大胜利。

朱爸爸是生产队长，是共产党员，爱党爱国爱集体是他一生的行事指南。作为生产队长，他竭心尽力，一心为公，带领群众搞生产，让生产队成为红旗生产队；作为共产党员，他吃苦在前，公而忘私，带领全家争先进，使家国情怀深深根植于孩子心中。

20世纪六七十年代，农村是社会主义集体所有制，生产队是最小的行政单元。土地除了宅基地外，每人留有二分田作为自留地、菜园子，其余的土地一律归生产队集体耕种。那时朱爸爸是生产队长，为了丰收，绞尽脑汁挖掘增产措施。除清沟理墒，开河治水，精耕细作等传统措施之外，他把深翻黑土和开辟肥源、广积肥料作为增产稳产的主要措施。在他们的号召和带头之下，一场广积肥的行动在全队展开，扒河淤、捞水草、挖塘泥、铲草皮、割青草、种绿肥、沤制草塘泥等措施多管齐下。叶妈妈是村里有名的积肥能手，积造的肥料在全队名列前茅，尤其是叶妈妈积造的猪脚肥不仅数量多而且质量好。向生产队交肥时，叶妈妈把家里最优质的猪脚肥、厕所里的人粪肥，全都交给了生产队。朱文泉那时还小，见了不理解，悄悄跟妈妈说："为什么好的肥料全都交给生产队，留些放到自家地里不好吗？"妈妈思量片刻对他说："乖乖，你还小，有些道理你还不太懂。打个比方说，大河有水小河流，锅里有了碗里才会有。好肥交集体，队里丰收了，家家户户才能多分粮，年终决算才能分到钱。如果家家好肥自家用，劣质肥料交集体，或者没有肥料交，大田产量上不去，不仅国家征购任务完不成，各家分得的口粮也就少，生活也就没保障，这个道理你长大了慢慢就会明白。"

朱文泉在《锅里·碗里》一文里写道：妈妈的这句话，让我时刻鞭策自己，要爱国家、爱集体爱岗位，爱身边的每一个人。我八九岁时以爸妈为榜样爱集体，上学途中见到牛粪，随手捧到生产队的大田里，做得久了，习惯成自然。在我三年级的时候，我的言行被作为好人好事向学校和大队做了汇报，那是学雷锋学"毛选"的时代，那年我被评为学校的"学雷锋积极分子"。在那全民学"毛选"和读毛主席的书、听毛主席的话、做毛主席好孩子的氛围中，我熟背《为人民服务》《愚公移山》《纪念白求恩》等毛主席著作，以雷锋为榜样，关心集体，帮助他人，克己奉公，做好事不留名……后来被评为学习毛主席著作积极分子，多次到大队、公社和县里的会议上做事迹报告。

参军以后，朱文泉牢记妈妈"锅里有碗里才会有"的大局思想不断增强集体荣誉感，把提高个人素质和部队全面建设联系起来，处处做表率，受到首长和同志们的一致好评。当兵第一年被评为优秀共青团员，两年后光荣地加入了中国共产党。

"清澈的爱只为祖国！"朱文泉自小受父母家国情怀的熏陶，把自己的一生都奉献给了祖国，如今虽已八旬，仍关心国防笔耕不辍，为祖国奉献着自己的光和热。

2.勤俭节约

诸葛亮在《诫子书》中说道："静以修身，俭以养德""非淡泊无以明志，非宁静无以致远"，以告诫儿子要宁静专一、节俭物力、坚定志向；朱熹在《朱子家训》中提到："一粥一饭，当思来之不易；半丝半缕，恒念物力维艰。"告诫子孙后人珍惜物力、勤俭节约成为千古佳话；勤俭节约是中华民族的传统美德，中华民族历来讲求勤俭持家。"谁知盘中餐，粒粒皆辛苦""一粥一饭，当思来之不易；半丝半缕，恒念物力维艰""历览前贤国与家，成由勤俭破由奢"。再富的豪门也要教育子女"一粥一饭，当思来之不易"；老百姓更是把勤俭节约当成了传家之宝，当成了一种美德佳话。

"勤为先，身正为范；俭为本，省在闸尖，管住舌尖；算为纲，先算而后胜。"这是《叶珍家教思想研究》卷二的卷首语，也是朱文泉勤俭节约家风的内涵。

先说勤。从朱文俊《写给妈妈的信》里我们可见一斑。

二十世纪五十年代末，父亲就被推选为生产队队长，他舍小家顾大家，把全部精力投入到集体生产之中。从那时起，您就担当起支持父亲工作和支撑全部家务的双重重担。每天您干了一天的农活，带着疲惫和饥渴回到家中时，仍顾不上片刻的歇息，一手夹着孩子，一手生火做饭，锅上一把锅下一把，忙个不停，有时汗水湿透衣衫。那时，我们看您太辛苦了，很想给您打个下手，帮个小忙，可您总是说："乖乖，你去看书去，这点活妈一会就做好了，你们把书念好，妈就很高兴了。"不知是苦难的岁月磨炼了您，还是您天生聪慧能干，没有您做不了的事，没有您不会干的活。诸如养猪、养鸡、养鸭、养羊、刨田、种菜等农家活，您总是能干出跟别人不一样的速度、不一样的质量、不一样的效果。全家仅有的几分自留地，在您的手里也变成了聚宝盆。瓜果蔬菜一年四季不用买，旺季吃时令菜，淡季吃干子，吃不了还送给邻居家。为了积攒零花钱，您把当季吃不完的蔬果晒成干，急需用钱时背到街上卖。您常常背着白菜干、豆角干、雪里蕻等跑王集、跑双港（地名）去卖，一趟二十多里路，时常下午两三点钟才到家。深秋季节，您把胡萝卜、辣萝卜切成条、撒上盐、腌成干，让父亲拖到几十里外的大有农场去卖。这些活您白天无暇顾及，都是晚上挑灯夜干，一二百斤萝卜切下来，有时手上都起了血泡，您却全然不顾。有时候您切着切着就睡着了。山芋收获季节，您和邻居合作磨山芋粉，再做成山芋粉条，这比卖山芋能多挣钱。但这活非常苦，要把大批量山芋洗干净，铲成丁，上磨拐，磨碎后像做豆腐一样滤成浆，最少要磨三遍，滤三遍，通常一二百斤山芋要花费四到五个小时，有时要忙到鸡叫，困极了您就和衣小歇，天亮了照样起来干白天的活。在家里您是持家好手，在队里您是干活能人，拾棉花、捉豆蝉、掰玉米等等，您眼疾手快，无人能比，往往是两人都不如您快；薅地时您比别人薅得宽、薅得快、薅得干净；抬肥、抬河泥时，您把筐系拉到自己跟前，每筐送到大田中央去。为了队里耕牛备冬草，您带我们跑十多里路到战斗村去割草，那儿草多、草好，但路远，要蹚几条河，您小脚、重负，多有不便，我劝您别去，您总是说："累一点没事，歇一会就好了。"队里负责过秤的陈兆海常说："您跑那么远，又背这么多，不要命啦！"您总是乐哈哈地说："没事。"

从这些描述里我们不难想象勤劳的叶妈妈一年四季，一天二十四小时，除了吃饭睡觉，几乎没有闲暇，整日把自己忙成了个陀螺。可她乐此不疲，毫无怨言。

朱文芳在《女人也顶半边天》一文里记述，垛草垛时，文芳抱怨说："别人家都是男人摞草堆，我们家就是我和你弄，不想弄了。"母亲就站在草堆上笑了笑，朝她说："你爸忙队里的事，没时间回来弄，你哥姐又全在外面。就我们娘俩在家。女人也顶半边天，你看我们娘俩不也摞这么高了吗？"泥墙的时候，快到屋檐口时，一条板凳也不行了，母亲要再加一条凳子，文芳说，妈太危险，等爸回来再弄吧。母亲说，自己动手，年年有余，注意点不碍事的。

再看俭。朱文泉在《温馨的瓦罐水》里描述极为细致。

每逢冬天，母亲早饭烧好后，用水瓢把小瓦罐盛满，小心翼翼地送进锅膛里，用火叉把周围余火煨在小瓦罐的边上。等父亲一切收拾停当，母亲就会把锅膛里的小瓦罐掏出来，抹抹灰，放在小凳上，给全家人洗脸。父亲，第一个洗。父亲洗完后，就轮到我了。母亲知道我不愿洗，每天早读回来，母亲就哄着我："小大子，过来洗脸。"看我有点磨蹭，常常做出好像很急的样子催我，"快点，快点，妈还有事。"我洗完了，才轮到母亲。全家脸都洗完了，母亲又把小瓦罐放到锅膛里，待早饭后碗筷收拾完，母亲再把瓦罐掏出来，淘淘抹布，用来擦桌子。擦完后，瓦罐还放着，等里面水凉了再浇到菜地里去。母亲懂得，瓦罐水洗了脸又抹了桌，这里有营养，浇菜菜肯长，同时也为了节省每一滴水，一举三得。小小瓦罐，折射出母亲的智慧，诠释着母亲持家的理念……抚今追昔，我感慨万千。现在我们的生活好了，一些人反而觉得没有幸福感，这是为什么？因为缺乏比较，不知道过去的苦，也就体会不到今天的甜，身在福中不知福。现在应该进行一种"对比教育"，以更好地传承革命先辈筚路蓝缕、艰苦创业的优良传统，去创造更加灿烂、辉煌的明天。

外孙林大会在《浪费遭天谴》一文中说：

舅奶早年生活的不易和艰辛，让勤俭节约的思想在她的心里根深蒂固。舅奶经常教育我们，不能浪费，浪费会遭天谴！家里烧草锅时候，舅奶每次在外面看见树枝、废纸都会顺手捡回来，一路走来就会捡上一小捆，回到家里堆放到锅灶后面。烧煤球的时候，舅奶总是把买回来的煤球整齐地堆放在屋檐下，还要盖上一块油布，防止淋雨受潮。烧的时候，舅奶一定要等到炭炉里的煤球烧到不得不换的时候，才会去换下一块。换煤球需要掌握好时机，换早了，炉子里的煤球未烧尽，浪费；换晚了，炭炉里的煤球火力不够，就点不燃下一块煤球，炉子会熄火；引煤炉生火就更麻烦，所以每次快到换煤球的时候，舅奶总是时不时地提起炉子上的水壶看一下。很早，舅奶就坚持垃圾分类，能回收、能卖钱的绝不"放过"，家里的瓶瓶罐罐在她眼里都是宝，大的瓶子用来装咸菜，小的瓶子用来装盐放油。舅奶看不惯糟蹋粮食的行为，她老人家是"文明餐桌"的坚决执行者，经常教育我们："能省就省，我像你们这么大的时候连顿饱饭都吃不上。"搬到小尖的时候，在院子里弄个小花池，种一些时令的蔬菜，院子里的地面全部浇铸水泥后，她就用破旧的脸盆装上泥土，种上几棵大蒜或者小葱。洗菜水、淘米水用来冲厕所、浇菜。吃饭的时候，绝不允许我们吃饭掉"碗跟脚"（剩饭）。吃不完的饭菜用罩子盖好，留着下顿再吃。掉在桌上的饭粒或掉到地上的食物，她都要捡拾起来，吹一吹或者洗一洗就放在碗里。我有时看到就会说："舅奶，掉地上的东西全沾上灰了，不能吃啊。"舅奶说："这粮食不全是在地上长的，从播种到结果，不都是跟泥巴在一起的，弄干净了有什么不能吃的啊。"舅奶穿衣服时，非要等到一件衣服穿到不能再穿的情况下，才会换上新的衣服，当然那些坏了的衣服也不能"便宜"它们，裁剪掉用来当抹布。衣服袖口磨破了、针线脱落了，舅奶都会缝补一下接着穿。每次我给她穿针线的时候，就会说："舅奶啊，现在谁还穿缝补的衣裳啊？舅舅、二姨他们给你买那么多新衣服要穿哪。"舅奶一边缝补一边说道，"这衣服也是你大舅他们给我买的衣服料子全是好的，缝缝还能穿，穿得干净服帖就行。扔掉太可惜了！"

最后再说算。算就是精打细算，说到底还是俭。叶妈妈孙女婿杨京浴《管住舌尖》重点说的就是"算"。

吃方面，奶奶的口头禅是"穿不穷、吃不穷，计划不周一世穷"奶奶最善于"计划"年能收多少粮食，全年要吃多少粮食，多的怎么安排，不足的怎么弥补，都计算得妥妥当当。例如，农忙季节要吃得扎实些，多点细粮；农闲时要吃得省一些，稀一些，多些粗粮，多采些酸溜之类的野菜搭配着吃；灾荒年呢，弄些黄豆磨成末，放些山芋干，或山芋取汁后剩下的渣子，再多放些野菜，取名"山芋渣子"，早上起来熬一锅，一家人可以吃一天。孩子们不愿意吃，奶奶就把山芋干挑出来给孩子们吃，自己全吃野菜，并说"乖乖，来年丰收了就有好吃的了，眼下不在乎吃什么，有得吃饿不死就行。"有时还会说"比上不足，比下有余，外村有好多人都出去要饭了，咱们算是好的呢"。她还提倡"富日子要当穷日子过，要省省在囤尖上，等吃到囤底再省就来不及了"。没有油怎么办？专门到街上买斤把带油的肥猪肉，回来切成小肉丁放在锅里，把猪油熬出来，油渣用来炒菜吃，猪油留在农忙时吃，而且每次只舀一汤匙放爷爷碗里，儿子偶然沾点光，其他人就别想了。用方面，奶奶的办法有三：养鸡养鸭，鸭蛋家里吃，鸡蛋吃一些、卖一些，一个鸡蛋三四分钱，一斤鸡蛋能卖三四角钱，用以解决平时的火柴、油盐酱醋之开销；精心种好自留地，水肥土种管样样到位，基本能保证年年丰收，解决相当部分的口粮。那么大田分得的粮食除了补充口粮，急用钱时也可变卖一点；超前预测行情，把猪养好，这是家庭收入的主要来源。奶奶养猪可是出名的好手，肥猪贵了养母猪，母猪（仔猪）贵了养肥猪，别人跟风跑基本赚不了什么钱，奶奶反其道而行之，基本没有失算过。奶奶说养猪好处多，一年的贴补，如做衣服、孩子学费、过年过节、礼尚往来开销都靠猪；一头猪就是一个小化肥厂，猪粪、尿、水、青草可以沤成优质肥料；此外，瓜果梨桃、菜根萝卜、残羹剩饭、刷锅洗碗、淘米洗菜之泔水，皆是猪的美味饲料，一点不浪费，奶奶说这叫"肥水不落外人田"。

习近平总书记曾指出："要大力弘扬中华民族勤俭节约的优良传统，大力宣传节约光荣、浪费可耻的思想观念，努力使厉行节约、反对浪费在全社会蔚然成风。"习近平总书记还强调："不论我们国家发展到什么水平，不论人民生活改善到什么地步，艰苦奋斗、勤俭节约的思想永远不能丢。"作为中华儿女，我们应该时刻保持危机意识，继承和发扬光荣传统，身体力行、从我做起，自觉养成勤俭节约的好习惯，让弥足珍贵的优良传统继续激励我们向着更加美好的生活奋进。

3.积极进取

拿破仑说过："不想当元帅的士兵不是好士兵。"人人都有进取心。进取心是指敢于竞争、力求取胜、积极向上的心理品质，进取心是一个人成功的内在驱动力，是一个人不断进步的力量源泉。一个人只有具有了进取心，才能不甘于落后，不断进步，不断追求自己的理想。有积极进取人生态度的人，才会热爱生活、珍视生命，选择和确立较高的人生价值目标；有积极进取态度的人能够将远大的理想寓于具体的行动中，始终保持蓬勃朝气，始终保持百折不挠、坚韧不拔的毅力，始终以豁达的心态和务实的精神，脚踏实地、一步一个脚印地实现人生目标；有积极进取的人生态度的人，才会为实现崇高的人生目标而拼搏，闯出一条闪光的人生之路。所以，聪明的父母都注重从小培养孩子的进取心，让孩子能以饱满的热情和积极进取的姿态处理各种事情。

叶妈妈无疑是最智慧的妈妈。她自己没有多少文化，大半辈子没走出自己生活的农村，但她却身体力行把进取的种子种在了每一个孩子的心里。给人印象最深的是朱文泉的《走在最前面》，文中回忆，记得第一次上响中时，我和叶桂华等五六个同学混在一起，边走边说。母亲站在家门口，挥着手向我喊道："小大子，朝前面走，走到最前面去……"当时我不解母亲的用意，只得停止说话，走到所有同学前面，顿时产生一种别样的感觉：引路者的感觉！噢！母亲希望我走在最前面，是希望我比别人强，比别人有出息！

理解了，便自觉了。"走到最前面"这一句话，一直印在我的心中，也足足影响了我一生。在我五年的中学生涯里，在我当兵的几十年里，母亲的话语激励着我，鞭策着我。使我在前进的道路上，无论遇到多少困难和挫折，都始终充满信心和勇气，都始终朝着"最前面"的方向坚定地苦旅跋涉。几十年来，母亲的话，成了我奋斗的目标，成了我前进的动力，也是不让我懈怠的一根鞭子！

无须多言，朱文泉牢记母亲"走到最前面"的叮咛一路坚定跋涉，越走越远，越走越高，越走越宽阔的人生轨迹告诉人们：在小时候给孩子埋下进取的种子,该是多么重要!

那么如何正确引导孩子把好胜心转化为正常的、健康的、有利于孩子全面发展的人生动力呢?具体应该注意以下几个方面:

第一,为孩子提供良好的家庭氛围。

孩子缺乏上进心,没有竞争意识,很多时候是因为他们害怕失败。家长要给孩子提供一个和谐、宽松的家庭环境,让孩子敢说敢做,能够很好地表达自己的意愿。当孩子做错事的时候,家长不要一味地埋怨、指责,要给孩子更多的理解和包容,要正确地引导他们,培养孩子的自信心、进取心。

朱文泉小时候一时好奇兴起,把家里结番瓜的瓜花摘下来集合,堆了几大堆,正准备庆贺胜利时,"危险"来了。"小大子!""小大子!"我扭头一看,妈妈已站在我的面前。我心里害怕,两腿抖动,心想今天要挨打了。妈妈看出我的心思,弯下腰说:"乖别怕,妈不打你,你还小,不知好歹。"稍许,又指着花蒂说,"这个不能摘,摘了就不结瓜了。番瓜是好东西,灾荒年能救人的命。"晚饭,桌上多了一道菜,油炒番瓜花。爸爸问是哪来的,妈妈笑着说,我们尝尝鲜吧!

这是多么和谐、宽松的家庭环境啊!叶妈妈保护了孩子的好奇心,又让孩子明白了自己的错误。这件极小的事情为什么让朱文泉记忆深刻?因为那时起朱文泉这件事让他幼小纯洁的心田,开始孕育和编织爱的传奇!

第二,父母、家庭要创造进取的榜样。

家长是孩子最好的老师,一言一行直接影响着孩子。如果家长整天平平庸庸、不思进取,整天抱怨生活,怎么去要求自己的孩子上进呢?所以家长要做到对工作、生活抱有积极乐观的态度,积极进取,为了自己的目标坚持不懈地努力。用自己的言传身教影响孩子,教育孩子。

朱文泉在《走在最前面》一文里说,母亲是很要强的人,她不知疲倦地干活，省吃俭用地持家，她盘算着让家里富起来。她会养猪，算好时间差，养猪总是赚钱；她白天下地干农活，敢和壮劳力比，晚上回来，为家里的吃喝拉撒常常忙到深夜；她是劳动能手，她争当乡劳动模范，她想入党……她希望子女和她一样走在前面。

积极进取的家风对孩子的影响很大。因为榜样会默默地、无声地影响着孩子。

第三，家长应该合理地调适孩子的好胜心。

作为家长，切忌一味满足或压抑孩子的好胜心。家长只有帮助孩子克服盲目好胜和盲目悲观的情绪，好胜心才能在孩子的成长及成才过程中发挥积极的作用。如果家长不考虑孩子的实际水平，对孩子提出过高的要求，让他过多地感受失败的滋味，就会压制孩子的自信心和好胜心，让孩子怀疑自己的能力和力量。同样，如果家长不管任何场合，一味迁就满足孩子的好胜心，投其所好，为了孩子开心让他轻而易举地获得胜利，就丧失了锻炼孩子体力意志和开动脑筋的机会，起不到对孩子的促进作用。

朱文泉三年级的时候，城里有亲戚的同学常常把带着铜铃的铁环带到学校滚，一圈又一圈，带着穗子的铜铃声一阵又一阵，令人羡慕不已。朱文泉很想也拥有自己的铁环，可是父母并没有买给他。他先后试着做了四根柳环，凑合着过了把瘾。后来柳条干了，柳环自动解体，他又试着做一个"铁丝环"，一根铁丝太细，四根铁丝才能做成铁环那么粗，在母亲帮助下，用细麻一道一道缠紧，但是钩子与细麻之间无法润滑磨合，放到地上根本滚不动，只好弯腰用手推着"铁丝环"转。后来母亲劝父亲，男孩子喜欢追逐、斗胜，滚铁环更适合他们！父亲买来铁环后，母亲又和他"约法三章"。后来，学校举行滚铁环比赛，经过努力，朱文泉一举夺魁。男孩子喜欢斗胜，可父母并没有一味满足他，在他自己做铁环的过程中开动了脑筋，锻炼了意志。

第四，吃苦训练。

现在人们笑过去的“忆苦思甜”运动，实际上，从功能来说，它有很大的心理意义，能增强人们了解过去进而改变现在的动机。吃苦训练多了，上进心是会增强的。父母真想纠正孩子不求上进的现状，吃苦训练教育是一剂良药。曾经有新闻报道说一位贫民妈妈培养出了三个上了耶鲁大学的高才生，其中两个是亿万富豪，媒体采访时，几个儿子不约而同都把自己的成功归功于小时候妈妈对他们的家务劳动教育。

“吃苦耐劳”就是叶珍女士的传家宝。《烟袋嘴的灵性》一文中朱文泉提到：爸妈很注意培养我的吃苦耐劳精神。有一次带我到玉米地松土锄草，那玉米秆长得壮实，比人还高，人站在里面密不透风，喘不过气来，一会儿，豆粒大的汗珠不停地滴在地上，真的尝到了“汗滴禾下土”的滋味。母亲看我着急的样子，便说“乖儿，心静自然凉，越急汗越多”。好不容易薅到地头，我捧起沟里的水咕嘟咕嘟喝个够，尔后扯下肩上的毛巾淘淘擦把汗，一会儿又钻进玉米地了。有歌乃曰：锄禾曾试日当午，一次已知盘中苦。从此记牢农者恩，四时挥汗父和母。爸妈有意通过一些农活让我体验农民的艰辛。朱文俊十岁已经是把好手，拐磨、做饭、养猪、割麦、掰稻拐、抬水扫地，还能边带妹妹、边学文化知识，简直无所不能！后来文俊去上学，文芳又开始帮奶奶的忙，挑猪菜、割营草、刨山芋样样会做，就连别人家要男人干的摞草垛子、和泥糊墙这样的事，都是叶珍带着文芳完成的。家里最小的男孩是文兵，虽然年岁小也少不了要干活，每天放学回家路上都要捡柴火，捡到牛粪还要捧到生产队的田里，这也是深受母亲的影响。

叶妈妈爱孩子但没有把他们捧在手心，四个子女，无论男女，无论大小，无一例外都经受了劳动的艰辛。正是这激发了四个孩子奋发上进改变现状的动力，后来都成长为各行各业的栋梁。

4.诚实守信

"人无信不立！"诚实守信，自古以来就是我们中华民族的传统美德，也是我们做人的准则，是立身之本。在中国伦理的范畴中，"诚"本义为诚实不欺、真实无妄，它包含着对己、对人都要忠诚的双重内涵。诚信作为中华民族几千年积淀下来的传统美德，历来为人们所崇尚。"家庭者，人生最初之学校也。"家庭教育是一个人思想品德教育的奠基工程，让孩子学会了什么是诚实与信任，尊重与真诚，宽容与爱心，勇敢与坚定，就是为孩子未来的成长播下了行为之种。因此，一个人是否具有诚信的品质，往往取决于儿童时期的家庭教育。

叶妈妈就十分重视对孩子的诚信教育。曾子杀猪的故事很多人都知道，曾子用自己的行动教育孩子要言而有信，诚实待人，别看杀了一头猪，眼前利益受损，但从教育子女的长远利益看，大有好处。叶妈妈同样言出必诺。朱文俊小的时候除了读书，还要挑菜拾草、带弟弟妹妹、忙家务。为了提高她的积极性，母亲说："你好好挑猪菜，养好猪，等小猪出栏时，给你做件花棉袄。"当时妈妈只是随口一说，但在她心里对花布、新棉袄充满了期待。卖猪的时候母亲没有忘记对她的承诺，母亲对爸爸说："小猪卖了，给小二买块花布，做件新棉袄，是我以前允她的，跟孩子说过的话一定要兑现。"后来，她真的穿上了新棉袄。

还有一件事情。朱文泉六七岁的时候，父母外出运货，他在家看家，那时小孩子无聊时会玩砸饼坨的游戏，在邻居花小哥的花言巧语下，他和花小哥赌起了铜角。几次三番下来家里的铜角输光了，怕大人发现就用鞋骨子（纳鞋底剪下的边角料）从下面垫高，上面形状保持不变。输光铜角后花小哥又引诱用地瓜干换铜角，一个铜角二根瓜干，铜角回来了，家里地瓜干又少了一大把。如此八九天，愈砸愈输，愈输愈砸，遭殃的是，箩筐里的地瓜干被掏了一个坑。

某日晚饭后，妈妈把他叫到箩筐前问道："小大子，瓜干怎么少这么多？"他不想说谎话欺骗妈妈，也不敢说真话怕挨训，只好噘着嘴不吭声。

稍许，妈妈换了个口气：乖，你在家看家，也很听话。瓜干少了事不大，你给妈说实话就行。妈早就发现了，妈没说。花小哥没得吃，给他一点也没啥，但是要跟妈妈讲。事虽小，勿擅为。开头就讲是诚实，现在讲也是诚实，当然开就告诉妈妈更好，"诚实"是人生的"路单"。

儿童时期是一个人的人生观、世界观、价值观的起始阶段，也是建构诚信品质的奠基时期，所以在这个特殊时期，家庭作为儿童启蒙教育的"第一课堂"，对于儿童诚信教育的影响最大，时间也最长。无数事实证明，家庭是儿童品德成长的重要环境，家庭教育是儿童优良品质形成的奠基石。在那些充满民主、爱心和责任感的家庭，在那些小孩子的智力和心灵得到正确引导的家庭，在那些日常生活中表现出诚信和美德的家庭，在那些对孩子的管教充满仁慈和爱心的家庭，在那些充满着父母的教育智慧和有着良好的教育策略的家庭，孩子的诚信品质便能得到很好的塑造。

诚信是人类社会普遍的道德要求，也是个人立身处世的基本规范。在经济日益发达的今天，诚信在每一个人身上显得极为珍贵。一个讲诚信的人，将来一定是一个成功的人，一个为别人所信服的人。

5.和谐友善

"人之初，性本善。""友善"自古以来便是我国优秀传统文化的一部分，古往今来的圣贤之士都十分重视友善，特别是以孔子为代表的儒家文化对此有诸多的阐述。其基本的思想是教导人们以和谐友善的态度来对待个人和社会。孔子的仁爱思想包含友善的内涵，他认为内心的仁爱是个人友善的源泉。"仁"是主体最本质的体现，每个人都应具备仁的品质"温良恭谨让"。孔子由重视孝悌而且也逐渐推广到泛爱众思想，强调人在交往过程中都要友善待人，除了个人、亲人之外，也要友好地对待陌生人，达到一种博爱、带有社会责任感的友善境界。孟子的性善论提倡人的本性是善的，这种品质是与生俱来的，在此基础上能够渗透出仁爱的行为。《大学》开篇中"大学之道，在明明德，在亲民，在止于至善"，体现一个人心存善念的重要性。同样地，《论语》中的"己所不欲，勿施于人"与"忠恕"思想隐含着友善的行为准则，都表达人与人之间要做到将心比心，互相体谅，从而减少人际关系中的矛盾。这样当人人向善、人际和睦时，自然能够实现儒家一直所追求的大同社会。

友善作为个人的德行，承载着基于善意之心待人友好的态度与助人行为的美好意愿，不仅彰显出个体宽广的胸怀和高尚纯净的精神境界，而且也关系到社会成员的融洽和社会的和谐状态。如何才能做到和谐友善呢？

（1）心怀善念，是非分明

心怀善念，是非分明是友善意识的集中体现，是个体友善品质的内在规范和基本道德前提。一个心存善意之心、有着平等意识和良好的是非观念的人，才会真正懂得如何去关爱他人，如何与他人相处。

其一，心怀善念——友善待人的根本。心怀善念是指个体将善念真正内化为自身成长的自觉意识，是一种主动去建构的友善意识。孟子在论述君子时曾说："君子所性，仁义礼智根于心。"即是说君子只有从心底真正领悟到善的价值时，才能在一言一行、举手投足之间体现出"善"的本质。个体心怀善念主要表现为以下两个方面。第一，与己为善，即人内心的自我向善。其核心就是要处理好与自己的关系，内外和谐。只有当个体能够去善待自我时，才可能不去对他人造成伤害，正如曾子所言"君子己善，亦乐人之善也"。第二，怀着良善之心对待他人。就是说保持内心的本真，真心希望他人好。待人要做到坦诚相待，即内心的想法、情感与外在行为保持一致。在人与人的交往中，个体不带有任何自私自利之心，不是趋于某种目的性和功利性的回报。对待他人如同对待自己一般。这样当做到了"以爱己之心爱人"，方能实现"人必从而爱之"。

其二，有明确的是非观——友善待人的基础。心怀善念，是非分明作为友善品质的表现之一，是一个人道德素养形成和发展的根基。一个人心怀善念与否源自个体的是非观。是非观能够使个体了解事物的对错、好坏、善恶之分。个体明确的是非观念包含两个方面。一方面，表现在个体能够做出理性且正确的价值判断与价值选择。在社会交往活动中，人与人之间必然在性格、兴趣、爱好、道德认识、道德判断、道德选择等方面产生差异，因此，个体在对待同一问题的理解上会有各自的见解与分歧。在对待某一问题上，树立明确的价值观念可以避免个体去主动地迎合他人的心理和简单地附和他人的言论，而是敢于坚持原理、坚守原则，能够和善且公正地表达自己的观点，从而依据自身明确的是非观念来做出选择。另一方面，表现在明确的是非观念能够帮助个体对自己的行为做出判断和对自己的行为负责。当个体树立明确的是非观念之后，会规避个体对于某些事情总是明知故犯的现象，同时减少个体主观性质地故意去伤害他人，抑或是伤害他人背后的道德逃脱现象的发生。

其三，平等待人意识——友善待人的准则。亚里士多德在著作《尼各马可伦理学》中从双方的德行、财富、门第、地位等方面将友爱分为平等的友爱与不平等的友爱。双方只有在平等交往的前提下，主体性才会平等，因而产生亲密的情感。待人平等指怀有平等的善心，本着尊重的态度对待他人。待人平等就是要一视同仁地友善，无差异化对待。其表现主要涉及以下三个方面。第一，平等对待不及自己的人。不因为他人的在先天条件以及外在条件上的不足而怠慢他人、轻视他人的人格，反而是要去尊重他人的独立人格。第二，平等对待胜过自己的人。不因为他人客观上的优越性而做出一些奉承迎合他人的举动；也不因他人主观上的优势，而产生自卑情绪。第三，平等对待陌生的个体。平等的对待陌生人符合儒家泛爱众的思想，友爱的对象范围扩大，反映一种大爱，有利于促进与陌生的交际圈的友好相处，在一定意义上能够减少目前社会上人际之间互相猜忌、冷眼旁观的事件的发生。

（2）宽以待人，心理相容

"宽以待人，心理相容"是个体友善情感的重要体现，也是个体友善待人的核心内容。"宽以待人，心理相容"突出个体与他人的思想、情感、行为可以在心理上为对方所认同和理解，主要是关于善待他人层面的优秀品质。孟子曾说过："君子莫大乎与人为善。"当今世界是一个互动的世界，今天每个人对他人多一分理解和宽容，其实就是回馈明天的自己。善待他人实质上就是善待自己。因此，作为友善的主体，应该善意、用心地与他人交往。具体而言，宽容心、同理心和同情心则是善待他人必需的几种心理品质。

宽容心。"有忍，其乃有济；有容，德乃大""宽则得众""厚德载物"，等等，道出中国素来有宽容的传统品德。万俊人认为宽容即"在人格平等与尊重的基础上，以理解宽谅的心态和友善和平的方式，来对待、容忍、宽恕某种或某些异己行为、异己观念，乃至异己者本身的道德与文化态度、品质和行为"。具体指在人际交往过程中，个体以平等为前提条件，宽厚待人，有原则地包容他人，体谅他人。主要表现在以下两点。第一，是接纳差异。指承认主体的个性与多样性，并尊重主体间的差异性能够接受他人不落俗套的观念和行为。第二，是能够原谅他人非原则性的过错。正如俗话所说"人非圣贤，孰能无过"，对于他人的不足不去斤斤计较，而是用一种积极的态度去看待人性的弱点并且尝试去理解原谅他人。

叶妈妈的儿媳徐荣在《宽容》一文里三次感叹：我庆幸，我有这样一个很宽容的好婆婆！是什么让她发出如此感叹？我们选取其一来欣赏一下。

父亲第一次看未过门的儿媳，回来有这样一段对话。

母：怎么样？

父：个子不矮，眼睛不小，脸型不错。橡皮筋扎一只歪辫子，穿着不算洋气。

母：人好就好，穿什么不重要！

父：好像不爱说话！

母亲笑着说：那是人家不好意思，一个大姑娘，第一次见你这个"公公"，人家能说什么？

父：好像没有她妹妹活套。

母：那不一样，她妹妹没有思想负担，可以随意一点。

父：倒也是。

常言道世上最难处的关系就是婆媳关系，而叶妈妈对未过门的媳妇无论是衣着打扮还是说话做事，没有一点挑剔，反而处处维护着她，难怪徐荣在文中说：以后文俊告诉我这事，我很感动，她所讲的，正是我当时所想的，我庆幸，我有这样一个很宽容的好婆婆！

同理心，又称共情、同感，通俗地来说，就是能够站在对方的立场设身处地去思考的一种心理品质，即能够做到换位思考。同理心在个体身上主要表现为以下两点：一是先己后人，由自身的内心体验来推想他人的感受。也就是孔子所说的"己所不欲，勿施于人"，这是儒家提倡实行"仁"的重要原则。对个体而言，就是他们能认知到对方也像自己一样会存在着情感需要与价值诉求，同时也能够体悟到一种自己不喜欢的事情不去强塞给他人的意识。二是善于站在他人的角度进行换位思考。个体只有去主动理解他人的思考方式时，才能理解他人的行为，即做到真正的换位思考，设身处地为他人着想。

《三次挨打》一文中，朱文泉小时候因为跟着同村小伙伴偷吃别人家豆荚而挨了父亲一顿打，叶妈妈说："咱们种田人不容易，你把人家豌豆荚吃了、麦子踩了就会减产，灾荒年好比要人家的命，人家能不告状吗！"又说："别人找你去的，这也说不过去，做坏事别人叫你去你就去啊；你要想吃，告诉妈妈到自家地里摘一点不也行吗，人家以为偷吃他的、省自个的，损人利己影响多不好！"叶妈妈站在别人的立场上思考问题，这就是同理心。

同情心。同情心是能够对他人所处的困境产生情感上的共鸣，理解他人，同时能够在道义和行动上去支持与帮助他人困境的一种道德情感。个体的同情心体现在以下三个方面。其一，具有同情理解的能力。个体能够在情感上对于他人的困境拥有一个更深入的认识与了解，明白何种情况会使他人产生难过的情绪以及他人在何种情况下需要得到自己的帮助，来更好地理解他人的情感。其二，能够产生同情体验。个体在情感体验中可以感觉到他人所处境况时的情绪状态，同时清楚自己在他人需要帮助的时候该如何去做，且如何对处于困境中的他人适时地、主动地予以关心、爱护与安慰。其三，产生同情行为。它表现在个体将自身所感知到的同情理解与同情体验真正落实到行动上，对待处于困境中的他人呈现出一种积极的行为方式。

《三次挨打》中，第三次挨打后有这样一段对话：

我好奇，又问：黄荆条下真能出好人吗？

妈：真不真，你爸相信。不过我不赞成动手就打，讲清楚就行了。古人说"一等人自成人，二等人说说教教就成人，三等人打死骂死不成人"，这一等人恐怕不用打，三等人打也没有用，妈看孝子、好人不是打出来的，还在于孩子个人努力。

叶妈妈教育儿子，首先表明"我不赞成动手就打"，这样就和儿子产生了情感上的共鸣，接下来的话儿子才能真正听进耳中，记在心上。

6.践行利他，和谐共处。

友善品质除了表现在认知态度层面上，更要表现在具体行为上。一个人的行为最能考验、也最能反映出一个人的道德品质，个人需要通过外在行动去展现自身的友善品质。

（1）合理利他

合理利他即保持一种理性的利他行为，个体出于一种理性思考并非是盲目地去做出利于他人的行为。合理的利他行为的具体表现为分享与互助两个方面。分享是出于利他性的，这种出于利他性的与人分享不会仅仅局限于是对朋友才分享，而是一种在更广泛意义上的分享，可以是对陌生人，也可以是对之前没有和自己分享的他人一起分享。学会分享、懂得分享且乐于分享是利他行为的集中体现，更是个人向他人传达善的表现。互助也表现了利他行为。人与人之间可以通过互施援手，给予精神、物质等方面的支持与帮助来解决问题。互帮互助是一种自愿的出于善良的本心去助人的行为，它体现双方互相理解、信任、宽容的优秀品质，它是个人善意的具体表达。

（2）和谐共处

"和谐"一词，在《古今汉语词典》中被释为配合融洽、和好协调的意思，是一个褒义词，它也是我国传统文化的精髓。儒家提倡的"和为贵""天时不如地利，地利不如人和"都反映"和"的珍贵价值。西方古希腊先哲柏拉图曾提出善即"和谐"。从这个角度来看，善的品质就传达出一种人与人之间和谐共处状态。和谐共处是一种出于善的人际共处的一种行为，它是个体善心的一种外在表现形式，也是主体发挥主观能动性基础上正确作用的结果。和谐共处蕴含着一种与己为善、与人为善的道德观念，它不仅是友善品质的直接表现，而且也是友善较高层次的一种表现。

和谐友善是维持人与人之间良性关系的齿轮。在当代，也是我国社会主义核心价值观的要求。王国维道："教育之宗旨在于成为完人。"虽然没有完人，但是，道德是通向完人的必修课，从中可见王国维对修德的重视。修德，既要做到心存善念，又要身有善行，方能达到完人。

（3）清廉自律

康德曾说，世上只有两样东西能引起人们内心深深的震动。一是我们头顶灿烂的星空，二是我们心中崇高的道德准则。以廉为本，心中高洁，人自清正。清廉自律之家风自古以来就是我们的优良传统。高攀龙曾说："轻财足以聚人，律己足以服人，责宽足以得人，身先足以率人。"正因如此，如你有万贯家财，你尽可以散尽，聚集所有的人为你效劳，但如果你自己不能洁身自好，那就不能使别人诚服于你，如果你严谨地约束自己，别人会心甘情愿地为你效劳，你才能领导他们。因此，立好"清廉自律家风"这面镜子，照清自己，辐射他人。修身、齐家、治国、平天下，只有树立廉洁家风，才能享受清正安乐的人生。

朱文泉从一个普普通通的士兵，成长为南京军区上将司令员，行稳致远，立身廉正，清名远播，这与他自幼深受清廉自律的家风熏陶是分不开的。

朱文俊在《雷池》一文中写道：

1959至1961年是我国国民经济三年困难时期，粮食连年歉收，粮食匮乏。当时生产队为减少鼠耗损失，挑选政治觉悟高、公认爽直无私的父母为生产队代储种子粮和备荒粮。公粮进家之日父母就交代："这是生产队的公粮，你们谁都不许动。"有一次，我们几个饿得实在忍不住了，瞅准妈妈不在家时，我跟文兰，文芳商量偷点玉米当零食。文兰手还没有伸到囤子口，妈妈回来了，一看我们在偷粮食，便大声呵斥道："要死，要死（惊诧的样子）。快下来！"随即把我们三人拖一边教训一通"哪个叫你们动集体粮食的？"妈妈见我们认错态度不错，又很心疼，口气稍缓了下来："乖乖，妈知道你们都很饿，这样的荒年哪家不挨饿？忍一忍。""庄上这么多人家，为什么偏偏把粮食放我们家，如果粮食少了，那社员们会怎样看我们？以后不准了，能做到吗？"从那以后，饿了我们就紧紧裤带，或到水缸舀碗水喝喝，再也没敢打粮囤的主意。春种时节，公粮上交过秤时，我们家的存粮一斤未少（规定允许有一定损耗），受到全队人的一致赞扬。

经历过那段岁月或稍有历史知识的人都知道，三年困难时期，全国因饥饿而得了浮肿病甚至饿死的人不计其数。朱文泉的父母视公家的粮囤为"雷池"，绝不允许家人染指，损公以肥私。饥饿的记忆让人刻骨铭心，然而清廉自律的种子却深深地扎根在子女们的心中。

更令人感佩的是朱文泉在《药罪》里提到的一件事情。

1963年，文兰妹生病，请来医生诊治，医生带来了药，同时也带来了一条布袋。医生看过病人后，开门见山：家里快断顿了，朱队长能否给点队里的粮食？

爸爸：队里的粮食早分配过了，留的都是种子粮，不能动的。医生略有不快。

爸爸见状对妈妈说，把家里的粮食掭点给医生。转脸又对医生说，我家粮食也不多了，表点心意吧。

医生并不领情，拿着小半袋粮放在自行车后座上，脚一蹬离开了。

第二天，文兰病情未见好转，医生推故，当日未来。第三天又请，医生带来了吊架、药水，依旧带来了布袋。医生问过病情后，给文兰挂上了药水，文俊妹在里屋陪着文兰，也侧耳细听外屋的对话：

医生：朱队长你给的粮食已经吃完了，还是请你给点公家的粮食，否则就揭不开锅了。

爸爸：队里粮食是种子粮，吃种子粮等于吃命根子。

医生：队里总还有点机动粮吧！

爸爸：你是知道的，去年歉收，机动粮很少，只能用于集体救急，不能用作其他。

医生：我家困难大，你是队长这点权力还是有的。

爸爸：你给我家孩子看病，我把公家粮食给你，社员会说我"以权谋私"，我没有这个权力啊！

医生：那好吧！

医生起身走到里屋，500毫升的药水只挂了一半，便起针把剩下半瓶药水放在后墙窗台上，说明天再挂。

第二天早饭后，医生来了。文俊从窗台上拿连半瓶药水，迎亮摇一摇，发现水里有絮状物，便向医生这是什么，医生说不碍事能挂。然刚挂了半小时，不幸发生了。

文兰口吐白沫，头往后仰，痛苦难耐，进入昏迷状态。此时医生慌了手脚，表示"没法了"，妈妈无奈，赶紧给文兰换上干净衣服，但没有一件是新的，转头对文俊说："乖乖，把你那双新长筒袜子拿来给妹妹吧。"说话间，文兰突然睁开双眼说："妈妈，我已经很满足了，新袜子留给姐姐上学用吧！"说完，闭上了眼睛，离开了尚未看懂的这个人间。

多好的妹妹！多乖的女儿！前几天还活蹦乱跳地挑菜拾草，突然间就这么走了，这让全家人难以承受如此无情的打击。妈妈更是整天精神恍惚，以泪洗面。

如果朱文泉的爸爸当时利用权力，满足了那个医生，也许就不会出现这个结果。可是这个世界上没有如果，如果有如果的话，我坚信朱爸爸依然不会拿公家的粮食肥私自利。

提起这件事朱文泉在文章里说，文兰弥留之际用"很满足"来宽慰爸妈，新袜子要留给姐姐上学，她想的都是别人，唯独没有自己，多懂事的妹妹，多可爱的妹妹啊！妹妹，你走得太匆忙，太可惜，太委屈了。哥在部队服役，既不知情，又没能挽救你的生命，作为哥哥十分愧疚啊！想到这，心如刀绞，忍不住几次潸然泪下！

读着这些催人泪下的文字，我们在憎恶医生的同时，心里不能不油然而生一种对朱爸爸的崇高敬意！

一个家庭若不兴廉洁家风，贪腐病毒就会乘虚而入；一个人若意志不够坚定，幸福大厦就会轰然倒塌。一个家庭是一滴水，只有每一滴水清澈明净，方可汇聚成透彻洁净的河流。一个人如一棵树，唯有他在风雪的催压下屹立不倒，在繁花的诱惑前不为所动，方能真正站成一棵亘古的青松。

1991年叶妈妈的大女婿郑余华从部队转业到银行工作。朱爸爸告诫他："小郑啊，你是干银行工作的，整天和钱打交道，你可要把握住自己，不能掉到钱眼里去，切不可在钱的问题上犯错误。"

在一旁静听的叶妈妈，也有感而发："我们家的人，向来是挺直腰杆做人，小心谨慎做事，从来不取不义之财。"

朱爸爸抽出支烟，又接着说："人往高处走，水往低处流。嗟来之食一口不吃，不正之财一分不要。"

叶妈妈做了强化："你爸最瞧不起的是吃里扒外，我们不能吃着碗里的，还想捞碗处的，让人家戳我们的脊梁骨。"

郑余华在《陷阱》一文里回顾这段经历时写道：二老的话，振聋发聩，犹醍醐灌顶，发人深省。他们的思想传统守正，尤其对刚加入银行业界的我，是及时雨，是防疫针。事后我在想，岳父母不懂银行业务，但他们的话和银行的规章核心竟然相同，这使我领悟到不管做哪个行业的工作，廉政勤政的本质要求是一致的。从那以后，我牢记岳父母的教诲，严格自律，教育员工，不钻钱眼。

近些年来，随着反腐力度的不断加大，"老虎苍蝇一起打"，一些腐败行为曝光于天下。有些人见利忘义，忘记初心，人生天平失衡，道德底线崩溃，最终在腐败的道路上一步步滑向罪恶深渊，成了人民的罪人，民族的败类。究其原因，除了其自身的问题外，家人对"廉洁自律"概念的无知、法律知识的欠缺，导致他们没有及时纠正这些腐败行为，没有以家庭和亲情的力量及时把他们从犯罪边缘拉回，反而在无意中助长了这种歪风邪气，就此把亲人送上了人生的"不归路"。君不见"夫妻双双把牢坐"、一家几口进监狱的现象比比皆是；君不见腐败走向家族化、集团化的现象愈演愈烈，这些人由于家风不正，不仅败坏了社会风气，带来了极其负面的影响，还让自己家庭妻离子散、家破人亡。这样的最终结局，发人深省、引人深思。其背后无不隐含着家风、家庭对干部、对家人的深刻影响。

所以，如果我们的家人不贪恋金钱且严于律己，懂得廉洁文化对家庭、对自己亲人的重要性，知道廉洁家风教育是自己幸福家园的坚固堡垒，时常提醒着家人，从点滴注意自己的言行，谨记"千里之堤、溃于蚁穴"，就会避免"温水煮青蛙"的悲剧。只有这样我们这个社会才会有更多欢笑，少更多泪水。因此，如果说家是预防和抵制腐败的重要阵地，那么廉洁家风教育就是这道防线建设的基石，就是一道照亮家庭成员心灵的廉洁之光。

家庭是社会的细胞，只有这千千万万个细胞健康活泼，呼吸吐纳着文明勤俭、廉洁自律的氧气，社会和国家这一庞大的肌体才会生机勃勃、充满活力。所以，让我们共同营造一个清正廉洁的家庭环境，真正筑起一道反腐倡廉的家庭防线，让家庭成为温馨和睦的港湾，成为远离腐败的净土。

三、叶珍家庭教育的语言艺术

"良言入耳三冬暖，恶语伤人六月寒。"语言不仅是人类交流的重要桥梁，它更是一门艺术，语言一旦运用不当，虽是出自无心，它也会成为伤人于无形的利器。生活中的一些不良语言往往会对孩子造成"毁灭性"影响。

讽刺类语言："这么简单的事情，你怎么连这个都不会……""你还不如隔壁的……"这类语言会直接挫伤孩子的自尊心。多用这样语言的家庭会导致孩子情绪低落，对自我产生严重的怀疑，甚至对他人产生很大的敌意。

恐吓性语言："你考不到95分以上就别回来""你再不听话，我就把你送人"，这类语言会让孩子变得焦虑不安，无所适从。时间一久，或者类似的情况再次发生时，会选择一些比较极端的方式来处理问题，如离家出走、自残甚至自杀，等等。

否定式语言："你真的太让我失望了……""你真的很没用……"这类语言会使孩子觉得自己很无能，丢失自信心。当一个孩子无法给自己最正确的定位或者放弃自我时，就会以一种非常颓废的生活来进行人生规划，这类孩子比较敏感和没有恒心，或者太过于在乎他人的评价，导致失去自我判断力。

"成功的孩子成功在妈妈心里，失败的孩子失败在妈妈嘴里。"作为父母在教育孩子时切不可信口开河、随心所欲，必须掌握一定的语言艺术。语言一上升到艺术，也许有人会觉得太高大上了，平常人根本遥不可及。事实上，只要俯下身子，心中有爱，控制情绪，每个人都能做一个合格的教育者。我们不妨看一看朱文泉的母亲叶珍女士教育她的子女的语言艺术。

（一）平等交流

夸美纽斯指出，应当像尊敬上帝一样尊敬孩子。不难看出，孩子虽然还小，但也是具有独立人格的人，他们也渴望得到别人的尊重与认可，如果他们幼小自尊心受到伤害，就极有可能表现出不良的言行。很多情况下，语言暴力源自不平等的相互关系，受害者通常缺乏自卫的力量，未成年人遭受的语言暴力就属于这一类。家长应意识到，只有民主、平等、愉悦的家庭氛围才能培养出健全的孩子，这也是培养孩子诚信品质的客观条件。家长只有尊重孩子、理解孩子，站在孩子的角度思考问题，才能为孩子提供情感上的帮助，使孩子充满自信，大胆地探索周围的环境。

新中国成立初期，大多数家庭受封建等级思想影响教育孩子时往往还保留着家长制作风，父母与子女长幼尊卑界限森严。而叶妈妈则不同，她懂得保护孩子的自尊心懂得营造民主、平等的家庭氛围。

南京师范大学的何永康教授在《歌颂母亲的浩渺清音》一文里有这样一段文字：更美妙的是，长子文泉有一回竟然认乎其真地跟母亲讨论父亲们喜欢"运用"的"黄荆条"："我不解，问'黄荆条'是啥样子？妈：就是树条子、柳条子。我好奇，又问黄荆条下'真'能出好人吗？妈：真不真，你爸相信。"

这可是平等的、默契神交的"学术探讨"啊！"慈母"，不仅仅表现为"临行密密缝"的"手中线"，而且显现为"春风发微笑"式的、朋友般的推心置腹和莞尔交谈。

（二）注意方式

大多数的父母都认为孩子可塑性很强，想捏圆就捏圆，想捏扁就捏扁，忽视了孩子是独

立的个体，父母只能起培育、引导作用。与孩子说话居高临下，往往容

易走进语言误区，如用命令、威胁的语言跟孩子说话；用批评、责骂的语言跟孩子说话；用敷衍随意的语气跟孩子说话；用贿赂的语言跟孩子说话。这些都是达不到教育目的的语言。

叶妈妈教育孩子时就很注意说话的语气。朱文泉小时候砸饼坨犯了错误，某日晚饭后，妈妈把他叫到箩筐前问道："小大子，瓜干怎么少这么多？"他不想说谎话欺骗妈妈，也不敢说真话怕挨训，只好噘着嘴不吭声。稍许，妈妈换了个口气：乖你在家看家，也很听话。瓜干少了事不大，你给妈说实话就行。妈早就发现了，妈没说。花小哥没得吃，给他一点也没啥，但是要跟妈妈讲。事虽小，勿擅为。开头就讲是诚实，现在讲也是诚实，当然开就告诉妈妈更好，"诚实"是人生的"路单"。妈妈看看我，双手把我拉到面前，加重语气说长大了要记住："瓜干可以有坑，品行不能有坑。"这里"换了个口气""加重语气"足以体现出叶妈妈说话的艺术。

目前，独生子女是社会的普遍现象，按理说，一个家庭教育一个孩子是游刃有余的，但是不少父母都说自己的孩子越来越不听话，很难管，出现个性强、任性、与父母唱反调、我行我素甚至离家出走等现象。父母爱孩子，对孩子倾注满腔的爱心，却收效甚微，孩子的行为与父母的期望相差很远，很多父母感到困惑。

那么，正确的教育孩子的语言应该是怎样的呢？笔者认为，应该从词语的选用、句式及语气的选用、巧用无声语言等三个方面来讲究说话的艺术方式。

（1）词语的选用

在家庭教育中，父母在与子女交流时要注重选择词、建议词的使用。选择词很多，比如可不可以、应不应该、是不是、好不好等。恰当地运用这些词语让孩子自己去选择、去思考，孩子在心里会由衷地接纳父母，从而避免孩子的逆反心理，使亲子关系得到较好的改善。在日常生活中，孩子同成人一样需要尊重、理解和信任。当父母让孩子自己去选择、去考虑时，孩子就体验到了被尊重的感觉，他会珍惜自己的权利，做一个认真的回答，而不是凭着自己的性情去做事。由于孩子有不太成熟、考虑事情不太周全的一面，父母有必要给孩子建议，让孩子自己去比较、考虑、决定。当发现孩子有缺点和不足之处时，明智的父母不是去责难、抱怨、唠叨，而是对孩子进行委婉的建议，常用建议词：如果、不妨、试一试、或者等词语会获得颇为理想的效果。父母用平静的心态去建议孩子如何去做，孩子很容易接受，因为这些建议中包含一定的暗示，同时又给予孩子决定权。父母用探讨、商量的方式与孩子交流，会很自然地得到孩子的认同，并会认真地琢磨父母的建议。这样孩子会在父母的引导下不断健康成长。

（2）句式及语气的选用

首先，多用问句和商量语气。

要了解孩子，家长就要变成"孩子"。多站在孩子的角度用孩子的思维来考虑问题。要留心观察孩子，对孩子的一言一行、一举一动要多个心眼，特别是对一些反常的事情要用问句的形式去了解沟通，了解孩子特殊的心灵世界。如孩子坚持要买某件物品时可以说："我知道你很喜欢，但我们家目前经济不容许，日后再想想办法好吗？"这样孩子很容易做出回答并同意父母的建议，在无形中也给孩子树立了榜样。

其次，多用祈使句和欣赏语气。

祈使句用于肯定孩子的优点和取得的成绩，让孩子充满自信，再接再厉。哪怕孩子取得一点小小的进步，都要及时加以赞扬。如字迹工整了，可以说："不错！有进步！"孩子克服了困难，父母要用欣赏的眼光赞美孩子："你太棒了！"当孩子碰到突发事件，能积极想办法解决，不妨说："真聪明！不愧为爸妈的好儿子。"当孩子与别人发生冲突后主动认错，父母应及时说："你是真正的男子汉！有列宁般的品质！"然后可以讲讲列宁小时候打碎花瓶的故事，孩子听了肯定大受鼓舞，并产生快乐的情绪，乐于接受父母的教诲。

再次，多用肯定句和期待语气。

假如父母想要孩子按父母的要求去做，或者要孩子达成父母的愿望，这时就要用肯定句，肯定孩子一定会达到预定的目标，用期待的语气让孩子产生做好某件事或达到某种目的的 动力。指出孩子的能力与进步可以说："你在画画方面很有天赋，你一定会取得成功。"显示学习的重要性可以说："如果坚持学习，你将达到自己的目标。"丘吉尔曾经说过："你要别人具有怎样的优点，你就要怎样地赞美他、期待他。"

（3）巧用无声语言

家庭教育中，除了运用声音语言，往往还要伴有无声语言。无声语言包括目光、表情、手势等，运用无声语言有时可以达到"此时无声胜有声"的效果。

首先，默语。默语是话语中短暂的间隙，也称"停顿""沉默"，它像乐曲中的休止符一样，不仅不是声音上的空白，更是内容上的延伸与升华。默语的时效性很强，当行则行，当止则止，必须给予控制。只有适度的默语才具有"此时无声胜有声"的最佳传播效果。当孩子犯了错误，回到家准备挨骂的时候，作为父母先控制一下自己的情绪，沉默不语，让孩子琢磨不透，孩子的心理就会有压力，促使反省自己，知道自己错了，惹得父母生气，怎么办？无形中诱导孩子去认识自己的错误。当幼小的孩子用发脾气的方式来要挟父母以达到他的目的时，家长可采取默语的方式，不理不睬，设法离开一下孩子，让孩子冷静，那么孩子发脾气就不会持续太久，要使孩子明白，靠任性发脾气是不能实现不合理的愿望的。

其次，体语。体语在视觉方面，可分为动态体语和静态体语两类，在教育孩子时用得最多是动态体语，如：首语（点头）、手势语（如竖起大拇指）、目光语（赞许、鼓励、批评、生气）等。有些父母经常表情严肃地出现在孩子面前，认为这样有威信，其实要和孩子沟通感情，就要和孩子交朋友，建立起一种平等的朋友似的亲子关系，不应居高临下地训斥孩子，动不动就打骂孩子。当父母为子女的进步和取得的成绩而欢喜时，不妨在表情上流露出来。父母的表情对于年幼敏感的孩子来说是至关重要的。当孩子迷惘、困惑时，父母微笑地去鼓励，会使孩子获得信心和智慧。传情达意是生活的艺术，每个做父母的人，在孩子面前都要学会适时、适度释放自己喜悦的情感，同时控制住不良情绪，实现与孩子的完美沟通。

语言交流是人与人之间最普通也最具影响力的沟通手段，父母的习惯用语、语气和态度，均能影响到与孩子的沟通。所以，父母切忌用命令、威胁、责备、敷衍、贿赂之类的语言去损害孩子的自尊心。父母的语言关系到孩子的成长，父母的一言一行都会给孩子潜移默化的影响，同时决定在孩子的心中树立起何等程度的威信，那种把孩子当成"大人"或"大人的缩影"，对待孩子的缺点、错误大惊小怪甚至以成人的眼光来衡量孩子都会给孩子带来很大的压力，挫伤孩子的积极性。孩子是逐渐成长的，作为父母既要担负好教育的责任，也要随同孩子一同成长，在成长的过程中父母要逐渐变成语言大师，让有魅力的语言艺术成为造就孩子美好未来的魔法棒！

（三）善于激励

孩子通过成年人特别是自己所信任、依恋、崇拜的父母家人、老师等对自己的评价来形容自我评价。因此，大人随时发现孩子的点滴进步、积极的倾向，及时赞赏、肯定、鼓励，更能使孩子乐于巩固正确的行为，更努力上进，从成功走向成功，慢慢形成良性循环。

作为父母要满足孩子的这种心理，使他们的心中产生一种荣誉感和自豪感。赞赏和激励是沐浴孩子成长的雨露阳光，孩子在父母适度的赞赏鼓励过程中，积极进取的性格习惯会慢慢养成，从而会把事情做得更好。即使那些学习很差的孩子，只要父母能重新燃起他们内心自信的火种，他们是可以赶上去的。家长对孩子的评价性语言对孩子的成长至关重要。如果常用具有针对性而又恰当的语言说"你能行、挺不错、你真能干"，孩子会变得更有自信、更加快乐。作为父母，在生活中要学会一些鼓励的艺术，用一些生动形象的语言去表达对孩子的肯定。

《自己包的饺子吃着香》中，林静看大人包饺子好玩、好奇，也想包饺子。可是妈妈却嫌她笨手笨脚想让她走开。此时，作为外婆的叶珍却说："想包是好事，就让她包着玩吧。"虽然包出来的饺子外形不够美观，却让林静体会到了"自己包的饺子吃着香"。外婆的及时评价和鼓励，让林静对"一分耕耘一分收获"有的更深刻的认识。不吝啬表扬，时常鼓励，这会大大增强孩子的自信心，从而对将来的生活和处事产生积极的影响。

家长要学会经常鼓励自己的孩子，给予孩子肯定，鼓励孩子并不是总是要表扬孩子，表扬多就会让孩子骄傲自满。家长的一味批评，会让孩子感到自己很没用，什么事都做不好，没有自信心，这样的孩子害怕输，就不会给自己定下目标，缺乏进取心。

相信孩子总有闪光点的，即使是不求上进的孩子也有许多闪光点。找出闪光点发扬光大，就有可能使孩子从闪光点出发增强进取的动力。我们要承认，"条条大路通罗马""三百六十行，行行出状元"追求看重结果是重要的，但对孩子来讲，过程同样重要。例如，下象棋、围棋、打乒乓球、书法、舞蹈、弹琴、演说、作诗等，总能找到孩子闪光的地方，然后有侧重地发展这方面的能力，并力争参加有关组织的活动或比赛。由于是孩子自己的闪光点，极有可能获得优异的成绩，那么这种成就经过引导就会有产地辐射到其他领域上去，能有效地改进孩子气不思进取的恶习。

（四）批评讲策略

没有规矩就不成方圆。孩子就像一棵小树，朝气蓬勃，枝繁叶茂。但总有一两只枝"旁逸斜出"，如果不及时修剪，渐渐地会影响到整株树的美观，甚至会影响最后成才。所以批评教育也是家长不可推卸的责任。

如果说表扬是加油站，那么批评就是防疫站。恰当的批评，能使孩子扬长补短，及时意识到思想和行为的不足和偏差之处，改正不良的行为习惯，为今后更好地成长起到重大的作用。但是不恰当的批评方式，不恰当的态度，或者不恰当的时机，都会影响批评的效果，甚至会激化问题，引起孩子的逆反心理，会导致不良后果。批评是一门艺术，既要批评了孩子的错误，又要保护好孩子的自尊心。如果力度不够，轻描淡写，孩子就会敷衍塞责，达不到教育的目的；如果语言或行为过重，就会伤害孩子的自尊心，影响孩子的个性发展。那么，怎样才能使批评更加有效呢？

1.在表扬中批评

首先不要损伤孩子的自尊心。家长首先要弄清楚孩子错误的深层次原因，千万不可盲目地批评。其次，要让孩子心服口服。不要用粗暴的方式（甚至讥笑、嘲讽的方式）来对待孩子，这无异于把他们推向黑暗的深渊。

有这样一个小故事，当年陶行知先生任育才学校校长的时候，有一天，他看到一名孩子用砖头砸向别人，忙将其制止，并责令他到校长室等候批评。陶先生回到办公室，见违纪孩子已在等候。陶先生掏出一块糖递给他："这是奖励你的，因为你比我按时到了。"接着又掏出一块糖给他"这也是奖励你的，我不让你打同学，你立刻住手，说明你很尊敬我。"男生将信将疑地接过糖。陶先生又说："根据我的了解，你打同学是因为他欺负女生，说明你很有正义感。"陶先生掏出第三块糖给他。这时男生哭着低下了头："校长，我错了，同学再不对，我也不能采取这种方式。"陶先生又拿出第四块糖，说："你已经认错，再奖励你一块，我们的谈话也应该结束了。"

陶行知用他对孩子的爱非常艺术地批评了孩子，使孩子自己发觉并认识到自己的错误，这种教育的效果是显而易见的。

《砸饼坨》中，朱文泉小时候在家看家无聊受了花小哥的蛊惑两人砸饼砣赌铜角，一连输光了12个铜角，他怕大人发现就用鞋骨子（纳鞋底剪下的边角料）从下面垫高，上面形状保持不变。铜角输完了就用地瓜干换铜角。如此八九天，箩筐里的地瓜干被掏了一个坑。我们来看看叶妈妈是如何批评他的：乖你在家看家，也很听话。瓜干少了事不大，你给妈说实话就行。花小哥没得吃，给他一点也没啥，但是要跟妈妈讲。开头就讲是诚实，现在讲也是诚实。当他把事情经过告诉了妈妈以后，妈妈说"你是好孩子！"这分明是在表扬他听话、诚实，哪里还是批评啊！但正是这样表扬式的批评，让朱文泉把妈妈的"瓜干可以有坑，品行不能有坑"这句话牢牢记住了一辈子。

2.结合性格，对症下药

千人千面，人的个性千差万别。同一件事情，如果是不同的人做了，那么教育的方法就不能千篇一律。要想真正起到教育效果，必须充分地了解孩子的性格特征，从细微之处去找到他的情感共鸣之处，再对症下药，分析利害和可能的后果。

叶妈妈就很擅长结合儿子性格施以教育。朱文泉小时候因得不到自己心心念念想得到铁环而和父亲心里有了隔阂。

我们来看《滚铁环》一文中叶妈妈和朱爸爸的一段对话：

爸若无其事地说：你好像不高兴？

妈："孩子不高兴，我怎么高兴，买个铁环有什么了不起？"

爸：我不是怕影响他念书嘛！

妈：你不买他就念书啦？这两天他用柳条、铁丝做铁环都没做成，就是想有个真铁环滚滚，你买给他，他不就安心读书了嘛，你不买，他反而不好好念书。

爸：非要滚铁环吗，踢毽子、跳绳不也行嘛！

妈：踢毽、跳绳是可以，女孩子更喜欢，男孩子喜欢追逐、斗胜，滚铁环更适合他们！

爸：滚铁环能滚出什么本事？

妈：怎么不是本事，你推独轮车不是本事吗，开始你推盐左右摇晃不敢多推，推了几趟不就稳平了吗，滚铁环也是这个理！小鬏多运动，长身体，运动以后读书灵，这不就是长本事嘛。

爸：这话倒不假，我怕他玩出瘾来。

妈：不会的，也不是常玩。小孩玩东西都是一阵一阵子，过一两年长大了，兴趣可能又变了呢。

爸：嗯。

俗话说得好：知子莫如母！叶妈妈可谓深谙孩子喜欢斗胜、玩东西又兴趣不长的性格，所以并不担心孩子会玩物丧志，才为孩子努力争取。朱文泉在文中写道：我听得入迷，满脸都是泪水。试问一个因被母亲理解而感动得泪流满面的孩子怎么会辜负了母亲的良苦用心！

3.宽容错误，给他们改过的机会。

人非圣贤，孰能无过？知错能改，善莫大焉！

犯错是孩子的天性，父母要能容错，给孩子改过的机会。不能一犯错就罚，就训斥，至于其他过激做法就更不可取了。孩子一旦犯了错误，如果疾言厉色地批评，只能表面上制造声势，暂时起到震慑作用，并不能让孩子从心里认同，并彻底改变错误想法。如果能平心静气地坐下来，先以宽容的态度正确对待孩子的错误，再设法理解孩子的想法，那么，自然而然地犯错误的孩子感受到了对他的期望、关心，会渐渐认识到自己的错误，从而改正错误。这样的改正不只是口头上的应付，而是真心悔过。这样才会从根本上解决问题。

在休斯敦与火箭队的一场比赛中，有一名主力队员因为迷恋赛车迟迟未到。迟到是体育比赛的大忌。在赛场已经进行到三十分钟时，该队员才匆匆赶到。主教练范凡迪把他带到会议室，表情严肃地说："我知道你迟到的原因，你现在怎样用百分百的努力打好下一场球才是你的道歉。"接下来在休斯敦火箭队对底特律活塞队的激烈比赛中，该队员以22分20个篮板的成绩使火箭队获得了关键的比分，最后终于以86∶80战胜了底特律活塞队，赢得了比赛的胜利。这位迟到者就是姚明。主教练范甘迪的批评是最成功的，他没有对姚明大喊大叫，也没用其他惩罚方式，而是让他通过全力拼搏获得比分，夺取比赛的胜利来弥补自己的过失。队员只有全力以赴地在球场中拼搏，才会使心理得到些安慰。我觉得这才是批评的艺术。

陶行知先生一直主张仁爱教育，他说："你的教鞭下有瓦特，你的冷眼里有牛顿，你的嘲笑中有爱迪生。你别忙着把他们赶跑。你可不要等到坐火轮、点电灯、学微积分，才认识他们是你当年的小学生。"尊重孩子才会批评孩子。特别是对那些学习基础差、经常淘气捣蛋的孩子更要努力看到他们身上的闪光点。当你面对"恨铁不成钢"的差生时，一定要冷静沉着。如果我们把指责、气愤、抱怨，换成鼓励、表扬、激励一定会是另一番情景。

总之，面对犯错的孩子，要有宽容的态度，给一个真诚的微笑，给一个善意的眼神，做一个轻轻的拍拍肩膀的动作，都会起到意想不到的效果。

（五）循循善诱，润物无声

教育孩子，动之以情，更要晓之以理。如果站在他人立场，把道理委婉讲清楚，往往比空洞说教或者大声呵斥更有效。比如，当孩子问："你为什么要我读书？"很多家长可能会说"我是为了你好""希望你将来能找给好工作"，诸如此类，而一位教育家也给出了一个意思相同，但充满艺术的回答："孩子，我要求你读书用功，不是因为我要求你跟别人比分数、比成绩，而是我希望你将来会拥有更多选择的权利，选择有意义、有价值的事业，而不是被迫去工作。当你的事业让你有成就感，同时还给了你更多的生活时间，你的一生都将是快乐的。"这段话站在孩子的立场为孩子着想又没给孩子压力，实属家庭教育中用语的典范。

我们先来看来自《姐妹情深》中大姑二姑和母亲的一段对话。

二姑：我主张疼儿不给儿知道，关注好吃穿和身体健康之外，还要督促他学习好。我脾气急，有时候儿子玩，我会打他，管得紧了些，我不护短，他做错事，我会狠狠批评的。

大姑：我们家小五子（王崇德），他父亲去世早，我很少打他，但我也不护短，做错事我也会打的。

我妈：我家小大新，我基本不打他，有时他也会犯点错误，以教育为主，多讲道理，增长知识。比如吃鸡蛋，有的小孩要先吃个鸡蛋才去上早读，我给小大新讲吃了鸡蛋念书念不进，早读回来再吃。小孩吃饭不知饱，我告诉他"一顿吃伤，十顿喝汤""要得身体壮，饭菜嚼成浆"，小孩不肯锻炼，我说"有静有动，少病少痛""常开窗，见阳光"……

同样是教育犯错的孩子，一个狠狠批评，一个会打，一个多讲道理，孰优孰劣，不言而喻！

何永康教授评价《叶珍家教思想研究》里有这样几段话。母亲，是人生的第一位老师，也是终身的恩师。斯"教"也，永远是温暖的、温馨的、柔和的、柔韧的、循循善诱的、润物无声的。长女文俊写道："爸爸……以严苛管教为主。妈妈则以说理引导，启发自觉性为主。""我也会因为没完没了地挑猪菜……耽误学习而恼。""妈妈说：'我们家的现实就是这样……妈妈陪你慢慢往前走'。"一个"陪"字，的确如春晖融融，化入心田。而且，别着急，咱娘儿俩"慢慢"来，日子总会有盼头。

这里套用何教授的话，"这就是母亲的'慈'"。常言说"母慈子孝"，这样的慈母，如何不培养出来德才兼备的孝子？

（六）以退为进

"退一步海阔天空"，有时候"退"其实是曲径通幽，是另一种形式的"进"。以退为进是指以退让的姿态作为进取的阶梯，退是一种表面现象，由于在形式上采取了退让，使对方能从己方的退让中得到心理满足，不仅思想上会放松戒备，而且作为回报，对方也会满足己方的某些要求，而这些要求正是己方的真实目的。

以退为进作为一种语言艺术，在人际沟通特别是商谈时往往比咄咄逼人更容易取得令人满意的效果。

朱文俊《上学》一文里叶妈妈对于文芳想退学的事情的处理，就是巧妙地运用了以退为进的方法。文芳的年龄已经比较大了，再不上就没有办法了。一家三个小孩上学，家里确实有点招架不住，只有凑合着，能照顾到什么地步就照顾到什么地步。有时实在无法兼顾，就把文芳拉下来干活，做家务，事情忙完后再上学。因此，文芳的上学基本上是"三天打鱼，两天晒网"。平时也经常迟到，有时第一节下课才到校。因长期缺课，文芳的成绩一度跟不上，尤其是数学。为此，文芳决定打"退堂鼓"。母亲劝说："数学学不好，就去学学语文，跟你大哥通通信也是好的。"就这样一直拖着念完高中。数学学不上，退一步，咱不学了，咱学学语文会通个信就行。母亲的"退"，换来了文芳的退，最终达成了"进"的目的——文芳一直念完高中。

四、综述

语言表达美不美，呈现了心灵美不美。一个人的精神面貌可以透过语言表达呈现出来。孩子在成长过程中的精神养分、动力来源都是通过"听"和"看"学习而来。正所谓"言传身教"。在家庭教育中，家长的一言一行、一举一动都看在孩子的眼睛里、记在孩子的心里，并被孩子有意或无意地模仿着。所以正面积极的语言对孩子很重要。一个孩子的背后是一个家庭，一个家庭的背后是整个社会，社会的稳定需要每个家庭幸福平安，而所有父母的心愿都是孩子健康成长。所以用正确的语言类型影响孩子，是孩子健康成长的需要，也是每个家庭乃至整个社会发展的需要。在未来的家庭教育道路上，更要从小处、从每一句话抓起！

» 后记

　　2023年4月26日下午，大春校长到创发中心二楼开会，路过我的办公室，我正在把《叶珍家教思想研究》读后感大赛获奖学生的奖品捆扎归类（在新华书店购买一批名著作为获奖学生的奖品），张校长见状，对我说："杨主任，《叶珍家教思想研究》看后我很有感触，这本书对学生的成长价值非常大。以后我们要用不同的活动形式，推动每一届学生都能通读这本书。"我回答说："我也有同感，朱二奶虽然不识字，但她老人家的许多做法和家庭教育理论不谋而合。"张校长说："那就由你牵头把书里的内容总结总结，上升到理论高度，搞出一本书来，怎么样？"我说："这个想法倒是很好的，只是我不是学教育学的，不知道能不能胜任，我来试试看吧。"

　　接下来的时间，我一次又一次地通读《叶珍家教思想研究》，每次通读都大有收获，如此就更加坚定了我要把朱二奶教育孩子的做法上升到教育理论高度的决心。我是学中文的，对教育理论只是一知半解，为了更好地总结《叶珍家教思想研究》中的家庭教育思想，我买了陈鹤琴老师的《家庭教育》、晏红的《家庭教育指导概论》、刘晓微的《家庭教育概论》、关颖的《家庭教育指导者培训手册》等书，闭门攻读，然后用这些书籍中的理论拿到《叶珍家教思想研究》里面去寻找和验证，同时还请在大学读书的学生，检索国外教育刊物上的有关文章，用软件翻译后传给我。

　　经过两个多月的阅读和研究，我把《叶珍家教思想研究》中的家庭教育思想做了条理化的归纳和总结，大致分为七个部分，正如书里所写的那样——用家庭教育理论去印证《叶珍家教思想研究》中隐藏的——非常先进而又传统的教育思想。这期间，大春校长多次找我谈工作上的事情，聊着聊着，我们就不知不觉地谈到这本书的写作。大春校长有许多独到的见解，已被我一一收录于书中，例如，书中情绪篇中的许多内容就是他的想法。不仅如此，大春校长还就书的风格、体例、结构和版式，给予了全面的指导，提出很多新颖的见解。可以说这本书凝聚了张校长的很多心血。

书的总提纲拟好后，得找帮手来写。本来我打算由我一个人来写的，那么时间会拖得很长，保守估计最快也要八个月。张校长建议组建一个写作班子，各写一块，分头行动，这样不仅进展快，而且共同研究、共同探讨，会让写作的过程充满乐趣。我认为张校长的决定是英明的，如果由我独自操刀，不知要到猴年马月才能完成。接下来我在物色人选的时候，就遇到了很大困难。很多同志都选择拒绝。我想他们不是因为水平不够，而是认为写作过程枯燥无味，又没有什么经济实惠，所以就以各种理由婉拒。我先后找了40多人，最后只有5位老师爽快答应了。

多人分头写作，最大的问题是各人对写作内容比较陌生，我解决的办法有三条：一是拟定非常细致的写作提纲。二是就各自的内容，找多种理论书籍让他们充电。三是不断地和他们探讨他们所承担的写作内容，让他们能熟悉、理解、思考所写的内容，并不断地鼓励他们。这些同志利用暑假，牺牲休闲时间，下了非常大的功夫，真的要非常感谢他们。

经过两个月的写作，初稿终于拿出来了，一共有23万多字。但存在的问题很多，主要是语言风格不一致、格式不一致、内容重复、病句错字不少等，为此我进行了第一次修改——花12天时间，内容方面共删去8万多字，细微的错误不知改了多少。接着我又做了第二次修改，断断续续，一直持续了三个星期。为什么拖这么长时间呢？因为理论性的内容实在枯燥无味，看了让人头痛，看几页就不想看了，而且 15 万字，就通读一遍也需要三四天时间。

为了尽量减少书稿中的错误，我发动我的女儿和女婿，给该书做第三次和第四次校对。我女儿杨灿在滨海县环保局监察大队工作，平时工作就非常忙，但她对我布置这项任务很感兴趣。女婿顾晏宁在滨海界牌镇武装部工作，他对校对此书非常热心，不但向我要了《叶珍家教思想研究》那本书，而且一遇到问题，就打电话给我，或向我请教或与我探讨，为此，书中好几个大的舛误得到了纠正。

我们响中建有叶珍"家训、家风、家教"文化基地，这本书的出版，也算是基地的文化研究成果之一，可以把它放到学校资料室里，当作一本有理论价值的专著保存。另外，我们额外地完成了朱文泉没有布置的任务，老人家会因此感到欣慰的。

书中肯定存在着这样那样的问题，敬请批评指正。

杨帆

2023 年 10 月 05 日